日本汉学家「近世」中国研究丛书

朱刚 李贵 主编

禅宗语言丛考

［日］衣川贤次 著

复旦大学出版社

目　录

禅籍的校雠学 / 1
　［附录一］《祖庭事苑》目录及其注释条目数（数目据永井政之《〈祖庭事苑〉の基礎的研究》）/ 25
　［附录二］睦庵所见禅籍 / 26

《祖堂集》的校理 / 29

《泉州千佛新著诸祖师颂》与《祖堂集》/ 48
　［附录一］与省僜（文僜）禅师有关的泉州的地理 / 76
　［附录二］与省僜（文僜）有关的泉州的地理·补正 / 81

《祖堂集》的基础方言 / 84

《祖堂集》语法研究琐谈 / 135

阅读《祖堂集》的参考书 / 163

《临济录》文本的系谱 / 170

《临济录》的形成 / 197

竹篦子话
　——禅宗的语言论 / 228

日中禅宗交流资料中有关汉语史料钩沉
　——介绍《五灯会元一山抄》与《愚中周及年谱抄》/ 247

《敦煌新本六祖坛经》补校 / 259

《南阳和上顿教解脱禅门直了性坛语》补校
　　（附录：S. 6977、Dx. 942、Dx. 1920＋1921 校录）／ 284
北京图书馆藏新 1254·1255 号《残禅宗文献》三种补校 ／ 295
评《禅宗著作词语汇释》／ 309
终焉之道标
　　——书评　　田中良昭、程正编著《敦煌禅宗文献分类目录》（大东出版社，2014 年 12 月）／ 316
［附录］田中良昭先生对敦煌禅宗文献研究的贡献
　　——为温州佛学院开设"田中良昭先生文库"纪念典礼而作 ／ 325

禅籍的校雠学

"校雠"一词,刘向《别录》云:

> 雠校:一人读书,校其上下,得谬误为校;一人持本,一人读书,若怨家相对为雠。(王利器《风俗通义校注》所辑佚文,卢文弨云:"怨同冤。"慧琳《一切经音义》卷77引《风俗通》云:"二人对校为雠校。")

这是他对"雠校"的解释,说校对如雠。但他在别处也用"校雠",如"所校雠中《易传淮南九师道训》,除复重,定着十二篇"(《初学记》卷21)。那么"雠"就是"校"。二字是同义连文,即古代所谓的"重语"。所以"校雠"相当于"校勘整理",说"若冤家相对"的解释就成一种语源俗解之类的荒谬说法了。可是作为校雠学之鼻祖的刘向特意给予这样一个说明,是因为他强调自己从事极其严密的校对工作。如果针对人生必读之书而言,理应如此。不然一字之误必会导致贻害一生,不可不慎也。同时,这一个说法的背后可能有当时的书籍会包含着很多文字上的讹误这一事实。

俞樾《古书疑义举例》七卷是他在壮年读书生活中的总结性著作。他是清朝最后一位考证学家。那么这可以说是中国传统学术的一个结晶,或者是示范的典型著作,其实是一种对古籍文字的讹误现象按类型进行分类的著作。前四卷中他就读先秦、秦汉古籍时容易陷入误读的文字、句法、章法概括为五十一条原则;后三卷中就古籍中的讹误夺衍现象进行分类,概括为三十一种类型。他在序文中说:"使童蒙之子习知其例,有所据依,或亦读书之一助乎。若夫大雅君子,固无取乎此。"因为此书所述是有关古籍中遣词的较为细致的技法,所以他有这么一交代,其实它是具有高水平的读书指南。20世纪70年代我初读此书时,经过整理加以标点的古籍已有出版,以为这本整理古籍的指南书早已完成历史任务。后来我参加各种研究班集体研究日本留下来的佚存写本和敦煌发现的俗语文献等材料时,重新认识到我们运用的方法就是传统校雠学对中古文献的应用。研究的对象,从先秦、秦汉的古代汉语到六朝、唐五代的中古汉语,从儒家经典、先秦诸子、史传文学到汉译佛典、禅宗语录、俗文学等有所变化,但总发现了这本校雠学的教科书还具有可学可用的价值。

文本的讹误问题,跟佛教一样,历史很久。据说佛陀弟子阿难听到一个比丘诵出的一首佛偈,觉得和他自己所背相违,给他纠正。然而比丘根据他的师承,不肯接受阿难的劝告。

若人生百岁,不见水潦涸,不如生一日,而得睹见之。
(比丘的偈)
若人生百岁,不会诸佛机,未若生一日,而得解了之。
(阿难的偈)

阿难所背与《法句经》所收的很接近,意思很清楚,而比丘的异传"不见水潦涸"则意思不明。尽管如此,比丘固执自己没错,大概因为比丘的老师附会独特的"解释"并教给他的缘故吧。

更有趣的是,说明文本的讹误这个故事也有一些异传。上面所举是《宝林传》中的两首偈,它是根据《付法藏因缘传》卷2。《大正藏》第50册所收的比丘偈的第二句作"不见水老鹤",校记中提到"明本"作"水潦涸"倒和《宝林传》一致。然而《阿育王传》卷4所引同一故事则作"水鹄鹳";《根本说一切有部毗奈耶杂事》卷40作"水白鹤"。这四个异文,"老"和"潦"同音(卢皓切);"白"是"皓"的右旁脱落;"皓"(胡老切)和"潦"、"老"是叠韵;"皓"和"鹄"(胡沃切)是双声。四个异文的讹传关系是:"老"→"潦"/"老"→"白(皓)"→"鹄"。这都不过是用汉语翻译以后以讹传讹而来的,说明文本的讹误又古老又根深蒂固。另外,阿难偈的第二句"不会诸佛机",《付法藏因缘传》《阿育王传》皆作"不解生灭法",《毗奈耶杂事》则作"不了于生灭"。《宝林传》就把它改成了带有禅宗风格的句子,《祖堂集》(卷1)、《景德传灯录》(卷2)以后的禅宗史书都继承了下来。

校雠的目的是发现文本在传写过程中产生的种种讹误并还原到原稿的原样。就是说,一般的情况是:原本正确而后来产生的讹误现象。"谚曰:字三写,鲁成鱼,虚成虎"(《抱朴子·遐览》);"字经三写,乌焉成马"(刘献廷《广阳杂记》卷4),或以"亥、豕"、"帝、虎"、"陶、阴"等字为代表的形似之讹,都说明这个现象。禅籍,尤其是禅宗语录——上堂说法、师生问答的记录——的情况则与此有异:最初记录的文字就有讹误,因为它多用同音、近音字来写出读音。

禅宗的古典时期的唐五代禅匠,无一例外地再三规诫弟子不要用文字记录他们的说法。云门文偃(864—949)对当时修行的僧人走遍各地,把所见所闻抄在"大卷"上,聚会而加以评论的习惯,大加痛骂:

> 和尚子!直饶你道"有什么事?"犹是头上安头,雪上加霜,棺木里眨眼,炙盘上更着艾爀。这个是一场狼藉不少也。你合作么生?各自觅个托生处好。莫空游州猎县,只欲得捏搦闲言语,待老和尚口动,便问禅问道,向上向下,如何若何,大卷抄将去,塈向皮袋里卜度,到处火炉边,三个五个聚头举,口喃喃地便道:"这个是公才语","这个是事上道底语","这个是体语"。体汝屋里老爷老娘!噇却饭了,只管说梦便道:"我会佛法了也。"将知与么行脚驴

年得休歇么!(宋版《云门匡真禅师广录》卷上)

他这场大骂滔滔不绝,下面还延续下去,而这里竟然有边受骂边抄写骂话的"和尚子",因此这一套上堂说法的文字保存到今天。临济义玄(? —866)也说:"大策子上抄死老汉语,三重五重复子裹,不教人见,道是玄旨,以为保重。大错!"(《临济录·示众》)而这些话也被记录了下来。

这样被禁止、被隐藏着留传下来的文字记录,本来是属于私人笔记的性质,自然无法公开受到检点,纠正其文字上的讹误。上面所举云门禅师的上堂说法中,虽然它在开板时经过了改订工作,但是有一些误字还存留着。如"炙盘"的"盘"字,应该是"瘢",明版《古尊宿语录·云门广录》正作"瘢",两字音同(薄官切),记录者用别字代之。还有"艾爝"的"爝"字,睦庵善卿《祖庭事苑》提到:

> 艾樵 当作艾燋,子肖切,灼龟炬也。或作爝,爝即行火官名:汤得伊尹,爝以爟火。乃有炬焰者尔。非义。(卷1,5c)①

睦庵所见《云门录》作"艾樵",他认为是"艾燋"之误,另外一本作"艾爝"也不正确。"爝"音与"燋"同,但"爝"有火焰,所以说此非其义。《祖庭事苑》四明法英②的序文中讲到云门语录的形成过程:

> 后达摩五百年而生云门,随机应问,逗接来学。凡有言句,竞务私记,积以成编。虽不许传录,而密相受授,阅之

---

① 《祖庭事苑》,北宋大观二年(1108)刊、南宋绍兴二十四年(1154)重刊。引书的下限是《梦溪笔谈》(1086—1093年成书),最晚的记载是崇宁中(1102—1106)。注释的语句都收于篠原寿雄编《禅语解说辞典索引》(1958)。本文中所引是据《续藏》本,并参照五山版(日本室町初期覆宋本,驹泽大学图书馆藏)和江户时代正保四年(1647)刻本。

② 撰写序文的"四明苾刍法英"是云门文偃禅师第六世大梅法英(? —1131)。传记见《续灯录》卷11、《普灯录》卷5、《五灯会元》卷16。

巾衍。后世惜其流布之不广,遂刊木以印行于时。

此刊本应该是云门语录的最古本,但它的质量甚差。这是在它形成过程中的特殊性质所致。法英接着说:

> 吾少读之,疑其书之脱误,欲求他本较之而未暇。然吾宗印写传录,率多舛谬者,盖禅家流清心省事,而未尝以文字为意。

禅僧清心寡欲,他们认为穿凿文字是多余的事。"是故学者虽游心于语言文字,而不泥文字,盖所以为道也。"(法英序)尽管如此,到了宋代,有志于道的僧人也增加了,随着学习古人开悟的因缘,参古则公案的风气流行,有人整理语录,编写灯史,讲解公案,出版了把个人独到的见解附在后面的公案集。宗旨是"不立文字",实际上是"不离文字"的这个时期,讲究清心省事的禅僧也不能忽视文字上的讹误现象了。

上面引到的有关云门语录的情况是大观二年(1108),《祖庭事苑》所引《怀禅师重修云门录》皇祐五年(1053)序文中,天衣义怀(993—1064)提到五十多年前校订云门语录的情况:

> 去此(云门的开法)一百三十祀,乃有升堂、举古、垂代言句,抑有示者,留落华夏禅丛,好事者集而摸板焉。亟数因禅人入室请益,颇见语句讹谬、因缘差错。噫!去圣时遥,鱼目相滥,燕金楚玉,浑有尘沙;秋菊春兰,蔑闻其采。常思其芟削,未协素愿。今年夏住秋浦警众外,聊得披览斯文,乃援笔修之,删繁补阙,遂成其袟。(卷2,26d)①

---

① 天衣义怀序有瑞士学者 Urs App 的英译(*The Making of a Chan Record: Reflections on the History of the Records of Yunmen*[语录的形成——对《云门广录》的历史探讨]收于《禅文化研究所纪要》第17号,1991)。"蔑"原作"篾",从 App 先生校订。"亟"原作"丞"(五山版作"承",即"承"或"拯"的俗字),今据文义改。"袟"通"帙"。

据此记载可知天衣所作的修订比较大,《祖庭事苑》所引《天衣古本》《怀和尚本》证明这一点。可惜《天衣重修本》后来失传,现在唯一通行的《云门广录》却接近睦庵所用的《云门录》,因此他在《祖庭事苑》中所作的校勘,现在还很有用。

睦庵善卿撰《祖庭事苑》八卷,正如书名所示,是一种禅语辞典。他对当时通行的十七部禅籍(请参看《附录一》),指出书中所见语句的典故,解说禅林用语的同时,致力于校讹工作。他对法英说其述作之缘由:

> 曩游丛林,窃见大宗师升堂入室之外,复许学者记诵所谓云门、雪窦诸家禅录,出众举之而为演说其缘,谓之请益。学者或得其土苴绪余,辄相传授。其间援引释教之因缘、儒书之事迹,往往不知其源流,而妄为臆说。岂特取笑识者,其误累后学,为不浅鲜。卿因猎涉众经,遍询知识,或闻一缘得一事,则录之于心,编之于简,而又求诸古录,以较其是非。念兹在兹,仅二十载,总得二千四百余目。此虽深违达摩西来传心之意,庶几通明之士推一而适万,会事以归真。(法英序)

他用二十年积累下来了 2 400 余条笔记。① 其中出于佛经的典故、禅僧言行的考证,对我们解读禅籍有很大的帮助。《祖庭事苑》成书的年代(1108)离它所收语录之主的年代还不远,如云门文偃(864—949)、雪窦重显(980—1052)、天衣义怀(993—1064)、风穴延昭(896—973)、法眼文益(885—958)、天台德韶(891—973)等,现在看几乎属于同一时代。如果把他所做的笔记看作是略同时代的注释,可以说它具有相当高的价值。譬如

---

① 据永井政之先生的统计,实为 2 502 条(《〈祖庭事苑〉的基礎的研究》,《驹泽大学佛教学部论集》第 4 号,1973)。

说,根据他注释词语的排列次序,可以复原当时语录的结构①;对注释中的引书、引文可以进行辑佚工作,等等。② 然而最值得注意的是多达442条的有关校勘的材料。他通过用"古本"、"它本"的校勘指出异同以外,还用"甲正作乙"的形式指出俗字,用"甲当作乙"的形式指出讹误。这种条目是睦庵校雠学的成果,通过这些记载,我们可以了解当时流行的禅籍文字记录的实际情况。

笔者在做《祖堂集》③校订本的工作中,阅读《祖庭事苑》,发现了睦庵举出的有些讹误现象和《祖堂集》相一致,于是我就把他的校雠学的成果反映到《祖堂集》的校记中。我得到了41个共通用字例,现在试举两三个例子如下:

祖佛怨　怨当作冤,于袁切,屈也。怨,于愿切,恚也。非义。(卷2,18b)

这一条是对雪窦《瀑泉集》中题为《禅徒为予幻质复请为赞》的第一句"祖佛怨兮非其师"(《大正藏》第47册,697c)的注释。雪窦禅师指着自己的肖像说:"这是诸佛祖师的雠人。"而"非其师"的意思,从第二句"丛林害兮谁相资"的说法来看,大概意为"不要拜为师"。因为按照禅宗的理论,对弟子说佛法是违背诸

---

① 有关云门语录的论考,有永井政之《雲門の語録の成立に関する一考察》(《宗学研究》第13号,1971)、椎名宏雄《雲門広録》とその抄録本の系統》(同上,第24号,1982)、Urs App上揭论文;有关风穴语录的论考,有永井政之《雪竇の語録の成立に関する一考察》(《驹泽大学大学院佛教学研究会年报》第6号,1972)、椎名宏雄《明覚禅師語録》諸本の系統》(《驹泽大学佛教学部论集》第26号,1995)。

② 陈尚君《全唐诗续拾》也曾从《祖庭事苑》中辑佚了一些诗句,但可能漏收下列的几首:灵一《宿越州云门诗》(52b)、明招德谦《无题十颂》(56c)、翠微无学《讖偈》(57c)、云门僧清隐《诗》(57a)、天台德韶《国师自赞》(99d)、道勤《还乡偈》(44c)。

③ 《祖堂集》二十卷,南唐保大十年(952)泉州招庆寺静、筠二禅师撰,高丽高宗三十二年(1245)开板。今本二十卷的成立过程,推测大致为:保大十年一卷本在后五十年间增广为十卷,传到高丽后又增补高丽僧部分,开板时分为二十卷(见拙稿《〈祖堂集〉札记》,《禅文化研究所纪要》第24号,1998)。

佛祖师的行为,也就是叫祖佛受冤屈,所以写作"诸佛怨"是错误。《祖堂集》全书中"怨"字出现十六次,其中十四次为"俗字"。这十四个例子中有八例("三世佛怨"有二例,"怨家"有五例,"生怨家"有一例)当作"冤"。例如:

> 问:"依经解义,三世佛怨;离经一字,即同魔说,如何?"师云:"固守动用,三世佛怨;此外别求,即同魔作。"(《祖堂集》卷14《百丈和尚章》)

如果将经典看做金科玉条,或者违背经典所说均不可,那你怎么办?如果盲目相信佛经所说,那就是诬蔑三世诸佛的人了。因此应该写作"冤"字。"三世佛冤"本于疑伪经《像法决疑经》:"像法中,诸恶比丘,不解我意,执己所见,宣说十二部经,随文取义,作决定说。当知此人,三世佛怨,速灭我法。"(《大正藏》第58册,1337a)敦煌遗书P.2087号也误作"怨"字。百丈怀海和尚对此问题回答说,当然不能盲目相信佛经所说,与此相反,主张"即心即佛"、"作用即真",坚持"言语动用"也都是错,可是又不能离开"言语动用"。《景德传灯录》卷6有这一段对话,也作"怨"字。到《天圣广灯录》才改正了过来。"冤"、"怨"二字形近,声调不同,容易相混。

> 名邈 上与诸同,弥正切,目诸物也。下当作兒,墨角切,容也。邈,远也。非义。(卷2,24b)

这一条是对《雪窦颂古》第十六则("镜清啐啄")"天下衲僧徒名邈"一句的注释。《祖堂集》卷5《德山和尚章》有云:

> 汝等诸方更谁敢铭邈?有摩?出来!吾要识汝。

《祖堂集》全书中"邈"字出现九次,除了专名(3次)以外,都用作"描绘"义。而"兒"字则不出现。按《汉书·王莽传下》颜师古注:"兒,古貌字。"《祖堂集》中"貌"字都用作名词。这大概是唐五代普通的用字法,也和敦煌变文相一致(如"邈真")。睦庵认为"邈"的意义只作"远"义,主张改用"皃"字,现在看来这一主张相当保守。①

  赚 当作𧼱,佇陷切,被诳也。(卷3,39a)

"赚"(按《集韵》,与"𧼱"同音,直陷切)义为"市物失实"、"贱买贵卖",到明代还说明为"俗谓相欺诳曰赚"(《正字通》)。这字在唐宋时代一定带有更浓厚的通俗性,睦庵厌恶这字,从而可知他的规范意识。《祖堂集》中"赚"字出现三次,也有"赚杀人"的例子,不仅不避俗语词,由于使用俗语词,表达得更直截了当。上面所举三个字的用法都属于当时新兴的用字法,但对睦庵的规范意识来说大概难以接受。

  通过《祖庭事苑》中列出的442条校勘记载,我们可以窥知在12世纪初流布的禅籍的文字表达情况。为了进一步了解,试用俞樾《古书疑义举例》的体例来把讹误现象分为十二种类型,并加以举例说明,且从汉语史研究的角度来讨论有关虚词和方言的注释,证明其价值。通过这一番整理工作,我们可以了解睦庵的禅籍校雠学的学术价值。

一、俗字举正

  橙济 正作拯。拯,蒸之上声呼,上举也。(卷1,5c,《云门录》上)

"拯"字的音义都来自《集韵》。《五经文字》卷上:"拯作橙,讹。"宋版《云门广录》已改作"拯"字。

  不蟓 正作燥,音嫂,干也。俗作㷮,由形近之讹也。

---

① 卷6"名邈"注云:"上弥正切,目诸物也。下当作貌,墨觉切,容也。名物之形容,故曰名貌。"(91a,《法眼录》)

蟾,书无此字。(卷7,106c,《八方珠玉集》)

这是对茱萸和尚语"雕蚶镂蛤,不蟾之泥,劳君远至"的注释。"蟾"字不见于辞书,"不蟾之泥"一句费解。按:"参"字,草体与"枭"字形同(见王观国《学林》卷10《参字》条);虫字旁是涉上文"蛤"而误。《集韵》上声皓韵:"燥,苏老切,干也。俗作㷮,非是。"今本《拈八方珠玉集》卷下、《禅林类聚》卷12《游山》所引并误。

二、因形似而误

思云侵　当作忽云侵。(卷4,55c,雪窦《祖英集》下)

《和范监薄二首》之二"县楼清夜上,岛月思云侵"的注释。日本东洋文库藏五山版(影印本收于《禅宗典籍丛刊》)、《大正藏》本(第47册,708c)并误。附带说,五山版的此一部分有错页,影印本也没注意。

印客　当作吊客,见《广灯》。(卷6,84c,《风穴众吼集》)

开元寺版宋本《天圣广灯录》卷15《风穴延昭章》:"问:'无地容身时如何?'师云:'熊耳塔开无印客。'"《续藏》本同。据睦庵所说,他看到的《天圣广灯录》已改正了过来。

驀　当作驀,莫白切,急取也。(卷7,103a,《八方珠玉集》)

"驀"、"白"二字,五山版、《续藏》本均误作"暮"、"曰",今改正。这是对杉山和尚缘"山以痒和子驀口打"(《拈八方珠玉集》卷中,这里已改正了过来)。《祖庭事苑》中的音义一般来自《集韵》,入声陌韵:"驀,莫白切。《说文》:'上马也。'"睦庵不再引《说文》,加上"驀口打"(冷不防打个嘴边)的"急取"义。段玉裁认为是引申义,说:"上马必捷,故引申为猝乍之称。"另外,《祖堂集》卷10《长庆和尚章》引《衷情偈》云："拈起拂子蓦口打。"花园大学藏本"蓦"字下一半部分残缺,而中文出版社影印本添墨成"募"字了。①

三、偏旁变易增减

> 鼻孔辽天　辽当作撩。撩,取也。昂视之貌。辽,远也。非义。(卷1,7c《云门录》下)

今本《云门广录》卷中亦作"辽",《大正藏》校记云："明版作撩。"《集韵》平声萧韵："一曰:取物。"睦庵另外补充解释"鼻孔撩天"一词作"昂视之貌"。

> 天鼓　当作天瞽,谓生盲也。(卷1,13b,《雪窦后集》)

今本《明觉禅师语录》卷2:"上堂云:'一切法皆是佛法,瞒瞒顸顸,非为正观;一切法即非一切法,莽莽卤卤,还同天鼓。'"(《大正藏》第47册,681c)五山版亦同。

四、因音同而误

> 老倒　当作潦倒。潦,老之貌也。(卷6,77b《风穴众吼集》)

今本《天圣广灯录》卷15《风穴延昭章》:"问:'干木奉文侯,知心有几人?'师云:'少年曾决龙蛇阵,老倒还听雉子歌。'"按:"潦倒"一词已见于嵇康《与山巨源绝交书》:"足下旧知吾潦倒粗疏,不切事情。"(《文选》卷43)李善、五臣均不注释。这说明此词在唐代还在使用,不需要下注释。只有日本留下来的《文选集注》中的《文选钞》说:"潦倒,长缓皃。"又《音决》:"潦音老,

---

① 还有同样的例子:卷2《弘忍和尚章》:"行者曰:'厶甲把橹。'"中文出版社影印本把"厶"添墨成"云"字。陆游《老学庵笔记》卷6:"今人书某为厶,皆以为俗从简便,其实古某字也。"

倒多老反。"(卷85上)二字叠韵,自然有"老之貌"义。黄朝英《靖康缃素杂记》也说二字本为"老"的切字(《补辑·二声合一字》,上海古籍出版社《宋元笔记丛书》本)。

> 田厍　式夜切,姓也。非义。当作舍。禅录多作厍而复误后学。有呼为田厍奴者,适所以发禅席之大噱也。(卷2,26c,《雪窦颂古》)

睦庵主张"厍"字只能用于姓,应该写作"舍"。"田舍奴"也作"田舍儿"、"田舍汉",都是看不起乡下人的骂话。圜悟说:"田厍奴乃福唐人乡语,骂人似无意智相似。"(《碧岩录》第57则评唱)《雪窦颂古》第57则中说"田厍奴"的是山东人赵州从谂和尚,圜悟克勤是四川人。"厍"和"舍"在韵书中是同音字,可是说"田厍奴"时很可能带有闽方言的发音。睦庵指出禅宗语录多用"厍"字,因为唐末以来福建一直是禅宗的中心之一,从各地来的禅僧大概喜欢模仿福建僧人的说法。睦庵说到其中有人把较为特殊的"厍"念错为"田厍(苦故切)奴",而遭人嗤笑。这就是被骂为"田厍奴"的"无意智人"了。

五、因音近而误

> 钝置　下当作踬。音致,碍不行也。(卷1,5c,《云门录》上)

今本《云门广录》卷上:"上堂云:'去去!递相钝置,有什么了期!'"(《大正藏》第47册,552b)"置"志韵、"踬"至韵,均属于止摄。写作"钝踬"的例子,见《从容录》第97则等,愚弄义。睦庵要求写俗语时尽量用近义的字来写。"钝置"也写成"钝致","置"、"致"混用是较为常见的现象(邵荣芬《敦煌俗文学中的别字异文和唐五代西北方音》韵母部分,止摄各韵不分,脂之代用例),睦庵也反复纠正,如"致问　致当作置,立也。致,至也。

非此义"(8a);"且　致当作且置。置犹赦也"(9a)。

　　运青　当作韵清。(卷 4,57b,雪窦《祖英集》下)

今本《明觉禅师语录》卷 6《送小师元哲》偈"松凌霜兮运青,水带岩兮流急"(《大正藏》第 47 册,709c)。"运青"二字义不明,"运"既是同音字"韵"之误,"青"也应该就是"清"之讹。"清"、"青"在《切韵》系韵书中均属梗摄,而属不同韵部。可是,这仅仅是根据吴音分韵的,其他地方"清"、"青"二字完全是同音(孙光宪《北梦琐言》卷 9)。敦煌变文中这两个字往往通用(见邵荣芬论文、张金泉《变文假借字谱》庚类)。雪窦重显是遂州人(四川省),编《祖英集》的弟子文政出生未详,住过南岳胜业寺(湖南省)。他们大概都认为是同音字。上文所举"冤"(平声元韵)、"怨"(去声愿韵)二字是不同声调的近音字的关系。可是这只是韵书中的规定,在"冤"字写作"怨"字的人来说,两个字应该是同一发音。我们从《祖庭事苑》有关校勘的条目中可以拣出很多别字异文材料,睦庵主要从字义的角度来说明,但我想这些民间的通用字可以为唐宋时期的音韵研究提供丰富的例证。

六、因字误而失其韵

　　消得个非遥　当作消得个遥头。休、头同韵也。(卷 1,6c,《云门录》上)

今本《云门广录》附录德山缘密《通宾主偈》(《大正藏》第 47 册,576c),"休"尤韵、"头"侯韵,尤、侯同用(《广韵》下平)。

　　解醒　当作解醒,音呈,醉而觉也。英、醒同韵。(卷 4,54b,雪窦《祖英集》下)

今本《明觉禅师语录》卷 6《送新茶》二首之二(《大正藏》第 47 册,707c),"英"庚韵、"醒"清韵,庚清同用(《广韵》下平)。

> 节操 当作节峻。唯谛 当作唯帝。按草堂沙门飞锡撰《南阳国师碑》云："白云志高，青松节峻。唯帝之师，亲传法印。解深兕古，言崄理顺。不有定门，将何演顿？"盖叶韵而作，即知节操、唯谛之误矣。（卷7,98b，《莲华峰语录》）

天台德韶的语录和飞锡撰《南阳国师碑》都没有流传下来，这里引述的是其佚文。

七、误倒

> 虽搜徧抉 当作虽徧搜抉。谓师弗容抄写，遂徧行搜抉于他处，方可得自于真公也。抉，绢悦切，挑也。（卷1,2d，《云门录》上）

这些文字不见于今本《云门广录》，从睦庵的说明来推测，这大概是一篇已失传的序文。我们从这一条注释中窥知云门的弟子怎样编成语录的实际情况。"真公"大概是云门的门弟，应该是庆云真、净源真、双峰慧真三人中之一。

> 把欲 赠行人。当作欲把赠行人。（卷3,33d，雪窦《祖英集》上）

今本《明觉禅师语录》卷5《送昭敏首座》末尾两句"风前把欲赠行人，将报不平绕天下"（《大正藏》第47册，698c）。

八、误衍

> 麖羊话 中有僧云直得怎么难会，此节误收也。按《传灯·云居传》："新罗僧问：'是什么得与么难道？'居云：'有什么难道？'曰：'便请和上道。'居曰：'新罗！新罗！'"此板自"僧云"至"新罗"衍二十六字。（卷7,105c，《八方珠玉集》）

今本《拈八方珠玉集》卷下云居道膺"羚羊挂角"后收有赵州和尚话二十六字，可是因为《景德传灯录》把它作为云居道膺和尚话收在卷17中，睦庵就推断这二十六字是衍文。今本《赵州录》也没有收这一段话，可能它的来历不可靠。

九、误脱

师云　一切法皆是佛法。绳床、露柱是一切法，还我佛法来。僧无对。师又问僧：经中道。第六板第十八行少三十字，见怀和尚本。（卷1，8b，《云门室中录》）

所谓怀和尚本是指天衣义怀校订本，所说脱文是从"一切法"到"经中道"的三十字。睦庵在他所用版本的"师云"后面补上，而今本《云门广录》字有些不同，应该在卷中《室中语要》中"举：一切声都是佛声"的"一切声"前面补上（《大正藏》第47册，555b）。

十、专名举正

务原　当作翁源，邑名，在韶州。其邑有灵山，山顶有泉下流，人饮此水者多寿，故以名焉。务原，当从女作婺，在歙州。非此用。（卷1，4b，《云门录》上）

今本《云门广录》卷上："问：'暗中如何辨主？'师云：'务原是什么人坐？'"（《大正藏》第47册，547c）僧人向云门和尚说："一片黑暗，看不见主人公。"意思是说他还没到达独立自尊的境地。云门回答说："如果你主人公不在这儿，那是不是你把他忘在'务原'？""务原"应该指的是这僧人的故乡。睦庵认为就是云门山所在的曲江县附近的翁原。他虽然知道"务"是"婺"的讹误，可是说这不是指安徽省的婺源。然而推测这僧人的故乡应

该是婺源也完全可能,因为"务"是"婺"的同音假借字(亡遇切)。① 下面试举睦庵订正专名的全部例子:

运州　当作郓,音运。(卷1,7c)
蜜岛　当作密岩。(卷1,9b)
猴白　当作侯白,姓也。(卷1,10b)
孟常之门　孟常当作孟尝,即齐之孟尝君。(卷1,13c;卷2,16a)
清税　当作清锐,见《传灯录》。(卷2,17b)
林际　当作临济,院名也。(卷2,19b)
螯公　螯当作豁,岩头名全豁。(卷2,20b)
紫胡　紫当作子,子胡岩踪禅师。(卷2,29a)
罔象　当作象罔,见《庄子》。(卷3,37a)
刘阳叟　刘阳当作浏阳,邑名也。(卷3,37a)
惠理　惠当作慧。(卷3,37a)
惠持　当作慧持,雁门僧,即庐山远之弟也。(卷4,52a)
灵彻　当作澈。灵澈,字源澄。澈,直列切。(卷4,59a)
伏羲　羲当作牺。(卷5,74b)
盟津　当作孟津。(卷6,83b)
先漕　当作先曹,谓曹山也。(卷6,88a)
僧瑶　瑶当作繇,音遥。张僧繇,吴人也。(卷6,94b)
汩潭　当作泐,音勒,水石理也。汩,水声。非义。(卷6,95c)
周苛　或本作周苛。楚围汉王……项羽怒,烹周苛。

---

① 此一条解释,入矢义高先生于1983年在花园大学讲授《云门广录》时做的。今特此记以纪念。

下可切。（卷7,107a）

这些例子大都是由音同、音近、换旁而讹误下来的现象。专名有固定的书写法,这和口语词、方言词容许异写的情况不一样,专名的误写应当"必也正名乎"。然而禅籍包含着很多专名的误写这一事实正说明它文字表达的特点。

十一、避讳

安岩照　照当作昫,即大梅保福昫禅师,正字避讳。（卷2,18c,雪窦《瀑泉集》）

送文吉　正字避御名。（卷4,55b,雪窦《祖英集》）

这两条分别避北宋哲宗（煦）,徽宗（佶）之讳。从后一条记载推知睦庵所用《祖英集》是从徽宗即位的元符三年（1100）到《祖庭事苑》成立的大观二年（1108）之间出版的刻本。

十二、刻工不慎而误

指也乎其势　当作指掌排其势,见写本。盖当时雠校之不工,刀笔者猒其点画之繁,则戏以简易者易之,率皆如此。行家所谓水王一者是也。夫是固不可不慎选其匠手矣。（卷4,57d,雪窦《祖英集》）

今本《明觉禅师语录》卷6《送鼎禅者》诗:"落落禅家流,携筇卷云霓。别我振辞锋,夜堂消祖偈。霜天飞一鹗,目对弹其滞。春岸立千峰,指也乎其势。行行复行行,清飚起兰蕙。"（《大正藏》第47册,710b）颈联两句意思不明,睦庵据写本改正了过来。其原因他说是由刻工的懒惰所致。确实如此,"也乎"两字来自笔画最少的常用语气词"之乎者也"。（他说这样的情况用行业用语叫"水玉一"[五山版"玉"作"王"],不知何谓?）与此相似的故事见于《夷坚志》:绍兴十六年（1146）淮南转运司刊刻

《太平圣惠方》时,舒州的五个无赖刻工被落雷打死。"盖此五人尤耆酒懒惰,急于板成,将字画点画多及药味分两随意更改以误人,故受此谴。"(丙志卷12,此一条是冈本不二明先生提供的材料。)程千帆、徐有富《校雠广义·校勘编》也举出由写工厌倦缮写导致刊本有脱文的例子。

上面所举十二类型是一般的校雠学提出的讹误现象,《祖庭事苑》的校勘条目中还有一些有关常用虚词和方言词的注释,可以作汉语史研究的材料。

十三、虚词(指代词)释例

> 这　当作者,别事之词。禅录多作这,或通作遮,皆非义。这,《三苍诂训》云:古文适字。今非此用。(卷1,3b,《云门录》上)

> 这里　这当作者,指事之辞也。这,《三苍诂训》云:古文同适字,之石切。又《篇韵》:诞、彦二音。唯禅录作之也切,皆沿袭所致。(卷2,22a,《雪窦颂古》)

睦庵说,禅录中"这"字多用作指示代词,念成之也切(上声),这只是习惯性用法,应该用"者"字来写。"这"本来是"适"的古文(之石切,入声),音义都和睦庵当时的用法不一样。这大概是北宋末期12世纪初江南知识分子的规范意识。"这"字的来源,学界还没达成定论[①],但从这两条记载可知"这"、"者"二字音同,书写法从"者"推移到"这",而他对这一变化还不认可。"这"是从"者"变化而来,还有一份资料可以旁证。这是俄藏敦煌遗书《双恩记》:"吠舍釐(釐)君闻诸事,当时不敢举干戈。"(Φ69号,第66行)"是以世尊怜诸事,长于此处说真经。"

---

① 关于"这"字来源的学说见于志村良治《中国中世语法史研究》(1984)、蒋绍愚《近代汉语研究概况》(1994)、冯春田《近代汉语语法研究》(2000)。

(同上,第125行)这里两见的"遮"字是他书未见的生僻俗字,书写人很可能为了和文言的"者"字区别开来特意加以走之旁,正如"赭"字加以赤字旁(《历代法宝记》,P.2125、S.516、P.3717、石井本)一样。Φ69号写本的书写年代据孟列夫《俄藏敦煌写卷叙录》推算9至11世纪。此写本中"这"字也有一次出现(第190行"坚固彻头行这行,也得名为菩萨人")。这样没有统一同音同义的异写字也是俗语文献的特点,不足为怪。

  恁麼 上当作与。麼正从幺作麼。与麼,指辞也。或作恁麼,恁音稔,思也。恁麼,审辞也。或作什麼,当作甚麼。甚麼,问辞也。什,杂也。非义。或作渭麼,渭音十,水貌。又音习,渻渭,水貌。皆非义。然果言外之士,无不可者。(卷1,7a,《云门录》下)

  徒什麼 徒当作图,谋也。什麼当作甚麼。(卷1,8b,同上)

  什麼 什麼当作甚麼。(卷1,10a,《云门室中录》)

  渭麼 渭当作恁,音稔,思也。麼,正从幺作麼,母果切,辞也。渭音十,水貌。又音习,渻渭,水兒。皆非义。(卷2,27b,《雪窦颂古》)

  是什麼 当作是甚麼。(同上)

  消得渭麼 当作消得与麼。(卷2,27d,同上)

睦庵既然说"言外之士,无不可者",而反复纠正不规范的写法,大概因为他自己有较为强烈的规范意识,要求禅录文字的规范化。他对三个指代词的功能和书写法的规定是:

〔指辞〕与麼 ← (渭麼)

〔审辞〕恁麼 ← (渭麼)

〔问辞〕甚麼 ← (什麼)

（上面所举第一条"恁麼,上当作与"是校勘意见,因为从今本《云门广录》的用例看,"与麼"有133次,而"恁麼"只有3次集中出现在卷下《勘辨》末尾的两则对话中。）一般认为"与麼"和"恁麼"意思一样,都是"如此"义,只是"与麼"后来变成"恁麼"。睦庵则对这两个词加以区别,说"恁麼"是具有审辨功能的"审辞"。① 这大概由"恁"的原义(《广雅·释诂二》"恁,思也")而来的,也对"什"、"湏"都是"非义"的看法相一致。然而睦庵主张"湏麼"有时应改写"恁麼",有时应改写"与麼"这一事实来看,他的"指辞"和"审辞"的区别很可能只是来自他较为特殊的语感罢了。

十四、方言词释例

  吉嘹　下音料。北人方言,合音为字,吉嘹言缴。缴,纠戾也。缴其舌,犹缩却舌头也。如窟笼为孔,窟驼为窠也。又或以多言为吉嘹者,岭南有鸟似鸜鹆,笼养久则能言,南人谓之吉嘹。开元初,广州献之。言音雄重如丈夫,委曲识人情,性非鹦鹉、鸜鹆之比。云门居岭南,亦恐用此意。(卷1,4a,《云门录》上)

今本《云门广录》作"吃嘹"(《大正藏》第47册,546b)。说的就是"秦吉了"。刘恂《岭表录异》卷中、周去非《岭外代答》卷9均有提及。

  终诸　方言,犹举止也。(卷1,6c,同上)

今本《云门广录》卷下所附德山缘密禅师《据实商量》颂:"睡来合眼饭来餐,起坐终诸勿两般。同道尽知言不惑,十方刹土目前观。"(576c)"起坐终诸"是同义并举。敦煌遗书《佛说阿弥陀

---

① "审辞"一词的解释承蒙周裕锴先生的指教。

经讲经文》(一)中也有同样的例子：

　　　　进上(止)终诸过马胜,威驼(仪)行步与(异)常伦。
(《敦煌变文校注》,第667页)

"进止终诸"也是同义并举之例。因此同篇后文的"六事依行无欠阙,终诸便是好师僧"(第668页)并无二致。同样,《捉季布传文》中的"只是季布、钟离末,终之更不是余人"(第92页)、"心粗买得庸愚使,看他意气胜将军。名曰典仓应是假,终知必是楚家臣"(第96页)也可作如是观。尽管这个方言词的来历还需要进一步研究,但是"举止"之义在以上各例中豁然可通,睦庵的这一条注释极其可贵。

　　　　莞䴰　上音丸,小麦曲也。此乃称完全之方言。当云凸䴰,䴰音峦。(卷1,8b,《云门录》下)

见今本《云门广录》卷中(567a)、卷下《勘辨》(568c),并作"完䴰"。卷下的例子把"完䴰底"和"半截底"对举,意思很明白。只是他又说"当云凸䴰"却是费解。或者是说"凸䴰"是共通语,"莞䴰"是方言之意？

　　　　顶罩烧锺　众中或举戴火鍱腹外道缘,意甚不类。尝见蜀僧云：此蜀语也。川人或讥人之无知则云：烧锺盖却你头,往往唤作孟夏渐热。盖雪窦川人也。(卷3,45d,雪窦《祖英集》上)

今本《明觉禅师语录》卷5《往复无间十二首》(十二时歌)："哺时申,急急越生路上人,草鞋踏尽家乡远,顶罩烧钟一万斤。"(《大正藏》第47册,704a)这是雪窦禅师讽刺要还"本来家乡"(返本还源)的人的话。"锺"与"钟"通。

　　　　野盘　方言,草宿也。(卷6,77b,《风穴众吼集》)

见今本《天圣广灯录》卷15《风穴延沼章》、《景德传灯录》卷13、《碧岩录》第35则本则评唱。

  和盲悖诉 和盲当作如盲,悖诉当作悖搻。悖,乱也。搻,暗取物也。悖搻亦方言,谓摸搻,见《远浮山九带》。(卷6,80a,同上)

今本《天圣广灯录》卷15《风穴延沼章》作"和盲不诉"。"悖搻"一词,最早汉代就有,而音义都有所变化。"勃屑"(《楚辞·七谏怨世》)、"勃窣"(《史记·司马相如传》、《汉书·司马相如传上》、《世说新语·文学篇》张凭)、"勃窣"(《文选》卷7《子虚赋》),宋代以后也有沿袭古代写法的(《虚堂录》卷8、卷10,《古林录》卷3,《五家正宗赞·首山念》并作"勃窣"),还有脱掉第二音节的入声韵尾者,如"勃塑"(《景德传灯录》卷7《沩山章》)、"勃诉"(《大慧普说》卷4、《松源录》卷下、《五灯会元》卷9《沩山章》)、"恝恝"(《古尊宿语录》卷7《风穴章》)等。二字是叠韵联绵词,第一音节也同样随之变成舒声了(《天圣广灯录》卷15《风穴章》作"不诉")。《祖堂集》卷7《雪峰章》的"敦搻"很可能是取"摸搻"义来借的字。无著道忠《五家正宗赞助桀》卷7、《葛藤语笺》卷10都有举例和考证。

  喽啰 上朗侯切,下良何切。方言,犹黠慧也。(卷6,89c,《法眼录》)

今本《金陵清凉院文益禅师语录》没有此语(《大正藏》第47册)。"喽啰"一词的词义详见于项楚《寒山诗注》第159首"我见世间人"注。

  厮儿 上音斯,役使者也。方言入声呼。(卷7,106d,《八方珠玉集》)

今本《拈八方珠玉集》卷下杉洋和尚缘(《续藏》本,149c):"东家厮儿却向西家使唤。""役"字原作"从",据《广韵》平声支韵改。方言念入声,按《老学庵笔记》卷10的记载,应该念成"思必切"①。

撰人不详的日本刊本《宗门方语》多引《祖庭事苑》的注释以外,还对流行于宋代禅林的五个词语注作"福州乡谈"、"福州语"。无著道忠撰《禅林方语》也指出两个词语是"宣城乡谚"、"秀州乡语"(日本禅文化研究所《禅语辞书类聚》)。这些词语都给我们研究古方言词提供宝贵的材料。

睦庵善卿撰《祖庭事苑》八卷共有2 500条注释,我们从中可以窥知当时禅宗僧人间的问答商量的实际情况以及睦庵的评论。当然他的注释不一定都中肯。无著道忠在他的诸多著作中到处引述睦庵的注释,时而很不客气地加以严厉的批评。可是世上没有完整无缺的注释,假如有人由于批评的存在而弃之不顾,那就是非常遗憾的态度。上面我把《祖庭事苑》中有关禅籍校勘的442条记载按讹误现象的情况分为十二个类型,并从汉语史研究的角度来加上两个类型。以上我阐述了睦庵的禅籍校雠学的梗概。他校订的十七种禅籍虽然包括上堂说法、问答、诗偈、著述等多个种类,但总体来看,在它们的记载文字中,变易偏旁、同音、近音的通假字的使用普遍存在,误写专名的现象尤其显著。这些特点说明禅籍基本上是随闻笔记的性质。禅宗的宗旨主张不要局限于语言文字,然而错误的文字表达不会产生正确的见解。睦庵说:

今丛林中,以"袖里藏锋"、"出袖拂开"皆为用中语,举口则棒拍已行。岂容拟议?虽然苟欲详其问答语脉,则是

---

① 《老学庵笔记》卷10:"世多言白乐天用'相'字,多从俗语作思必切,如'为问长安月,如何不相离'是也。然北人大抵以'相'字作入声,至今犹然,不独乐天。老杜云'恰似春风相欺得,夜来吹折数枝花',亦从入声读,乃不失律。俗谓南人入京师,效北语,遇相蓝,辄读其榜曰'大厮国寺',传以为笑。"

何旨意？古人之言，岂虚发邪？既学古人之建立，安可忽诸？（卷2,15d,"袖里藏锋"注）

这里他批评有些人对"就理藏锋"的理智意义错误认为"袖里藏锋"的机关手段，因而立刻棒打问法的僧人。他又说：

传法诸祖，初以三藏教乘兼行。后达摩祖师单传心印，破执显宗，所谓"教外别传，不立文字；直指人心，见性成佛"。然不立文字，失意者多，往往屏去文字，以默坐为禅。斯实吾门之哑羊尔。且万法纷然，何止文字不立者哉！殊不知，道犹通也。岂拘执于一隅？故即文字而文字不可得，文字既尔，余法亦然。所以为见性成佛也。岂待遗而后已？（卷5,66c,"单传"注）

这种说法也许被看做对默照禅的批评，可是其风格和大慧宗杲（1089—1163）不一样，《祖庭事苑》一书中没有门户之见。从时代而言，比大慧宗杲和宏智正觉（1091—1157）早一代。《祖庭事苑》是第一部禅籍研究的著作，宋代以后尽管禅宗有很大发展，对禅宗感兴趣的人增加了，然而继承《祖庭事苑》进行研究的第二部书却没有出现，或也可以说其研究的道路堵塞了。我们从紫云写的再刊后序中了解到当时接受《祖庭事苑》的情况：

睦庵道人集《祖庭事苑》，刊行于世，于兹有年。或谓前辈以聋瞽后进，尝毁之。余曰："宗门下一棒一喝，开眼蹉过，容有传注乎？虽然玉屑碎金，苟以备药剂待，镕而成器，亦将有见月忘指者。"

禅宗的宗旨不在追求语言文字，睦庵也早就知道。他说过：

此虽深违达摩西来传心之意，庶几通明之士推一而适万，会事以归真！（法英序引睦庵语）

众所周知,禅宗语言极其精练巧妙,也就在一方面是数量庞大的大藏经、一方面是对语言表达的否定,这样一种紧张对峙的关系中产生。只有"通明之士,推一适万,会事而归真"。我想睦庵熟悉这个道理,寻求语默之间的真理,而坚持从事长达 20 年的校雠工作。他对文字表达具有较为强烈的规范意识,这大概也是撰写《祖庭事苑》的动机之一。他一方面说到"文字性空",一方面又提及常用虚词和方言词。他对常用虚词和方言词的注释,给我们研究语言提供了宝贵的材料。我回想,以前有一个禅僧对我说过一种威胁性的话:"你懂一点唐代口语,懂什么禅!"当然唐代口语并不等于禅宗的问题,这不待言。然而既然彼我都不得不涉及以语言构拟的世界,非是果断挑战的通明之士不能走任何道路。因为走上任何道路到处都有难以逾越的关口。

[附录一] 《祖庭事苑》目录及其注释条目数(数目据永井政之《〈祖庭事苑〉の基礎的研究》)

卷 1　《云门录》上(108)
　　　《云门录》下(46)
　　　《云门室中录》(54)
　　　拾遗 3 则
　　　《雪窦洞庭录》(43)
　　　《雪窦后录》(43)
卷 2　《雪窦瀑泉集》(95)
　　　《雪窦拈古》(61)
　　　《雪窦颂古》(197)
卷 3　《雪窦祖英集》上(371)
卷 4　《雪窦祖英集》下(306)
　　　《雪窦开堂录》(39)

《雪窦拾遗》29则《示寂偈》

卷5　《怀禅师前录》(91)
　　　《怀禅师后录》(35)
　　　《池阳百问》(91)

卷6　《风穴众吼集》(261)
　　　《法眼录》(252)

卷7　《莲华峰语录》(77)
　　　《八方珠玉集》(173)
　　　《证道歌》(62)

卷8　《十玄谈》(13)
　　　释名谶辩(33)
　　　语缘(21)
　　　杂志(31)

[附录二]　睦庵所见禅籍

语录　《六祖坛经》(111a)
　　　《古本永嘉集》(110d)
　　　《南阳广录》《南阳录》《国师广录》《忠国师录》(7c、9b、84b、87a)
　　　《(盘山)占录》(12d)
　　　《庞居士诗》(16d)
　　　《政百丈录》(24d)
　　　《沩山警策》(111a)
　　　《德山广录》(74a)
　　　《雪峰广录》(5d、6a)
　　　《玄沙广录》(41c)
　　　《云门古录》《云门对机录》《怀禅师重修云门录》《怀和尚本》《怀和上本》《怀本》《天衣古本》《古本》

　　　　（3d、5cd、6c、8d、9bcd、10a、26d）
　　　《（洞山守初）广录》(23a)
　　　《投子古录》(55c)
　　　《古本（法眼录）》(96c)
　　　《云门曜禅师录》《曜禅师录》(8b、113c)
　　　《（天童新和上）朝阳集》二十卷、《新金山朝阳集》
　　　　（50b、97c）
　　　《新金山或曰十篇》(66c)
　　　《浮山远录》(19b)
　　　《远浮山九带》(4c、24c、80a、84a）
　　　《达观录》(15d)

碑刻传记《达摩塔记》(33b)
　　　草堂沙门飞锡撰《南阳国师碑》(98b)
　　　《稠禅师磁州石刻》(110c)
　　　《径山三祖实录》(105a)
　　　《天王道悟禅师碑》(2c)
　　　《还乡和上（道勤）石刻》(44c)
　　　《法眼传通记》(119c)
　　　《祖师传》(118c)

灯史等　《宝林传》(2a、21d、23b、80c、113d、115c、119b)
　　　《传灯录》(2c、5d、11c、13b、17b、22a、24bd、68a、
　　　　76bc、81a、84d、85c、86a、98a、100b、105ac、
　　　　106d、109c、115c)
　　　《（传法）正宗记》(3c、69c、117c)
　　　《（天圣）广灯录》(5d、6c、14b、22b、76b、8lc、
　　　　83a、84c、85d、86d)
　　　《祖源（通录）》(21d)
　　　《五家宗派录》(87b)

《宗派录》(19a)

《药山宗派录》(106b)

《临济宗派集》(87d)

《沩仰宗派》(20a)

《宗镜录》(85b)

(原刊于《中国俗文化研究》第1辑,巴蜀书社,2003年)

《祖堂集》的校理

一、《祖堂集》的校勘

(1)《八万大藏经》中的《祖堂集》

现在韩国庆尚南道伽耶山海印寺藏经阁中存留的《八万大藏经》经板,恰在一百年前由一位日本建筑学家关野贞介绍到学术界。他于1904年发表的《韩国建筑调查报告》中的一条有关记载立即引起佛学家、历史学家的关注。经过文献研究和板木调查,解明所谓《八万大藏经》便是再雕版《高丽大藏经》。在初雕版(1087年刻成)被蒙古军焚毁板木(1232年)之后,为祈愿降伏当时入侵的蒙古军,高丽高宗决定再次雕造大藏经(高宗二十三年,1236),设定大藏都监于江都,分司大藏都监于晋州南海县,从事雕造。全藏经过十六年完竣(高宗三十八年,1251)。其经板先安置于江都大藏经板堂,至14世纪中叶,为避开入侵倭寇焚烧经板的危险,移置于海印寺,直到现在[①]。现存《八万大藏经》经板由三部分组成:一部分是《大藏目录》所录《高丽大藏经》本藏1513部6807卷[②];第二部分是清同治四年(李朝李大王二年,1865)海冥壮雄撰《补遗目录》所列补板十五部236卷;其他还有为数将近一万块杂板(包括十八部文集版和散版)。所谓补板十五部,本来属于藏外杂板,是在同治四年

---

① 关于海印寺《八万大藏经》经板对学术界的介绍及其为再雕《高丽大藏经》的考证,参看池内宏《高丽朝的大藏经》上下篇,《东洋学报》十三之三、十四之一(1923、1924年)。关于经板移置于海印寺的时间,参看高桥亨《高丽大藏经板印出颠末》,《朝鲜学报》二(1951年)。

② 部卷数字据金润坤《高丽大藏经雕成名录集》(2001年)。

印刷《大藏经》时从中择善补入的①。

《祖堂集》二十卷是补板十五部中的一部,即原属杂板,藏在规模比大藏板堂较小的杂板库里。现存《祖堂集》是刻在199块经板两面共计385张的大约二十万字文献。版式匡郭,天地单边,纵21公分,横52公分,一张二十三行行十八字,与《高丽大藏经》本藏版式一张二十三行行十四字显然有异。虽然第一卷尾有"乙巳岁分司大藏都监雕造"字样,表明系高丽高宗三十二年(1245)由南海分司雕造的,但从版式看,《祖堂集》的雕造与刊刻《高丽大藏经》事业本来没有直接关系②。

(2)《祖堂集》的印本和影印本

众所周知,《祖堂集》是现存最早一部完整的南宗禅灯史,它包含着禅宗史、汉语史等领域研究中十分丰富的学术信息,目前计有十种影印本、四种排印本(包括抄录本)、一种韩文译本、三种日文抄译本和三种索引出版。这些书的底本用的都是海印寺藏板本。

既然《祖堂集》海内只有一个祖本,即高丽高宗三十二年开板本,那么《祖堂集》是不是存在校勘问题?回答是肯定的,而且很有必要。

现在中国大陆和台湾、韩国、日本流布的诸多《祖堂集》影

---

① 对补板、杂板的文献研究,参看大屋德城《朝鲜海印寺经板考——对大藏经补板及藏外杂板的佛教文献学研究》,《东洋学报》十五之三(1926年);藤田亮策《海印寺杂板考》,《朝鲜学报》138—140(1991年)。

② 《祖堂集》的开板和雕造《高丽藏》事业原初没有直接关系,理由有二:一,华严宗僧人守其主管雕造的《高丽藏》本来不包含禅籍(守其编《大藏目录》亦不列出任何一部禅籍);二,补板中除《祖堂集》以外还有《宗镜录》一百卷、《华严经搜玄记》五卷、《华严经探玄记》二十卷、《金刚三昧经论》三卷、《证道歌事实》三卷、《禅门拈颂集》三十卷等,均为南海分司大藏都监所雕刻。其中《金刚三昧经论》系郑晏(?—1251)家刻本。杂板中同样性质的还有《法华经》等四种。《高丽史·郑世裕传》称郑晏"退去南海,好佛,游遍名山胜刹,舍私赀与国家,约中分藏经刊之",可知他大力支持南海分司都监,分管一半雕造事业,同时也刊刻他自己所需的一些经论。因此藤田亮策认为《祖堂集》也有可能是郑晏私刻的(《海印寺杂板考》)。

印本,底本系统主要有二:一是日本花园大学所藏本,一是韩国东国大学校于 1976 年作为《影印高丽大藏经补遗》出版的影印本所据本(《影印高丽大藏经》共 48 卷,《祖堂集》收于第 45 卷的"补遗"部分)。花园大学藏本原为海印寺住持幻镜法师旧藏,可能是 20 世纪初印成的后印本。1972 年柳田圣山主持影印,列为《禅学丛书唐代资料编》之一,由京都中文出版社出版。后来中国大陆、台湾流布的其实即是此影印本的复印本;《影印高丽大藏经补遗》所据底本,不知何时印成,但时间比花园大学所藏本要早(目前没有发现早期印本的遗存)。根据后者可以辨识花园大学藏本中一些漫漶缺损的字[1]。海印寺所藏原板已经过七百年,虽然保存尚称完好,但有些板块腐蚀严重。问题更出在影印出版时,编者或出版社对漫漶不清部分进行了加工。《影印高丽大藏经·补遗》本有些缺损的字,编者或添墨补笔,或用铅字补上,已发现妄改二十多个字;台湾《佛光大藏经禅藏》本据《影印高丽大藏经·补遗》本排印时(1994 年)承袭了这些错误。中文出版社影印再版本(1974 年)也有几处加工补笔,已证明改错了几个字。

这样,阅读《祖堂集》时,就需要选择没有被加工过的影印本。日本禅文化研究所出版的《基本典籍丛刊》本(1994 年),底本用花园大学藏本,部分用东京大学东洋文化研究所藏本相配补,并在书眉标示出校勘意见。比较之下这是当前合用的版本。本次校订即是以《基本典籍丛刊》本为底本,参校《影印高丽大藏经·补遗》本来进行的。

---

[1] 《影印高丽大藏经·补遗》本中匡偁《高丽开版序》中的一个"十"字十分宝贵:"已上序文并《祖堂集》一卷,先行此土。尔后十卷齐到,谨依具本,爰欲新开印版,广施流传,分为二十卷。"
"十卷",其他所有印本均作"一卷","一"原是"十"的坏字。这个字的考订涉及《祖堂集》成书过程问题。已往的讨论都根据"一卷"来思考分卷,以为原始一卷本是长卷子,没有考虑到增广的问题。

(3)《祖堂集》高丽引文的处理

虽然现存有1245年开板的《祖堂集》原板木,但开板后罕有印刷,印本流行不广。这和流传甚广、衍出了几个异本的高丽版《景德传灯录》成为鲜明对比。但正因此,《祖堂集》免遭后人妄改,没有衍出异本,还保留着原始形态。这个事实也表明《祖堂集》对朝鲜禅宗没有产生值得注意的影响。

但最近,日本学者中岛志郎在高丽时代的禅籍《拈颂说话》中发现了五条叫做《古祖堂》的引文。《拈颂说话》是对慧谌(1178—1234)所编增补版《禅门拈颂集》三十卷的注释。据中岛的研究,增补版《禅门拈颂集》在1242—1249年之间成书,撰注者是慧谌的门弟[①]。由此可知《拈颂说话》是距离《祖堂集》开版(1245年)后不久撰著的。拿五条引文和原文对比就能发现有些不同的字。例如第一条《拈颂说话》卷14《石霜和尚》注引《古祖堂》,对照《祖堂集》卷6《石霜和尚》章雪峰拈举一节:

> 石霜病中时,有新到二百人,未参见和尚,惆怅出声啼哭。霜问监院:"是什麽人哭声?"院云:"二百新到不得参见和尚,因此啼哭。"师唤他来隔窗相见,侍者便唤。他新到一齐上来,隔窗礼拜。问云:"咫尺之间……"

> 石霜病重时,有新到二百来人,未参见和尚,惆怅出声啼哭。石霜问监院:"是什摩人哭声?"对云:"二百来个新到不得参见和尚,因此啼哭。"师云:"唤他来隔窗相看。"侍者便唤他新到一际上来,隔窗礼拜,问:"咫尺之间……"
> (中华书局版《祖堂集》,第321页)

又如第五条《拈颂说话》卷23《玄沙和尚》注引《古祖堂》的一段

[①] 中岛志郎《高丽中期禅宗史——以崔氏武臣政权下的教宗与禅宗的动向为中心》,西口芳男编《〈禅门宝藏录〉的基础研究》,花园大学国际禅学研究所《研究报告》第七册(2000年)。《拈颂说话》有李朝中期重印本(宝莲阁影印,1970年),排印本《禅门拈颂拈颂说话会本》收录于《韩国佛教全书》第五册。

和《祖堂集》卷2《惠能和尚》章相应处对照：

> 六祖见僧来，竖起拂子云："还见麽？"对曰："见。"祖抛向背后，云："见麽？"对曰："见。"祖云："身前见，身后见？"僧云："见时不说前后。"祖云："如是，如是！此是妙空三昧。汝既如是，吾亦如是。"

> 六祖见僧，竖起拂子，云："还见摩？"对云："见。"祖师抛向背后，云："见摩？"对云："见。"师云："身前见，身后见？"对云："见时不说前后。"师云："如是，如是！此是妙空三昧。"（同上，第129页）

对比可见，上引《拈颂说话》和今本《祖堂集》之间文字出入较多，因此令人疑惑世上或许存在过两种《祖堂集》。不过《祖堂集》中疑问代词"什摩"、"作摩（生）"和语气词"～摩"是它的一个重要词汇特点[①]，《拈颂说话》引述时一律改"摩"作"麽"，大概反映了《拈颂说话》时代的用字法；又如《祖堂集》里的"一际"反映南方方音特点（声母清浊互用），《拈颂说话》径校改为"一齐"。可见《拈颂说话》作者引述《祖堂集》时往往随意改字，上引第五条最后溢出八个字很可能是随意加上的。称为《古祖堂》，大概意谓是比《景德传灯录》更古老的灯史。值得注意的是，这《拈颂说话》里的五条都不见于《景德传灯录》，而只见于《祖堂集》。这样可以推论，由于《拈颂说话》作者熟悉《祖堂集》，所以特意叫做《古祖堂》，而不表示存在另一种《祖堂集》。不过高丽版《祖堂集》从1245年开板后，极少印刷过，这也是原经板经过七百六十年仍能遗存的原因之一。

又增补版《禅门拈颂集》在高丽高宗三十二年（1245）由南海分司都监开板，后来板木安置于海印寺杂板库，到1865年由

[①] 《祖堂集》通篇用"摩"字，与《景德传灯录》用"麽"字有区别。但只有一处出现"为什麽"（卷5《华亭和尚》章第十一张第一行），需要注意。

海冥壮雄从杂板选入《补遗目录》,因而收录于《影印高丽大藏经·补遗》中(第46卷)。《祖堂集》和《禅门拈颂集》这两种禅籍,开板和流传过程有非常相似之处。

(4)《祖堂集》校勘举例

校勘《祖堂集》的困难在于它只有一个版本而没有可参校的本子。尽管它没有经受后人改动,还保存着高丽高宗三十二年(1245)开板时的真面目,但它包含有很多误衍脱倒的文字以及通假字、俗写词,这带来了阅读上的困难。又,它虽然是由南海分司大藏都监刊刻,但它不像《高丽大藏经》本藏那样开板前经过有系统的校勘工作。因而应用时,应利用一些重要禅籍作为参校本进行校勘,这些书重要的有:

敦煌本《六祖坛经》(周绍良编《敦煌写本坛经原本》,文物出版社)

《宝林传》[801](《宋藏遗珍》、椎名宏雄《宝林伝逸文の研究》)

《宗镜录》[961](《高丽藏》第44册、《大正藏》第48册)

《宋高僧传》[988](《大正藏》第50册、《中国佛教典籍选刊》)

《景德传灯录》[1004](日本禅文化研究所《基本典籍丛刊》、日本中文出版社《禅学丛书》)

《雪窦颂古》[1024](《四部丛刊》续编《雪窦显和尚明觉大师颂古集》)

《传灯玉英集》[1034](《宋藏遗珍》《禅学丛书》)

《天圣广灯录》[1036](《禅学丛书》所收福州开元寺版、《续藏经》第135册)

《宗门摭英集》[1053](《晓城先生八十颂寿高丽佛籍集佚》、日本临川书店《禅学典籍丛刊》)

《传法正宗记》[1061](《大正藏》第 51 册)

《宗门统要集》[1093](《禅学典籍丛刊》)

《建中靖国续灯录》[1101](福州开元寺版、《续藏经》第 136 册)

《祖庭事苑》[1108](日本五山版、《续藏经》第 103 册)

《禅林僧宝传》[1124](《禅学典籍丛刊》所收五山版、《续藏经》第 137 册)

《碧岩录》[1135 年以前](《大正藏》第 48 册、《基本典籍丛刊》)

《正法眼藏》[1141 年以后](《禅学典籍丛刊》所收宋版、《续藏经》第 118 册)

《古尊宿语要》[1144 年以前](《禅学丛书》)

《联灯会要》[1183](元版、《续藏经》第 136 册)

《嘉泰普灯录》[1204](宋版、《续藏经》第 137 册)

《大光明藏》[1216](《续藏经》第 137 册)

《从容录》[1223](《大正藏》第 48 册、《基本典籍丛刊》)

《禅门拈颂集》[1226](《高丽藏·补遗》第 46 册、《禅学典籍丛刊》)

《禅门诸祖师偈颂》[1247](五山版、《续藏经》第 66 册)

《五灯会元》[1252](元版、《续藏经》第 138 册、《中国佛教典籍选刊》)

《拈八方珠玉集》[1257](《续藏经》第 119 册)

《佛祖统纪》[1269](《大正藏》第 49 册)

《古尊宿语录》[1619](明版、《中国佛教典籍选刊》)

以下试用这些禅籍作为参证，校勘《祖堂集》中的两段文字：

　　（一）师每上堂云："夫出家人，但据自己分上决择，切不得分外。到者里合作摩生行李？身上被什摩衣服？吃什摩饭食？合作什摩声音？身被高上衣，须取高事。道尒千乡万里行脚来，为个什摩事？更向这里容易过，则知不得。莫为小小因缘妨于大事。大事未办，日夜故合因修，所以道：'如对尊严，长须得兢兢底。'决择之次，如履轻冰；勤求至道，如救头然。更有什摩余暇？如火逼身，便须去离；一切事来，惣须向这里荡罗取。头头上须及，物物上须通。若有毫发事及不尽，则被沉累，岂况于多？道你一步才失，便须却回一步。若不回，冥然累劫，便是隔生隔劫、千生万生。事只为一向。若向这里不得，万劫千生著钝。"（卷8《云居和尚章》，第365—366页）

这是云居道膺和尚（？—902）的一段说法。《云居弘学禅师语录》（见《石门文字禅》卷25）已佚失不传。关于他的示众，《景德传灯录》卷17、《禅林僧宝传》卷6、《联灯会要》卷22收有几段，都和此段不一致。但其中也有同一内容的，如《禅林僧宝传》卷6：

　　又曰："汝等直饶学得佛法边事，早是错用心了也。不见古人讲得天花落、石点头，尚不干自己事，自余是什么闲？如今拟将有限身心向无限中用，有什么交涉？如将方木逗圆孔中，多少聱讹？若无与么事，饶汝说得簇花簇锦，也无用处，未离情识在。若一切事须向这里及尽，始得无过，方得出身。若有一毫发去不尽，即被尘累。岂况更多？差之毫厘，过犯山岳。不见古人道：'学处不玄，尽是流俗。'闺阁中物舍不得，俱为渗漏，直须向这里及取去，及去及来，并尽一切事，始得无过。如人头头上了，物物上通，只唤作了事人，终不唤作尊贵……"

对照两段文字,可以明白《祖堂集》"被沉累"的"沉"是"尘"的近音借字(《广韵》:沉,直深切,臻摄澄母侵韵;尘,直珍切,臻摄澄母真韵。侵(-m)真(-n)代用);又《祖堂集》"乃不尽",《禅林僧宝传》作"去不尽"。同书同卷中还有例子:

> 又曰:"了无所有,得无所图,言无所是,行无所依,心无所托,及尽始得无过。……"
>
> 乃曰:"若有一毫许去及不尽,即被尘累,岂况更多?……"

根据这两条可以发现"乃不尽"是"及不尽"的形误。"去及"一词同义连文,义为去掉(和"并当"近义)。"闺阁中物舍不得,俱为渗漏,直须向这里及取去,及去及来,并尽一切事,始得无过",是说把烦恼的残滓彻底去掉。其他禅籍中还有:

> 功夫、智识尽属第二头,及尽功夫,不可智知,始得少分相应。(《从容录》第62则评唱)
>
> 举德山圆明大师示众云:"及尽去也,直得三世诸佛口挂壁上,犹有一人呵呵大笑。若识此人,参学事毕。"(《宏智广录》卷2)
>
> 古人及尽玄微,犹恐走作。(《虚堂录》卷1)

这些例子说的都是要求除掉有意识的努力("功夫")或玄妙的观念("玄微")。"及"有"去"义,应是当时的口语。王念孙《读书杂志》已指出"乃"、"及"二字因形似易混(卷3《史记》五、卷12《淮南内篇》第二)。

(二)(香严)便上沩山,具陈前事,并发明偈子呈似和尚。便上堂,令堂维那呈似大众,大众惣贺。唯有仰山出外未归。仰山归后,沩山向仰山说前件因缘,兼把偈子见似仰山。仰山见了,贺一切后,向和尚说:"虽则与摩发明,和尚还验得他也无?"沩山云:"不验他。"仰山便去香严处,贺喜一切后,便问:"前头则有如是次第了也。然虽如此,不息众人疑。""作摩生疑聱?""将谓预造。师兄已是发明了也,别是气道造道将来。"香严便造偈对曰:"去年未是贫,今年始是贫;去年无卓锥之地,今年锥亦无。"仰山云:"师兄在知有如来禅,且不知有祖师禅。"(卷19《香严和尚章》,第828—829页)

上文中"气道"一词可疑。《祖堂集》凡三见此词,其他二例是:

其僧才得个问头,眼泪落。洞山云:"哭作什摩?"对云:"启和尚:末代后生,伏蒙和尚垂方便,得这个气道,一则喜不自胜,二则恋和尚法席,所以与摩泪下。"(卷19《香严和尚章》,第832页)

师初出世时,未具方便,不得隐便,因此不说法。过得两年后,忽然回心,向徒弟曰:"我闻湖南石霜是作家知识。我一百来少师中,岂无灵利者? 谁去彼中,勤学彼中气道,转来密救老汉?"(卷19《径山和尚章》,第846页)

从上面两例可见"气道"为名词,前一例指"问头",后一例谓石霜门下的问答商量语句。仰山所说"将谓预造。师兄已是发明了也,别是气道造道将来",《联灯会要》卷8《香严章》作"此是宿习记持而成。若是有正悟,更别说看",此"气道"指的是"偈子"。"气道"的这种用法让人想起禅籍中提到别人(或本人)说过的语句时称其为"举"的常见例子,如:

因于頔相公问紫玉:"佛法至理如何?"玉召相公名,相公应喏。玉曰:"更莫别求。"师闻举曰:"搏杀这个汉!"(卷4《药山和尚章》,第228页)

此是龙花举也。若依祖堂举者……(同上,第232页)

因此可以推断"气道"的"气"应该是和"举"字的俗体"㪉"、"㪇"相混致误。"举"、"气"二字易混,例见张涌泉《敦煌俗字研究导论》(《敦煌俗字研究》,上海教育出版社,1996,第127页)。"举道"是"举"的复音形式,和"举唱"、"举提"语义相似,是一个唐五代禅僧用的口语词。

通过以上两段文字实例,也可以知道《祖堂集》校勘的必要性及其艰难。

二、《祖堂集》的成书

(1)《祖堂集》成书过程

唐五代时期是中古汉语演进到近代汉语的一个重要阶段。口语成分本是语言演变的一个重要指标,近代发现的涉及这个时期的语言资料,西北有敦煌的变文、讲经文、曲子词等,东南有泉州编纂的《祖堂集》,都包含有丰富的口语材料。敦煌遗书大部分是在唐末五代、宋初书写的,封闭在藏经洞里没经过后人改动,直到20世纪初被发现;《祖堂集》有五代南唐保大十年(952)纪年,中国国内流传不广,传到朝鲜,在高丽高宗三十二年(1245)开板为二十卷本,直到20世纪初有报告其板木遗存消息,始引起学术界关注。这两种资料形成和再发现的年代非常近似,说起来令人感到奇异。研究、解明这些语言材料的特点,有助于我们了解唐末五代时期的实际语言情况。敦煌遗书的文献和语言研究,20世纪中叶以降有了长足进步。而《祖堂集》的研究,相对来说,还没有得到充分进展。主要原因之一是本书本为集成当年禅僧们答非所问式对话的一部灯史书,人们已难以理解他们每一则对话的准确意义,从而成为研究上的阻碍。作为文献与语言研究的前提,应对本书的成书过程进行探索。

本书卷首泉州招庆寺主净修禅师文僜序云:

今则招庆有静、筠二禅德,袖出近编古今诸方法要,集为一卷,目之《祖堂集》。

高丽释匡儁开板序云:

已上序文并《祖堂集》一卷,先行此土。尔后十卷齐到。谨依具本,爰欲新开印版,广施流传,分为二十卷。

从上面两篇序文,可以知道《祖堂集》原来是由名叫静、筠的两位禅僧在泉州招庆寺编成一卷本,而后传到高丽;后来又传来十卷的增广本,匡儁就将十卷本再编成二十卷开板印行。现行二十卷本是经过这三个阶段成立的。

第一阶段一卷本的成立年代是南唐保大十年壬子岁(952),而此年号只见于二十卷本前两卷的一些章节(卷1《释迦牟尼佛章》、卷2《第二十八祖菩提达摩和尚章》《第二十九祖师慧可禅师章》《第三十祖僧璨章》《第三十二祖弘忍和尚章》《第三十三祖惠能和尚章》)。由此推想静、筠二禅德袖出所示的一卷本大概相当于现行二十卷的前两卷。二禅德的生平、法系均未详[①]。他们在招庆寺编纂《祖堂集》时所据的主要材料有《宝林传》(智炬撰,原十卷,今存七卷)。另外敦煌遗书中与《祖堂集》直接相关的写卷,可看作是同一时代资料的,有《泉州千佛新著诸祖师颂》一卷(斯1635号),前有终南山僧慧观序,序后有内题"西国二十八代祖师及唐土六祖"和作者名"后招庆明觉大师述",中间有西国二十七祖、唐土六代祖师颂,后面还有"南岳让和尚"、"吉州行司(思)和尚"、"国师惠忠和尚"、"石头和尚"、"江西马和尚"等五颂共三十八首,背面有道真题记。《祖堂集》从第一祖大迦叶到第三十三祖惠能和尚章尾所附"净修禅师赞",与《泉州千佛新著诸祖师颂》所录相一致,另外还有靖

---

① 杨曾文《唐五代禅宗史》指出:"省僜尊称二人为'禅德',说请他写序是'命余为序',也许他们不是他的直系弟子,而是住在招庆寺中的与他辈分相仿佛的有相当名望学问的禅师。"(第598页)

居和尚、慧忠国师(卷3)、道吾和尚、德山和尚(卷5)、洞山和尚(卷6)、玄沙和尚、长庆和尚(卷10)、江西马祖(卷14)、南泉和尚(卷16)等赞九首,共四十二首。《泉州千佛新著诸祖师颂》是文僜(也就是省僜明觉大师、净修禅师)在泉州开元寺千佛院住持时(944年以前的十多年间)所作作品。慧观序谓文僜是根据《宝林传》撰写诸颂的。可见静、筠二禅德编《祖堂集》所据也是《宝林传》。但有些赞的内容和《祖堂集》所述不尽相符,又文僜序中一字都没提到他自己所作的赞。由此推想952年编成一卷本时似未编入"净修禅师赞"。

第二阶段十卷本何时成立也不可知。《祖堂集》立传禅师246位中,卒年最晚的是为本书撰序的净修禅师文僜(892—972,见元释大圭撰《紫云开士传》卷2《释省僜传》),而这篇传记即卷13《福先招庆和尚章》只记录了他在招庆寺开堂时(949)的示众说法,未言及宋朝所赠"真觉禅师"号和他的迁化。本书中所存纪年最晚的是南唐保大九年辛亥岁(951)发给五位禅师的诏敕(卷12《荷玉和尚章》《禾山和尚章》《光睦和尚章》《氵邕潭和尚章》《龙光和尚章》)。这都是保大十年(952)以前的记录。然而有一些记载明显是在此后成立的。卷11《云门和尚章》有一段记载:

> 辞入闽岭,才登象骨,直奋鹏程。三礼欲施,雪峰便云:"何得到与摩?"师不移丝发,重印全机,虽等截流,还同戴角。(第512页)

这里"才登象骨"到"还同戴角"38字抄自南汉大宝元年(958)雷岳撰《大汉韶州云门山光泰禅院故匡真大师实性碑并序》[①]。这证明《云门和尚章》的成立时间应当在958年以后。这是属于一卷

---

① 参阅常盘大定《支那佛教史迹纪念集评解》(1931年)收录拓片、校录和与《南汉金石志》所收本异同表。

增广到十卷的部分。另外英人阿瑟·韦利（Arthur Waley，1889—1966）在他的遗稿中有一篇札记《〈祖堂集〉里的一篇宋代白话故事》，注意到避宋讳的例子：

> 禅师曰："汝还闻曹溪摩？"子曰："不知曹溪，是什摩州界？"禅师曰："广南曹溪山有一善知识，唤作六祖，广六百众。你去那里出家。某甲未曾游天台。你自但去。"（卷3《慧忠国师章》，第162页）

他指出"广"应是宋太祖讳"匡"的避忌字，并举出卷10《玄沙章》"匡八百众"例为证。改"匡"为"广"例，还见于卷13《报慈和尚》章："如何是和尚广化？"与此相反，卷14《大珠和尚》章"稠人匡众"乃是编者错误回改的结果。可见《慧忠国师章》《报慈和尚章》都是到宋代写定，而《大珠和尚章》则是到高丽再编时改动的。

第二阶段从一卷本增广到十卷本的内容应当说是现行二十卷本的主要部分。虽然缺乏文献证据无法解明增广的过程，但从《祖堂集》本身记载看，所依据的大概是"行状"、"行录"、"实录"和碑文、塔铭以及"别录"（语录）等当时（9、10世纪）江南、福建一带禅林流布的材料。记述最丰富的自然是前后住持泉州招庆寺的长庆慧稜、招庆文僜的雪峰一系。而马祖法系中沩山、仰山一系篇幅较大，也应反映了当时南方禅宗僧人活动的实况。《祖堂集》的增广时间，从这些材料来源看，大概在道原《景德传灯录》（经杨亿、李维、王曙刊定后，宋大中祥符四年[1011]入藏）流行以前。

第三阶段二十卷本为高丽高宗三十二年写定。日本学者椎名宏雄曾经指出《祖堂集》传到高丽再编时对所收10位新罗、高丽禅师的章节有所增补的可能。因为卷17所收的七位禅师都是后来列为高丽禅门九山的开山大师，所记偏于传记性叙述,卷20《五冠山瑞云寺和尚章》中又编入教理性著作,都越出《祖堂集》全书体例①。高丽匡儁在高宗三十二年(1245)开板时,将原来的十卷本再编成二十卷,此时他是否有所加工、增补,目前还没能查找到直接的记录,但就《祖堂集》文本可以看出增补痕迹:

> 伏以今上宠褒法侣,恩霈禅林,仍赐谥澈鉴禅师、澄昭之塔矣。(卷17《双峰和尚章》,第782页)

> 禅师不离左右,咨禀玄宗,若颜回于夫子之下,如迦叶于释尊之前。彼中禅侣,皆增叹伏。(卷20《五冠山瑞云寺和尚章》,第875页)

此所谓"今上"指新罗景文王(861年至874年在位),此段应当抄自《双峰道允碑》文(已佚);《五冠山瑞云寺和尚章》所云"彼中禅侣"谓唐朝仰山门下的禅僧,此段正是抄袭自《故了悟和尚碑铭》②。从这两章的写法可看出编者是立足于海东的立场撰写的。再看《元寂禅师章》:

> 于是头陁而诣百丈山怀海和尚处,一似西堂。和尚曰:"江西禅脉,总属东国之僧欤?"余如碑文。(卷17《雪岳陈田寺元寂禅师章》,第750页)

这说明《元寂禅师章》是在当时还能看到《元寂禅师碑》(已佚)的海东写成的。海东禅师的章节中,除只记载法讳和谥号的《东国桐里和尚章》《东国实相和尚章》以外,其他大多采用年谱式写法,强调他们出生时的异瑞、名族出身、归国后受到国王的尊重、法系的正统等,大体均是抄袭碑文写成的。还有类似"江西禅脉,总属东国之僧欤"的赞辞,如:

---

① 椎名宏雄《〈祖堂集〉的编成》,《宗学研究》第21号,1979年。
② 黄寿永《韩国金石遗文》(1976年)、李智冠《校勘译注历代高僧碑文·高丽篇》一(1994年)。

> 如满印可于江西之印,而应对有惭色,曰:"吾阅人多矣,罕有如是东国人。他日中国失禅之时,将问之东夷焉。"(卷17《嵩严山圣住寺故两朝国师章》,第762页)
>
> 洎于长庆五年,投入朝使,告其宿志,许以同行。既登彼岸,获觐于南泉普愿大师。伸师资之礼,目击道存。大师叹曰:"吾宗法印归东国矣。"(卷17《双峰和尚章》,第782页)

这些记载有意张扬洪州禅正统正在海东,《嵩严山圣住寺故两朝国师章》还记录了马祖禅师曾经亲自向麻谷和尚嘱托东国弘禅的话:

> "我师马和尚诀我曰:'若得东人可目击者,畎渠道中,俾慧水丕冒于海隅,为德非浅。'师言在耳。吾喜汝来,今印焉,俾冠禅侯于东土。往钦哉!"(第762页)

由上引诸条记载,不难推断匡俦是要再编、楷定"江西禅脉"(马祖禅的系谱),并将之接连到海东。"祖堂"谓祖师堂,是排列并祭祀佛祖、开山大师以及历代住持的木牌或画像的场所。《祖堂集》二十卷展现的即是排列过去七佛、天竺二十七代及中国、东国十四代共四十八代246位祖师的木牌,把它们井然有序地排布在祖师堂里的情景。这就是高丽禅僧匡俦所重新楷定的系谱。因此他特意管它叫做"海东新开印版《祖堂集》"。

(2)《祖堂集》的研究价值

《祖堂集》是一部禅宗灯史书。它记录了246位印度、中国、朝鲜僧人的宗教性言行,上溯自公元前,下止于晚唐五代,历时1900多年。虽然所述不尽是历史事实,又包含许多宗教传说,但其作为宝贵的宗教、语言、历史文献的价值是众所公认的。即使是那些宗教玄想的成分,作为时代精神的产物,也具有相当的价值。

自 20 世纪初年《祖堂集》被介绍到学术界以后,有关研究主要集中在禅宗思想史和汉语史两个方面。

日本学者穴山孝道早在 30 年代在矢吹庆辉和小野玄妙的指导下发表了《高丽版〈祖堂集〉与禅宗古籍》(1933 年),初步介绍了《祖堂集》,并指出它和《宝林传》《泉州千佛新著诸祖师颂》有承袭关系。到二战后,柳田圣山在 50 年代至 70 年代前后几次组织《祖堂集》研究班,在入矢义高的指导下进行集体研究①,发表了《〈祖堂集〉的资料价值》(1953 年)、《〈祖堂集〉本文研究》(1964 年)等扎实而细密的论文,并编成索引(1984 年),从而为进一步研究打下了深厚基础,还翻译部分章节出版了日文版(1974、1990 年)。柳田的学术贡献在于通过分析《祖堂集》的时代背景,解明它在禅宗史上的重要地位并揭示出严密的校读方法。因为《祖堂集》相对来说比较忠实地保存了唐五代的原始资料,应当把它作为思想史研究的基点,定下这个基点之后,才能弄清唐宋禅学的歧异与发展的轨迹。

《祖堂集》所记录的语言,跨中古到近代汉语两大阶段。尤其可贵的是它反映了唐五代南方语言的特征。太田辰夫早在 50 年代也注意到《祖堂集》在汉语史上的重要性,独立编写了《中国语历史文法》(1958 年)、《中国历代口语文》(1957 年)、《唐宋俗字谱·〈祖堂集〉篇》(1982 年)、《〈祖堂集〉语法概说》(1988 年)等一系列经典性著作。到了 90 年代,入矢义高、古贺英彦编写出版了《禅语辞典》(1991 年),给阅读禅籍提供了极大方便。东京大学东洋文化研究所《祖堂集》研究班,由小川隆、丘山新主持,2002 年以后陆续发表了综合部分章节的详细译注

---

① 此为研究班集体阅读的成果,后来由成员之一古贺英彦整理出版(《训注祖堂集》,花园大学国际禅学研究所《研究报告》第八册,2003 年)。

和有关学术论文。日本学者做学问着重基础研究,并把思想史与汉语史结合起来进行研究。

80年代大陆出版《祖堂集》影印本以后,中国语言学界迅速地开展了研究工作,集中在其词汇、语法问题,陆续有研究成果发表,出版了曹广顺《近代汉语助词》(1995年)、吴福祥《敦煌变文语法研究》(1996年)、孙锡信《近代汉语语气词》(1999年)、马贝加《近代汉语介词》(2002年)、张美兰《〈祖堂集〉语法研究》(2003年)等语法专著;词典则有袁宾《禅宗著作词语汇释》(1990年),董志翘、蔡镜浩《中古虚词语法例释》(1994年),江蓝生、曹广顺《唐五代语言词典》(1997年)等。这些著作对阅读《祖堂集》具有参考价值。还有一批相关论文,对研究有所开拓。

如上所述《祖堂集》本是禅宗文献,但由于它保存了多方面原始资料,涉及内容十分广阔、丰富,不仅在佛教史(禅宗史)、语言学研究方面具有重大价值,对于史学、文学、历史文献学、国际文化交流史等众多学科的研究均具有重要意义。学术界对这部书的认识时间还不是太久,应当说认真的研究工作方兴未艾。就语言研究说,现阶段应在已有成果基础上注重综合探讨《祖堂集》本身的语言性质,并从方言史角度印证《祖堂集》中遗留的南方语言、闽语成分,这方面的工作已经起步,其成果一定会为解决《祖堂集》的资料来源、编者背景、成立年代等问题提供重要线索。在文献本身的研究方面,《祖堂集》在高丽开板的历史与宗教背景则是应当先行解决的一大课题。至于多方面的涉及历史、语言、文学、宗教等领域的研究课题,内容无限广阔,有待开发。

作为已有千年左右历史的宗教文献,《祖堂集》的研究存在诸多困难。这也是多年来研究工作进展迟缓的重要原因之一。但正因为困难重重,增添了研究工作的无尽魅力。研究工作的必要前提条件是有一个可靠的文本。本书校订者的工作就是想给学术界提供一个可用的文本。我们虽然做了长期、巨大的努力,但各方面水平有限,希望方家指正垂教。

（原刊于中国佛教典籍选刊《祖堂集》附录[二],中华书局,2007年）

[作者附记]

2018年11月我到四川大学访学时,李家傲先生赠我他所作论文《禅籍"及"、"及去"考正》一篇,指出"及尽"即"极尽","极","尽"也。晚唐时期"及"(-p)、"极"(-t)同音,因此"及"是"极"的借字。我认为李先生所论甚是,就推荐他的论文发表在《俗语言研究》复刊第1期(通卷第6期,复旦大学出版社预定于2020年出版)。

《泉州千佛新著诸祖师颂》与《祖堂集》

一、慧观《泉州千佛新著诸祖师颂序》校注

泉州千佛新著诸祖师颂　　终南山僧慧观撰序

南岳泰公著五赞十颂,当时称之以美谈。及乐浦、香严尤长厥颂。斯则助道之端耳。自祖灯相嘱,始迦叶终漕溪,凡三十三祖,信衣之后追数人,先贤之所未赞者,愚且病焉。虽《宝林》祖述其事,阅而可委,奈何①忘②机尚懒者,或陋其繁③远。残秋之夕④,愚得以前意请于千⑤佛㲲禅师。虽牢⑥让而弗获免,未信宿而成。盖辞理生千佛之笔,当时问答奇句,或糅其闲⑦约。字虽则未多,然⑧识者厯⑨观,诸圣之作,于是乎在矣。亦犹纳须弥于芥子,其揆⑩一也。是以命笺染翰,为之序云。

---

① 何,原作"河",据矢吹校改。
② 忘,通"望"。
③ 繁,原写卷作"緐"。"緐远"似不词。此谓《宝林传》述事繁杂迂远,故暂校作"繁"。
④ 夕,原写卷似"歺",诸校录本并作"可"。巴宙、向校作"夕",甚是。
⑤ 千佛上原空一格,下同。
⑥ 牢,诸校录本并作"窂",向校作"牢",甚是。俗写"牢"字与"窂"易混,见张涌泉《〈敦煌文献语言词典〉补正》,《原学》第4辑(1996年)。
⑦ 闲,通"简"。
⑧ 然,原写卷无四点火,省文。诸校录本并作"此"。本书第二十祖阇夜多尊者颂末句有"此"字,而字形有异。巴宙、向校作"然",甚是。
⑨ 厯,矢吹云通"歷"。
⑩ 揆,原作"橙",向校作"證"。"其揆一也"谓二者同一道理也。

【校记】

底　本　S.1635号(《鸣沙余韵》《英藏敦煌文献》)

校录本　《大正藏》第85册(1932年)

矢吹庆辉《〈鸣沙余韵〉解说》(1933年)

穴山孝道《高丽版〈祖堂集〉と禅宗古典籍》(《东洋学苑》第2辑,1933年)

柳田圣山《祖堂集の资料価值(一)》(《禅学研究》第44号,1953年)

巴宙辑《敦煌韵文集》(高雄佛教文化流通处,1965年)

李玉昆《敦煌遗书〈泉州千佛新著诸祖师颂〉研究》(《敦煌学辑刊》,1995年第1期)

向德珍《〈泉州千佛新著诸祖师颂〉与〈祖堂集〉净修禅师赞校录》(《九州学林》2005冬季,3卷4期)

【注释】

泉州千佛：据明崇祯十六年(1643)序、鼓山元贤所纂《温陵开元寺志》"建置志"中关于开元寺的沿革之记载,唐垂拱二年(686),泉州民黄守恭为纪念桑树上开白莲这一瑞祥而建了道场,赐名为莲花寺,迎僧匡护为住持,此即千佛寺的起源。后长寿元年(692)升格为兴教寺,神龙元年(705)改名为龙兴寺,开元二十六年(738)玄宗命天下各州置开元寺,因此改名开元寺。五代宋时创建支院,其数达一百二十所,千佛院即其中之一。元至正八年(1348)序、释大圭撰《紫云开士传》卷2《释省僜传》曰："梁天成时(926—930),刺史王延彬创千佛院,致僜住持之。"

诸祖师颂：本篇中所收三十八首偈颂,其中的三十三首是智炬所撰《宝林传》(原十卷)中所收为初祖迦叶尊者至六祖惠能传而作的。增补的五首则是到江西马祖和尚为止。在此之前没有过这样的尝试，故名《新著诸祖师颂》(参照第57页)。

慧　　观：未详。柳田圣山先生推测其为光睦和尚(南源行修)(中央公论社大乘佛典《祖堂集》解说，1990年)。《祖堂集》卷12《光睦和尚章》记载：行修在吉州南源山中住逾二纪。辛亥年(保大九年，951)奉南唐皇帝诏，住首都金陵之光睦寺。赐号慧观禅师。但正如柳田先生本人所述，行修没有在终南山住过的记录，估计终生住在江南。另外，以慧观禅师为号的僧人自己应当不会署"终南山僧慧观"之名。"慧观"当为僧讳。

南岳泰公：南岳玄泰(生卒年未详，年寿六十五)。见德山宣鉴(782—865)豁如自适，誓不立门徒，逍遥求志。嗣法于石霜庆诸(807—888)，后住南岳衡山东七宝台。好诗文，因与诗僧交游而有名。如齐己《送泰禅师归南岳》诗中有"有兴寄题红叶上，不妨收拾别为编"(《全唐诗》卷844)之句。《宋高僧传》卷17《唐南岳七宝台寺玄泰传》中提到他有"象骨偈、诸禅祖塔铭、歌、颂"等作品。但现存的只有《畬山谣》一首和遗偈一首了。《五赞十颂》未详。见《祖堂集》卷9、《宋高僧传》卷12、《景德传灯录》卷16、《全唐诗续拾》卷35。

乐　　浦：乐浦(乐普、洛浦、落浦)元安(834—898)，亦称苏溪元安。嗣法于夹山善会(806—881)，现存作品有《神剑歌》《浮沤歌》等六首。见《祖堂集》卷9、《宋高僧传》卷12、《景德传灯录》卷16、《全唐诗续拾》卷34。

香　　严：香严智闲(？—898)。嗣法于沩山灵祐(771—853)。《新唐书·艺文志》著录有"智闲偈颂一卷二百余篇"(参考会谷佳光《宋代书籍聚散考》,汲古书院,2004年)。现存118首。金泽文库藏《香严颂》写本(75首)尚传存。见《祖堂集》卷19、《宋高僧传》卷13、《景德传灯录》卷11、《全唐诗续拾》卷41。

祖灯相嘱：以传承了佛陀的正法眼藏、法灯的迦叶尊者为第一祖,以达摩大师为二十八祖的"西天二十八祖说",加上作为中国初祖的达摩至六祖慧能的"东土六祖"而构成祖灯说。祖灯说以中国的禅宗为佛教的正统,至《宝林传》(801年成立)正式形成(柳田圣山《初期禅宗史書の研究》第五章《〈宝林伝〉の成立と祖師禅の完成》,1967年)。

信衣之后追数人：信衣指佛陀以后作为正眼法藏、法灯传承的信物而代代相传的袈裟。据开元二十年(732)独孤沛撰《菩提达摩南宗定是非论》中所载,荷泽神会(684—758)主张五祖弘忍传衣得法的弟子是慧能,而非神秀。又《六祖坛经》中记载,慧能宣布以后不传信衣。此处所说的"信衣之后"当指慧能之后。现存的《宝林传》缺卷9、卷10,然从此逸文可知,所缺卷中当有慧能的徒弟、徒孙南岳怀让、永嘉玄觉、司空本净、曹溪令韬、南阳慧忠、荷泽神会、石头希迁、马祖道一的传记(椎名宏雄《〈宝林伝〉逸文の研究》,《驹泽大学佛教学部论集》第11号,1980年)。

忘(望)机尚懒者或陋其繁远：当指《宝林传》的记述有繁杂迂远之处,祖师开悟、师资契合的机缘让人很难领会("繁远"的用例不知出处)。通过赞把重点和要领简洁地指出来,这是慧观委托文僜撰述赞的用意。

千佛僜禅师:当时开元寺千佛院的住持文僜(892—972,后称省僜)。《紫云开士传》卷2《释省僜传》的传记内容较为详细。《祖堂集》序的作者,《祖堂集》卷13中为名为福先招庆和尚(讳省僜)立传,收录31则问答。泉州人。嗣法于保福从展(?—928),后遍历吴楚之地,归泉州,住开元寺千佛院,后为招庆寺住持。

牢　让:固辞,不接受请求。杨亿《〈景德传灯录〉序》中亦有"恭承严命,不敢牢让"之句。

芥子纳须弥:《维摩经·不思议品》中出现的比喻。《注维摩诘经》卷6《不思议品注》:"什曰:巨细相容,物无定体,明不常也。此皆反其所封,拔其幽滞,以其常习,令归宗有涂焉。"此处当指千佛禅师的赞虽短,其中包含的内容却极为丰富。

二、《泉州千佛新著诸祖师颂序》之探讨

慧观的序虽短,但历来有数处难解之处。本文虽试为校订,然仍有几个问题必须在此加以探讨。①

慧观自署"终南山僧",而他作此序时当在泉州。从题目上来看,当是文僜禅师住在千佛院这段时期。这段时期从《紫云开士传》卷2《释省僜传》可了解:

省僜禅师,姓阮氏,清源仙游人。父倅贤高尚不任。母蒋娠僜,不喜荤血,人谓腹子必贤,果生僜。七年归可遵释氏,十五服田衣,二十禀大比丘戒,从清洄受《四分》。去

---

① 本人长时期揣摩《泉州千佛新著诸祖师颂》慧观序的两个字("夕"、"然"),最近终于完成了校订。偶然想起,以前松尾良树先生赠我的巴宙编《敦煌韵文集》中也许有校录,故取出对照,结果发现与我最近好容易才得出的解答居然完全一致,喜悦的同时,也认识到了这本1965年的校录本之卓越。

游江左,历衡阳。凡宿衲硕师,必北面咨叩之。已而见保福从展……僜后出世为其嗣。

梁天成时,刺史王延彬创千佛院,致僜住持之,十余年足不越闑。晋开运初,黄绍颇守郡,迁主北山招庆。闽侯文进畀明觉师号。前此号净修,淮南吴王称踭锡之也。未几,州乱,招庆火于兵。留从效以建义节清源军,寺其别墅,名南禅,归招庆业,复僜第一世祖。开堂升座,良久曰……由是法徒景附,遂成大法席。

宋兴一天下,徐相为藩表闻,太祖嘉之,赐真觉师名。开宝五年闰月示疾,七日,以此月晦,别其徒而化。寿八十一,腊六十一。塔郡东北十五里万安院,曰瑞光塔,盖纪白光异也。弟子神运、惠云、晓然,皆禅者。

省僜禅师,姓阮,清源仙游县人。父倅贤(?),自洁其身,家居不仕。母蒋氏怀有省僜时,不喜食腥物,人人皆传必生贤子,果然诞生省僜。七岁入可遵之寺,十五岁时成为僧人,二十岁受具足戒,从清涧习《四分律》。后出闽,遍历江南,云游南岳衡山,凡宿衲名师,必尽礼参问。归闽,拜谒保福从展禅师。后继为住持,明确了其法嗣的地位。

梁(其实应为后唐)天成年间(926—930),泉州刺史王延彬于开元寺内创建千佛院,延请省僜为住持。省僜就任以来十数年,足不出户。后晋开运初年(944)黄绍颇为泉州刺史,招请省僜住持北山的招庆院。闽侯朱文进赠以明觉禅师号。在此之前,省僜号净修禅师,此号为淮南吴王为嘉其修行所赠。

后不久泉州成为战乱之地,招庆院亦罹受战火。留从效成为清源节度使时,把自己的别墅捐赠为寺院,命名南禅寺,移招庆院的寺产于此,并以省僜为初代住持。开堂出世时,省僜登上法座,沉默片刻,然后面向众人说道……此事传扬开来,修行者纷纷集于门下,南禅寺成为当时屈指可数的寺院。

宋朝一统天下(960)后,徐铉为旧南唐国,将省僜的事迹上奏。省僜得到太祖嘉赏,并受赐真觉禅师之号。开宝五年(972)闰二月患病,七日,预言自己的死期为当月的晦日(月末二十九日),并向众人告别,不久圆寂。年寿八十一,法腊六十一。郡东北十五里万安院中建了瑞光塔,为了纪念他圆寂时出现了白光这一灵异之事。弟子神运、东云、晓然等皆为著名禅者。

开元寺支院的千佛院是五代后唐天成年间(926—930)由泉州刺史王延彬创建。王延彬(885—930)是闽王王潮的仲兄审邽的长子。天成元年(926)十二月再次担任泉州刺史,长兴元年(天成五年二月改元,930)四月卒,年四十六岁。《王氏立姓开族百世谱》之《泉州刺史王延彬传》中有如下记载:

> 延彬性多艺而奢纵,博览经史,能为诗,也好谈佛理。词人禅客谒见,多为所沮。……然诗喜通禅,曾舍财建置福先(原作光)招庆、灵岩、栖隐;福清普利、净居;开元金身、慈恩、清岑(《温陵开元寺志》作清吟)、千佛、建法、明恩、报劬、法兴、布金、荐福、报恩;淮南定空、义安真寂等二十多寺院。①

"开元金身"以下的十一个寺名,由《温陵开元寺志·建置志》中之"东金身院,唐天成三年(928)王延彬置院于寺之东,延禅师挺赞居之"可知为开元寺之支院。由寺志之记载亦可知,清吟院创建于天祐中(904—907),建法院创建于天祐二年(905),报劬院创建于贞明间(915—921)(关于千佛院,寺志中仅记"兴创未详")。

---

① 诸葛计、银玉针编著《闽国史事编年》,第154页,福建人民出版社,1997年。

文僜(即省僜)住在千佛院的时期,由上文所述的《紫云开士传》可知为天成至开运之间(926—944)。S.1635号写本中在慧观的序后,写有《泉州千佛新著诸祖师颂》的内题和作者:

> 西国二十八代祖师及唐土六〔代〕祖师　　后招庆明觉大师述

这就产生了问题。首先,这个作者名与序文中的不一致。按上文引用的《紫云开士传》的记述,所谓"后招庆明觉大师"是文僜于开运初(944)移居北山的招庆院为住持时,由朱文进赠以明觉禅师号之后的称号。朱文进于天福九年(944)三月弑闽王王延羲,十二月(七月改元开运)被册封为闽王,闰十二月被杀。请文僜住持招庆寺的泉州刺史黄绍颇为朱文进同党,十一月被留从效所杀。也就是说这一年正是闽国内乱最激烈的时期,礼遇文僜的两位武将皆于内乱中殒命。清源山(北山)下的招庆院毁于战火正是在留从效与朱文进、黄绍颇之战爆发的开运元年(944)的年末。留从效成为泉州刺史是在开运三年(946),此时泉州已在南唐的影响下。前一年王氏闽国灭亡,福州受到了南唐与吴越的联军的进攻。翌年(后汉天福十二年,947)福州降,接受吴越的统治,旧闽国的北部为吴越所占据,南部为南唐所占据,且两国之间连年争战。只有泉州与漳州在留从效的治下得保十数年的安定。后汉乾祐二年(南唐保大七年,949)南唐于泉州置清源军,任命留从效为节度使(据上揭《闽国史事编年》)。上引《紫云开士传》所述,留从效将别墅捐赠建寺,将因烧毁的招庆寺的寺产划归该寺,并名之为南禅之事,当在此之后。因此,"后招庆明觉大师"时期,当在开运元年(944)至乾祐二年(949)之间。文僜已不在开元寺千佛院,这个"后招庆明觉大师"的称号,是后来抄写千佛院时期所著《诸祖师颂》时加上去的,也就是说,是抄写敦煌遗书 S. 1635 号的底本的时候加上去的。① 另外,所谓"后招庆",据石井修道先生考证,招庆院原为王延彬为迎长庆慧稜而建,慧稜称为先招庆,继其法席的道匡被称为中招庆,后文僜继任住持,故被称为后招庆。②

与此相应,《泉州千佛新著诸祖师颂》的内题《西国二十八代祖师及唐土六祖师》亦与慧观序中的内容不一致。序中云:

> 自祖灯相嘱,始迦叶终漕溪,凡三十三祖,信衣之后迨数人,先贤之所未赞者,愚且病焉。

也就是说,祖师颂所收为"三十三祖"外加"数人",实际上 S. 1635 号中第六祖惠能大师之后,连抄了南岳让和尚、吉州行司和尚、国师惠忠和尚、石头和尚、江西马和尚的五首,总共应为三十八首。但内题《西国二十八代祖师及唐土六祖师》却只提到三十三祖。原因何在?

我读慧观序,感觉上揭的文意难解,因为"先贤之所为赞者"所指不明确,而"信衣之后迨数人"这七个字很不自然。那么,把这七个字去掉以后再来看这句话:

> 自祖灯相嘱,始迦叶终漕溪,凡三十三祖,先贤之所未赞者,愚且病焉。

如此文意就明确了。但如果这中间加入那七个字的话,"先贤

---

① S. 1635 号写本的纸背上有"释门僧正京城内外临坛供奉大德阐扬三教大法师赐沙门道真"之朱笔署名,也就是说写本为三界寺道真收藏。正文与署名的文字比较相似,都是以劣质之笔书写的拙劣之字("赐"字下似有脱字)。《敦煌遗书总目索引新编》(敦煌研究院编,中华书局,2000 年)认为两者笔迹不是同一个人的。道真于乾祐元年(948)任三界寺观音院主,担任沙州僧政三十年,为大藏经的整理做了很多工作。生卒年约 915—987(《敦煌学大辞典》道真条,李正宇执笔)。关于 S. 1635 号写本的抄写年代,李玉昆先生从有道真署名的敦煌遗书的纪年的分布,推测大约在显德六年(959)前后,但还缺少有力的证据。

② 《泉州福先招庆院の净修禅师省僜と〈祖堂集〉》,《驹泽大学佛教学部研究纪要》第 44 号(1986 年)。

之所未赞者"指的是"三十三祖"与"数人",还是只指"数人"?意思就变得很不明确。如果我们知道当时祖师颂的作品已经创作与否,对了解"先贤之所未赞者"所指的范围是一个线索。然从慧观序中提到南岳玄泰、乐浦元安、香严智闲的偈颂时的口气来看,三十三祖或三十三祖加数人的系统的祖师颂似并未形成。而这段话中去除了"信衣之后迨数人"这七个字的话,则与内题所述正一致。也就是说,妄增了羡余之句,结果使文意变得不够明确了。这是因为在抄写《泉州千佛新著诸祖师颂》时,在内题所述的三十三祖以外,内容已增补了慧能以后的五首(或者是因为抄写的时候欲增补这五首),而为了配合祖师颂的内容,就在慧观序中加了这七个字。但是因为内题是无法改变的,这就暴露了原文已经被加工改造过了这个事实。

也就是说,《泉州千佛新著诸祖师颂》是慧观委托千佛院时期(大致为926—943)的文僜所作的,作成时正如内题所说共三十三首(即至六祖为止)。这是原型。文僜出千佛院移居招庆院,受赐明觉大师号后(944—949),另五首被增补了进去。抄写的时候,为配合祖师颂的内容,在原慧观序中加了"信衣之后迨数人"这七个字,署名的时候则署上了当时文僜的称号"后招庆明觉大师"。这就是现在我们能看到的 S.1635 的形态。以上是我的推测。

受慧观的委嘱,文僜创作了诸祖师的赞颂,此前尚无先例,这一尝试本身是新的,"新著"指的无非就是这个意思。

三、《祖堂集》净修禅师颂

《祖堂集》序为文僜所写。

祖堂集序　泉州招庆寺主净修禅师文僜述

夫诸圣兴来,曲收迷子。最上根器,悟密旨于锋芒未兆之前；中下品流，省玄枢于机句已施之后。根有利钝，法无浅深。矧乎圣人虽利生而匪生，圣人虽兴化而宁化？苟或能所斯在，焉为利济之方？然遗半偈一言，盖不得已而已。言教甚布于寰海，条贯未位于师承。常虑水涸易生，乌马难辩。今则招庆有静、筠二禅德，袖出近编古今诸方法要，集为一卷，目之《祖堂集》。可谓珠玉联环，卷舒浩瀚，既得奉味，但觉神清。仍命余为序，坚让不获，遂援毫直书。庶同道高仁，勿以讥诮，乃录云尔。

诸佛祖师的出现，是为了向所有迷途的人伸出援手。机根最优者，在教义被阐明之前，即能领悟其关键；机根中下之人，听教义之指示然后才领会枢要。众生的机根有优劣之分，理法本身却无所谓深浅。况佛陀虽济度众生，其实并没有要济度之众生；虽欲行教化，但其实也没有什么是应该教化的。一旦分清了救济者与被救者，救济的手段也就消失了。诸佛祖师留下的教义箴言今日尚在，其实这些皆非出自本意。但如今教说盛行天下，而系谱的楷定尚悬而未决，传承是否有讹误，这是众所担忧的。幸而招庆寺中有静、筠两位禅德，示我以古今诸方的法要集《祖堂集》一卷。其如珠玉联环般的精彩叙述，展示了一个丰富多彩的禅的世界。我拜读后，只觉神清气爽。二人嘱我作序，虽固辞而即不得，不得已，执笔聊缀芜词。愿有志于禅之道的诸贤，勿以我之拙序而指责此书。以此为序。

此序作于静、筠二禅德的"近编古今诸方法要"《祖堂集》一卷成立之年，从《祖堂集》卷1及卷2的共六章中所记纪年"今唐保大十年壬子岁"、"今壬子岁"来看，时间当在南唐保大十年，即952年。署名"泉州招庆寺主净修禅师文僜"，正如上文所述，文僜担任招庆寺的住持，是从开运元年（944）开始的。但关于净修禅师号，《祖堂集》卷13《福先招庆和尚章》中所记由来与上文所引的《紫云开士传》卷2《省僜传》不同。《祖堂集》中的记载如下：

> 福先招庆和尚，嗣保福，在泉州。师讳省僜，泉州仙游县人也。俗姓阮氏。于彼龙花寺菩提院出家，依年具戒。先穷律部，精讲《上生》。酬因虽超于净方，达理宁固于广岸？因而谓云："我闻禅宗最上，何必局然而失大理？"遂乃拥毳参寻。初见鼓山、长庆、安国，未凑机缘。以登保福之门，顿息他游之路。……寻游吴楚，遍历水云，却旋招庆之筵，坚秘龙溪之旨。后以郡使钦仰，请转法轮，敬奏紫衣，师号净修禅师矣。

福先招庆和尚嗣法于保福从展禅师，在泉州。师之僧讳为省僜，泉州仙游县人。俗姓阮。在当地龙华寺菩提院出家，二十岁受具足戒。其佛学先穷律藏，善讲《弥勒上生经》。经典中云：修行能生净土。然而禅师认为，人生悟道之目的，并不只是到达彼岸。因而云："我闻禅宗最上，何必受外形之拘束而失去真理？"于是穿上禅师的毛织的僧衣，去寻访善知识。先去谒见了鼓山神晏禅师、长庆慧稜禅师、安国（玄沙）师备禅师，然而机缘不契。后登保福从展禅师之门，顿觉安心，决定停留当地。……接着游吴越，如行云流水般随缘云游之后，归招庆寺，担任住持，然而秘而不宣保福之嗣法。其后郡使皈依，请为人说法，并上奏南唐皇帝，被赐予紫衣与净修禅师号。

根据《祖堂集》的这一记载，净修禅师号是"郡使"上奏以后受赐的。"郡使"即《紫云开士传》中提到的清源军节度使留从效。时间为保大七年（949）。据《紫云开士传》，净修禅师号是文僜在吴楚之地游方时，"淮南吴王"即十国之一的吴国（902—937）之睿帝杨溥（921—937在位）所赐的。两书所依据的资料在记录上有差异，然《祖堂集》序署名"泉州招庆寺主净修禅师"的由来，还是应当以《祖堂集》本身所收的传记为依据。那么文僜(省僜)得到净修禅师之称号当在南唐保大七年(949)之后。作为一卷本《祖堂集》成立时(952)的署名并没有不妥之处。

附带而言,招庆院(招庆寺)又称北山招庆、福先招庆。焚毁后成为南禅寺,入宋后至景德四年(1007)为承天寺。① 文僜最初被称为千佛僜禅师,天福九年(944)闽侯朱文进赠明觉禅师号,保大七年(949)左右清源军节度使留从效赠净修禅师号,入宋以后太祖赵匡胤赐真觉禅师号。寺名与禅师号的错综复杂的情况,却在整理《诸祖师颂》与《祖堂集》的关系时有所帮助。所谓禅师号,是当时的掌权者为了收揽人心而赠,故每有战乱与掌权者的交替,新的禅师号就代替了旧的号。从此亦能看出禅师在当时的社会中所处的地位。

现行二十卷本《祖堂集》的成立过程,可以作如下的推测。②

第一阶段:一卷本。成立于卷1、2的纪年中提到的南唐保大十年(952)。从此一纪年只见于卷1、2可以推测,一卷本相当于现行二十卷本的开头二卷。净修禅师文僜为此一卷本作序。著录于《新唐书·艺文志》《崇文总目》《通志略》。

第二阶段:十卷本。高丽匡儁《海东开版序》云:"已上序文并《祖堂集》一卷,先行此土,而后十卷齐到。"增广现行二十卷本的大部分内容,很可能是在泉州进行的。其实际情况未详。

第三阶段:二十卷本。匡儁《海东开版序》紧接上面引用的部分,又云:"谨依具本,爰欲新开印版,广施流传,分为二十

---

① 《留鄂公舍建泉郡承天寺院记》中有如下记载:"按《清源志》载,承天寺以招庆寺在毁于兵,留鄂公以别墅南禅,而以王氏招庆之业归焉。鄂公《题南禅诗》云:'入楼晓带遥山色,绕径城连碧水滨。'宋景德四年,赐名承天;嘉祐中,改能忍;政和七年,复今额,永为圣节道场。"见郑振满、丁荷生编撰《福建宗教碑铭汇编》泉州府分册上册,福建人民出版社,2003年。

② 拙稿《关于〈祖堂集〉的校理》,《中国佛教典籍选刊》本《祖堂集》附录,中华书局,2007年,后收于本书。

卷。"刊记为"乙巳岁分司大藏都监雕造",也就是高丽高宗三十二年(1245)。匡儁在开版时,分十卷本为二十卷本,同时增补了新罗、高丽禅师之章。

《祖堂集》中收录的二百四十六章之中,四十二章的章末收有"净修禅师赞",四十二章是指:从第一祖大迦叶章至第三十三祖惠能章(卷1、2),以及靖居章、慧忠章(卷3);道吾章、德山章(卷5);洞山章(卷6);玄沙章、长庆章(卷10);江西马祖章(卷14);南泉章(卷16)等各章。一望可知:第一祖大迦叶章至第三十三祖惠能章(卷1、2)连贯(此处收录的是相当于《泉州千佛新著诸祖师颂》的原型部分)。其后以明觉禅师为号的时期,《泉州千佛新著诸祖师颂》中新增补了五首颂(南岳让和尚、吉州行司和尚、国师惠忠和尚、石头和尚、江西马和尚)(这一形态即S.1635号写本)。而以净修禅师为号的时期,《泉州千佛新著诸祖师颂》被附于《祖堂集》的各章末,而且道吾章、德山章(卷5)、洞山章(卷6)、玄沙章、长庆章(卷10)、南泉章(卷16)等六首赞也已完成并被添加进去。与其他的净修禅师赞皆为四言八句不同,长庆章所加净修禅师赞独为五言四句。由此可推测,六首赞并非同时所作。《泉州千佛新著诸祖师颂》中有南岳让和尚与石头和尚之颂,不知何故《祖堂集》中这两首颂未被采录。或许《祖堂集》编者所据之《泉州千佛新著诸祖师颂》的版本这两首已缺?那么三十三首之后当是分阶段增补进去的。从《宝林传》逸文来看,卷10惠能以后至少还有八人(南岳怀让、永嘉玄觉、司空本净、曹溪令韬、南阳慧忠、荷泽神会、石头希迁、马祖道一)之传,而《泉州千佛新著诸祖师颂》中则只有五人之颂。

《祖堂集》的编者将《泉州千佛新著诸祖师颂》编入了《祖堂集》,而非相反。编入的时期当为《祖堂集》从一卷本增广为十卷本的第二阶段。因为文僜的《祖堂集·序》是为了一卷本而作的,其中没有只言片语提及自己的祖师颂被编入这件事。由此我推测,《祖堂集》被增广为十卷本的时候,净修禅师文僜的《泉州千佛新著诸祖师颂》以及其后为祖师所作的赞颂全都被附加在《祖堂集》的章末。现将以上考证结果整理为表:

文(省)僜(892—972)事迹	《泉州千佛新著诸祖师颂》	《祖堂集》
梁天成年间(926—930)王延彬于开元寺创建千佛院		
应王延彬延聘任千佛院住持(住持的期间为至开运初年(944)的十余年间)	千佛僜禅师受慧观的嘱托作祖师颂三十三首(凡三十三祖)(926—944之间)	
应黄绍颇延聘任招庆寺住持(开运初至宋初)。朱文进赠明觉禅师号(天福九年[944]三月至闰十二月之间)	三十三首加五首(凡三十三祖,信衣之后迨数人)的祖师颂(后招庆明觉大师述,S.1635号写本的底本)	
招庆寺焚毁(开运元年[944]年末)。留从效将别墅捐赠创建南禅寺,并将招庆寺的寺产迁入 留从效赠净修禅师号(保大七年[949]后的十年间)		南唐保大十年(952)招庆寺的静、筠二禅师编纂一卷本《祖堂集》,寺主净修禅师文僜为此一卷本写序
	三十三首加五首再加四首的祖师颂编入《祖堂集》 三十三首加五首再加六首的祖师颂(?)	由一卷本增广而成的十卷本《祖堂集》(后附42首净修禅师赞,卷13收录了福先招庆和尚[省僜]章)成书(从952年至11世纪初约60年间)

（续表）

文（省）僜（892—972）事迹	《泉州千佛新著诸祖师颂》	《祖堂集》
徐铉赠真觉禅师号（宋朝建立[960]以后） 开宝五年（972）省僜逝去	敦煌三界寺主道真（约915—987）收藏 S.1635 写本（三十三首加五首）（948 年以后）	
景德四年（1007）南禅寺（北山招庆寺）改名承天寺		景德三年（1006）道原上进《佛祖同参集》。大中祥符二年（1009）杨亿等加以刊定，并改称《景德传灯录》上进，四年（1011）编入大藏
		高丽高宗三十二年（1245），匡儁将二十卷本《祖堂集》开版

四、文僜的赞颂

文僜撰述赞颂的目的，从《泉州千佛新著诸祖师颂》慧观序所述委托的经过与评价可知，他是以《宝林传》为基础，将诸佛祖师的出世因缘（师资相承的机缘）之要点简洁明了地指明，以此作为办道修行的指南。慧观序中比较温和地指出，《宝林传》的记述不胜繁杂，而其所依的《付法藏因缘传》为翻译（形态上如此，其实是中国人撰述的），看上去更是极为错综繁乱。《宝林传》已努力将之简约化，但追求更直截了当的中国人希望用短诗形式的赞颂把要点提示出来。

《祖堂集》的前二卷以《宝林传》的记述为基础，努力将之简约化。《释迦牟尼佛章》《迦叶章》中耐心地坚持了这一做法（时而补充一些资料），但后来厌倦了以后开始省略，用"具如《宝林传》所说也"、"具如本传"等来敷衍了事。各章的叙述也是长短极不统一。恐怕也是因为这个原因，增广《祖堂集》之人，于增广之际，将净修禅师文僜的《泉州千佛新著诸祖师颂》以及其后的赞颂加在了传章末。这样算是弥补了不齐全这个缺陷，但如此一来，出现了一些章缺少与净修禅师赞的内容相对应的正文这个问题。比如《第二十二祖摩拏罗尊者章》的净修禅师赞曰：

> 辩塔降象，自在王子。
> 雷震蛰门，邪师失齿。
> 神运六通，道风千里。
> 声色恒真，何须聩耳？

第一句的"辩塔"说的是西印度的得度王国内出现了一座塔，摩拏罗尊者辨明其为阿育王八万四千塔中的一座的故事。《宝林传》卷4至卷5以大量篇幅来加以叙述，而《祖堂集》中没有采录。"降象"说的是尊者一喝之下镇压了进攻那提国的百万象兵的故事。《宝林传》卷4中有详细的描述，《祖堂集》卷2《第二十一祖婆须盘头尊者章》中的叙述则较为简洁。第三、四句可以读作"春雷震动冬眠之穴，假冒的术师牙掉了下来"。而《宝林传》卷5中所说之辩塔的故事里说的是，术师欲摇动阿育王塔，结果一喝牙落，二喝鼻溃。并非将尊者的神通比喻作雷鸣。第七、八句将佛教教学的"以感觉捕捉的对象是无常的"此一教条反转，指出其实离开了感觉的真实是不存在的，故不可蔽目，不可塞耳。这一思想在据说是《婆须盘头传》给摩拏罗的传法偈中亦有表示：

> 泡幻同无碍，如何不了悟？

达法在其中,非今亦非古。

另外据说是摩孥罗传给鹤勒的有名的传法偈曰:

心随万镜转,转处实能幽。
随流认得性,无喜复无忧。

这也是出于同一个思想。文僜这首赞颂以更直截的表达方式来加以概括,可以说是禅宗的上乘之句。此赞颂的整首的构成说不上十分紧密,然正如慧观所要求的,可成为《宝林传·摩孥罗尊者章》的指要。但是《祖堂集》正文中却缺少与之对应的部分。

第五祖提多迦尊者之颂,S.1635号写本《泉州千佛新著诸祖师颂》与《祖堂集》净修禅师赞之间有数处文字上的不同。S.1635写本中附有音义注释:

多迦大士,无我出家。
了根达镜,兔月、空花。
体非刑相,理出齿牙。
随方利物,岂有匏瓜?
蒲交反,似瓠,可为饮器。又音雹,瓜雹也。

《祖堂集》卷1《提多迦尊者章》的净修禅师赞中,"大士"作"大师","兔月"作"兔却","刑相"作"形相","匏瓜"作"瓠瓜"。第三、四句中"了达根境之无我,远离空花之妄想"的意思已经很明显了,此处当从《祖堂集》。只是"兔月"可能为"兔角"之误(《楞伽经》卷1所出的譬喻。据常盘义伸先生指教)。第五句,"刑"、"形"是同音字。二句谓"本体无相,真理超然于语言之上"。第七、八句谓"尊者漫游各地,济度多人出家,并非孔子所嗟叹之无用匏瓜"(据《论语·阳货篇》)。所附音义是针对"匏"字的。《广韵》下平肴韵:"匏,似匏,可为饮器。薄交切。""薄"、

"蒲"声母相同(并母)。"又音雹"以下是"爮"的又音。《广韵》入声觉韵"雹,《说文》曰：雨冰也。蒲角切"下之小韵中有"爮"字："爮,瓜爮也。爮,同上。"总之,"爮"是瓜的一种,而肴韵之外还有入声音,是瓜的较小的种类。"瓜雹也"不通,当为"瓜爮也"之误。"匏"、"爮"同属瓜类,形状上有大小的区别。《论语》中的葫芦是前者。《祖堂集》在将《泉州千佛新著诸祖师颂》编入之际将文字的讹误订正了。

《第二十祖阇夜多尊者颂》中的形象不够具体。这是因为《宝林传》的内容原来就是如此。《宝林传》以迦叶到达摩的系谱化为目的而建立《祖统说》,很难做到赋予祖师每个人以独自的个性。文僜根据《宝林传》卷4中的"游历国土,靡不周遍"这两句出发,将头陀行者的形象形象化了：

　　阇夜多祖,格高兒古。
　　锡有六环,田无半亩。
　　言下不生,何处不普？
　　垂手入鄽,他方此土。

《祖堂集》卷2(《第二十祖阇夜多尊者章》)的净修禅师赞中"六环"作"六镮"。《翻译名义集》卷7"隙弃罗"条云：二股六镮的锡杖为迦叶佛所制,即此。

此颂之押韵反映了唐末五代的时代特征。韵字为"祖古姥亩厚普土姥",是遇摄姥韵与流摄厚韵的混用。"亩"是流摄唇音字(《广韵》莫厚切,厚韵明母),与遇摄通押的例子在晚唐诗和敦煌变文中亦可见。"尤韵(流摄)唇音字的韵母,在晚唐已和虞韵(遇摄)的读音相同或相近了。"①这一音韵变化由北方开始。文僜为闽南泉州人,只在年轻时游历过江南。所以此例可

---

① 唐作藩《晚唐尤韵唇音字转入虞韵补正》,见《汉语史学习与研究》,商务印书馆,2001年。

资证明流摄唇音字转入遇韵这个现象在10世纪中叶净修禅师所处的泉州也已发生。

如上所述,《泉州千佛新著诸祖师颂》第三十四首至第三十八首这五首(南岳让和尚、吉州行司和尚、国师惠忠和尚、石头和尚、江西马和尚)属于第二组。虽也同是基于《宝林传》所作,但由于《宝林传》卷10已缺失,故颂中所述的由来无法在《宝林传》中求证。一般认为,《祖堂集》中这些章的内容基本上是承袭《宝林传》,但即便如此,如吉州行司和尚颂就无法找到其对应的部分,故意思难以索解。

吉州行司和尚① 法嗣六祖
吉水真人,②出世庐陵。
唯提一脉,迥出三乘。
潭中月烛,③火里片冰。
许君妙会,说底相应?

本来有关青原行思的传记和思想资料极少,甚至有人认为他是个乌有先生。第三、四句说的是曹溪的水脉,此处指行思继承了六祖惠能之禅。第五、六句"水中月"、"火里冰"两个比喻的都是无常,但现存资料中无法找到与此对应的行思禅师说法的记载。石头和尚颂《祖堂集》卷4中没有采录,故试对S.1635号写本的正文进行校订:

石头和尚 法嗣司和尚④
南岳石头,吉水分流。
庵栖碧洞,车驾白牛。

① 司 《宝林传》本作"司",见《景德传灯抄录》所引逸文(椎名宏雄《〈宝林伝〉逸文の研究》)。
② 吉水真人 《祖堂集》卷3靖居和尚章 净修禅师赞作"曹溪门人"。
③ 潭中月烛 《祖堂集》卷3靖居和尚章净修禅师赞作"泽中孤烛"。
④ 司 原脱,今据《诸祖师颂》体例补。

学成麟角,誉满①神州②。
僧问净土,不垢何求?

石头希迁禅师住南岳南台禅寺,第三句所说的"碧洞"不知是否为具体的名字。第四句的"白牛",据《法华经·譬喻品》指一乘思想,此指最上乘之禅宗。第五句出自行思赞希迁禅师之言:"当时思公之门,学者麇至。及迁之来,乃曰:'角虽多,一麟足矣。'"(《宋高僧传》卷9《唐南岳石头山希迁传》)这可能出自刘珂所撰碑文(已佚)。第七、八句出自《祖堂集》本章中记载的一段对话:"侍者去彼问:'如何是解脱?'师曰:'阿谁缚汝?''如何是净土?'师曰:'阿谁垢汝?''如何是涅槃?'师曰:'谁将生死与汝?'"举了这一连串的对话后,《景德传灯录》总结道:"其接机大约如此。"可见这段问答正展示了禅师的接化本领。

下面是江西马和尚颂:

> 江西马和尚　法嗣让和尚
>
> 马师道一,行全金石。
> 悟本超然,寻枝劳役。
> 久定身心,一时抛掷。
> 大化南昌,寒松千尺。

第三至六句即对所谓"作用即性"说的提倡:"寻枝只是徒劳,要悟根本之心。他长年坐禅修行,但遇到南岳怀让禅师后,这种有修有悟的想法都抛掉了。"第七句让人想到,马祖的影响当时还只是局限在小范围内,扩大到北方要到其弟子的时代。第八句"寒松千尺"是文僜为马祖塑造的一个诗意的形象。

---

① 满　诸校本作"漏",巴宙、向作"满",甚是。
② 州　原作"舟",因音同致误。

而现在我们阅读《马祖语录》感受到的印象却是相当有力的。

　　接着是第三组。只见于《祖堂集》的六首净修禅师赞，我们探讨一下。南泉普愿(748—834)、道吾圆智(769—835)、德山宣鉴(780—865)、洞山良价(807—869)、玄沙师备(835—908)、长庆慧稜(864—932)等禅师，从文僜(892—972)看来差不多是同时代的人，尤其是玄沙、长庆在法系上相当于文僜的法伯，而长庆是招庆院的上一代住持。《祖堂集》有意楷定法系，排列传记。若以此来看，净修禅师赞缺少雪峰义存(822—908)与保福从展(？—928)赞，可说是一个重大的缺陷。更进一步说，药山惟俨(751—834)、云岩昙晟(782—841)也应该有赞。但这正说明文僜作赞并非基于法系意识，而其赞亦并非对应《祖堂集》各章而作。其赞很可能是随时所作的。

　　　　卷16《南泉和尚章·净修禅师赞》
　　　　出世南泉，为大因缘。
　　　　猫牛委有，佛祖宁传？
　　　　高提线道，异却言诠。
　　　　赵州入室，其谁踵焉？

第三、四句说南泉禅师有名的上堂句"祖佛不知有，狸奴白牯却知有"。他由此展开的"异类"、"水牯牛"等独特的言论很受人注目，在禅林中独放异彩。第五句说的是他以"与王老师较一线道"这样的说法与来参者问答之事。第六句的"异却言诠"不常见，意思大概是说他不排除言诠而以独特的方法来遣词用句。继承了这一风格的是赵州从谂(778—897)，亦很孤高，故无传人。这是第七、八句的内容。这是一段小小的禅宗史的素描。

　　　　卷5《道吾和尚章·净修禅师赞》
　　　　长沙道吾，多不聚徒。

> 出世不出，树倒藤枯。
> 寒岩古桧，碧汉金乌。
> 垂机崄峭，石霜是乎！

第二句的"多"为副词，用于加强否定。但意思不如"绝"、"更"极端。《证道歌》的"上士一决一切了，中下多闻多不信"也是"中下之人什么都知道，其实几乎什么都不信"的意思。《宋高僧传》卷11有"后居长沙道吾山，海众相从，犹蜂蚁之附王焉"之句，好像带有某种讽刺的口气。如果其中包含着有违道吾的意志这个意思的话，文偃的句子也不见得算是说错。或者如文中所说的传说也许流传。第三、四句说的是道吾对沩山的"有句无句，如藤倚树"的反问："且如树倒藤枯时如何？"（《联灯会要》卷23《罗山道闲章》）以"出世不出"代替"有句无句"，是因为佛出世说法叫作"有句"，此前则是"无句"。这句话的意思是，讨论"有句"是葛藤，又如南泉说到的"佛未出世前的消息"也是葛藤。要斩断这些闲葛藤，就要将树（佛）砍倒。如此言论的道吾，其禅的形象，在第五、第六句有如下的描写："在地如寒岩上亭亭站立的古桧，在天如碧空中金光闪耀的太阳。"继承了这一禅风的是被称为"枯木众"的石霜庆诸（809—888）。

> 卷5《德山和尚章·净修禅师赞》
> 德山朗州，刚骨无俦。
> 尚祛祖佛，岂立证修？
> 释天杲日，苦海慈舟。
> 谁攀真蹋？雪攀、岩头。

第三、四句为了跟下句对称，将散文句式"祖佛尚祛"倒装了。这两句概括了德山和尚示众说的无事禅（大慧《正眼法藏》卷上）。这在《祖堂集》却没有采录。第五、六句是文偃赠给德山和尚的赞歌:"在上如闪耀之白日,在下如渡过苦海的救命之舟。"第七、八句对称地举了两位嗣法继承的人,而这可能是为了与前两句中出现的两个形象相配合(但为倒序)。

    卷6《洞山和尚章·净修禅师赞》
  师居洞山,聚五百众。
  眼处闻声,境缘若梦。
  磵畔贞筠,天边瑞凤。
  不堕三身,吾于此痛。

第一、二句传记式的内容,宋代余靖的《筠州洞山普利禅院传法记》亦能看到洞山法席的盛况:"南至高安之新丰洞……留居十八年,名声四传,来学者五百余众,坐谈立悟,虚来实去者,不可胜数。"①

  第三、四句说的是洞山《无情说法偈》。《祖堂集》卷5《云岩章》云:"可笑奇,可笑奇!无情解说不思议!若将耳听声不现,眼处闻声方得知。"(精彩,精彩!无情物说法真精彩!这个用耳朵听也听不见,眼睛能够听到声音,若如此方可领悟。)倾听"无情说法"意即山水之中得道,如香严禅师在将垃圾扑通一声扔掉,听到声音的瞬间,他便顿悟了;灵云禅师看到盛开的桃花,立刻领悟了。"以眼听声"指的是所谓的通感,即各种感觉之间的界限消失,或者说是各种感觉融合后,通过感官的总动员来体会。即人的有意识的感觉和思虑都消失,忘我中与对境浑然一体化之时,自然而然就与世界冥合。这一神秘体验,此即"闻无情说法"之意。净修禅师将此作了展开:"无情说法,即以眼闻声,从对境感觉得到的形象与声音并不真实,而由此体会到本体才对了。"

---

  ① 余靖《武溪集》卷9,石井修道《宋代禅宗史の研究·資料篇》,东京大东出版社,1987年。

第七、八句的内容见洞山章:"问:'三身中阿那个身不堕众数?'师云:'吾常于此切。'"此问出自《维摩经·弟子品》:"佛身无为,不堕诸数。""不堕诸数"意思是真如不受任何的限制,真如本身即为"佛身"(法身)。答案在开始就出现了,这一问初看似乎毫无意义。但提问之人并非寻问佛教学说所说的三身(法身、报身、应身)中的法身的答案,他问的是"洞山和尚你自己如何看'法身'?"洞山的回答是"吾常于此切"(我总在深切地思考这个问题)。其欲言之意,净修禅师一语说破:"不堕三身。"所有信佛教的人都希求获得"法身",洞山的问题意识不在于如何追求三身之一的超然的"法身",而在于如何让现有的肉身作为法身生活下去。语出易,行则难。因此"吾常于此切"(第八句为了押韵,以"痛"代替"切")。净修禅师毫无疑问将这两条当做洞山最重要的言论。第五、第六句将洞山这一禅匠用文学方式来形象化:"在地如清流畔的贞洁之竹,在天如飞翔的凤凰。"

卷10《玄沙和尚章·净修禅师赞》

玄沙道孤,禅门楷模。
一言半偈,四海五湖。
巨鳌海面,金翅云衢。
岩崖崄峻,佛法有无。

第三、四句指玄沙的言论在当时广为人知。① 第五、六句"腾出海面的巨大的海龟,在云间飞翔的金翅瑞鸟"是玄沙的形象化。巨鳌、金翅鸟均有典故。② 此处出现大海还是很适合海滨之邦闽国的印象。第七、八句取自玄沙之设问:"深山岩崖,千年万年,人迹不到处,还有佛法也无?若道有,唤什么作佛法?若道无,佛法却

---

① 原作"言一半偈"。《祖堂集》净修禅师序有"半偈一言"句。
② 《列子·汤问篇》、《大智度论》卷27。

有不到处。"①对此问的标准答案,南泉已经给出了:"大道非明暗,法离有无,数不能及。如空劫时,无佛名,无众生名,与么时正是道。"这当然说得极是。但《正法眼藏》紧接其后的是关于"盲聋喑哑三种病人"的设问,上述的标准答案是无法解决这一系列深刻问题。设问须当连续不断地问下去。②

卷10《长庆和尚章·净修禅师赞》

缁黄深郑重,格峻实难当。

尽机相见处,立下闭僧堂。

只有此赞为五言四句。"长庆和尚在佛教徒、道教徒中都深受尊崇。格调极高,机锋敏锐,以全力应接参问者。他总是站在本来第一义之立场,若机缘不契合,立即逐客。"以上当基于长庆的示众语:"我若纯举唱宗乘,须闭却法堂门,所以尽法无民。"③《宋高僧传》卷13《长庆慧稜传》云:"及于长乐府居长庆院,二十余年出世,不灭一千五百众。稜性地慈忍,不妄许人。能反三隅,方加印可。"长庆禅师正因其慈忍,故不妄许,此处赞其接化之严。但我们看《祖堂集》卷10《长庆慧稜章》,开头即写了他的一件不妥之事:"初参见雪峰。学业辛苦,不多得灵利。雪峰见如是次第,断他云:'我与你死马医法,你还甘也无?'师对云:'依师处分。'峰云:'不用一日三度、五度上来。但如山燎火底树橦子相似,息却身心,远则十年,中则七年,近则三年,必有来由。'师依雪峰处分,过得两年半,有一日……"如此开悟的时刻到来了。但长庆那时作的《投机偈》被怀疑是"预造斗合禅"(合谋假禅),而不得不再作一首。《祖堂集》的叙述到此为止,而大慧《正法眼藏》卷中记载,第二首更被玄沙指责:"不可!

---

① 大慧《正法眼藏》卷上、《联灯会要》卷23。
② 参照《玄沙广录》下册,禅文化研究所,1999。
③ 《景德传灯录》卷18。

更是意识著述。"另外,上文记载长庆开悟用了两年半的时间,而《正法眼藏》的记录中,长庆参悟灵云对"如何是祖师西来意"的回答"驴事未去,马事到来"用了二十年。但是虽则如此,其实到开悟所走的迂路越长,经验也越深刻。这些经验也形成了慧稜的禅的个性(稜性地慈忍)。净修禅师赞想说的可能正是这个意思。

上面读了文僜之赞,可知他的赞有他自己的一套写法:开头的两句是僧讳法号、住山之地等传记类事项;中间二联(第三、四句与第五、六句)为对句形式,介绍著名的事迹或问答,或者将禅师的形象用譬喻的方式形象化;末二句提及其法系的继承者。读了文僜的赞颂,可以通过祖师的文学形象对其在禅宗史上的地位有一个粗线条的了解。

本来中国的文体,不只是赞,都有其规范。《文心雕龙·颂赞篇》对赞的定义如下:

> 然本其为义,事生奖叹。所以古来篇体,促而不广,必结言于四字之句,盘桓乎数韵之辞,约举以尽情,昭灼以送文,此其体也。①

"然赞的本义,是对已发生的事情的称赞。所以古来赞这一文体,简短概括,最后必有数韵的四字句,于盘桓往复中结束。要点要写得周全而简洁,最后结尾要给人以强烈的印象。这就是赞的体裁。"

换言之,四字句短韵形式与简洁明了的形象化是赞的(韵文部分的)本色。文僜之赞可以说是遵守了传统的赞的宗旨。那么在唐末五代的状况如何?

法眼文益《宗门十规论》是批评同时代(文益:885—958)的

---

① 范文澜《文心雕龙注》,商务印书馆香港分馆,1972年。

禅家通病的评论集。第九"不关声律,不达理道,好作歌颂"论及了禅家的文学创作:

> 稍睹诸方宗匠、参学上流,以歌颂为等闲,将制作为末事,任情直吐,多类于野谈。率意便成,绝肖于俗语,自谓不拘粗犷,匪择秽屑,拟他出俗之辞,标归第一之义。识者览之嗤笑,愚者信之流传;使名理而寖消,累教门之愈薄。①

"以我所见,各方之人,不管是有才的老师,还是有名的行脚僧,都将文学看作小事而不加以重视,将自己的想法不加修饰地以笨拙之笔表达出来,故多陷于通俗野鄙之弊。如此却不厌粗野,不讲细节,自以为以脱俗的表达展示了第一义。这让识者蔑视,而愚者却来捧扬。其结果佛教的教义渐渐被淹没,而佛教的评价亦会因之下降。"

文益认为,有些地位高的禅僧把缺少文学修养的粗野表达错当成是"禅宗式",这样会遭到知识分子嘲笑,完全暴露了自己的愚蠢。这的确符合士大夫阶层中颇受欢迎的法眼文益的看法。但唐五代时,这类饱受批评的作品被当成了禅僧的作品的典范。齐己《龙牙和尚偈颂序》曰:

> 禅门所传偈颂,自二十八祖止于六祖,已降则亡。厥后诸方老宿亦多为之,盖以吟畅玄旨也。非格外之学,莫将以名句拟议矣。洎咸通初,有新丰、白崖二大师,所作多流散于禅林。虽体同于诗,厥旨非诗也。迷者见之而为抚掌乎!②

"禅门所传祖师传法偈,自西天二十八祖始,到东土六祖为止,之后就没有了。后来各地的老师们作了很多偈颂,皆为对真理

---

① 《续藏经》第110册。
② 《禅门诸祖师偈颂》卷1,《续藏经》第116册。

之歌咏。其诗学为格外之学,故不得以传统的标准来推量。到咸通初年(860)出现了洞山良价与香严智闲二位大师,他们的偈颂在禅林中非常流行。其形式虽与诗相同,但其宗旨却不同。愚者见之,必会抚掌大笑!"

最后一句"迷者见之而为抚掌乎"典出《老子》第四十一章。齐己的这篇《龙牙和尚偈颂序》似作于龙牙居遁(835—923)去世之后不久。文僜的赞颂恰好作于齐己与文益之间,正处于禅家的文学评价发生变化的时期。禅宗内部也有人提出禅文学如何平衡"说理与抒情"这一课题。我们从文僜的赞颂中也能看到对此课题的关心。

[附录一] 与省僜(文僜)禅师有关的泉州的地理

我根据于2009年10月,日人绪方香州先生在泉州所做实地考察及收集文献资料,与省僜禅师有关的泉州的地理颇为清楚了。

与省僜禅师有关的泉州的史迹为下列的五个地点:

开元寺　鲤城区开元街道西街
承天寺　鲤城区鲤中街道南俊南路(招庆院的后身)
崇福寺　鲤城区开元街道崇福路(开元寺支院千佛院的后身?)
灵　山　丰泽区东湖街道伊斯兰教圣墓(省僜瑞光塔的所在地)
梅　岩　丰泽区清源街道(原北山招庆院的所在地)
(据《泉州市地图册》福建省地图出版社,2009年)

释大圭撰《紫云开士传》卷2《省僜传》云:"梁天成时(926—930),刺史王延彬创千佛院,致僜住持之。"开元寺支院千佛院的所在地尚不确定。现在的崇福寺的说明中有这样的介绍:

"崇福寺始建于宋,初名千佛庵,宋元祐六年(1091)改为今名。历代均有重修。"同时代(准确地说是五代)的泉州不可能有同一寺名的两个寺院,千佛院大概就在此处。虽说是支院,但好像并不在开元寺的境内。

承天寺在开元寺的附近,是焚毁的招庆院的后身。

> 晋开运初(944),黄绍颇守郡,迁主北山招庆。……未几,州乱,招庆火于兵。留从效以建义节清源军,寺其别墅,归招庆业,复以僜第一世祖。①

> 按《清源志》载,承天寺以招庆寺在毁于兵,留鄂公以别墅南禅,而以王氏招庆之业归焉。……宋景德四年(1007)赐名承天;嘉祐中(1056—1063)改能忍;政和七年(1117)复今额,永为圣节道场。②

> 泉郡三大丛林,承天其一。寺肇建于周显德间(954—960),为五代节度使留从效南园故地。初曰月台,宋景德四年(1007)敕赐今名。(1990年立《修建承天禅寺碑记》)

据这些记载,留从效为了复兴毁于战火的招庆寺,捐赠了自己的别墅南园(南禅),移来招庆院的寺产,重建寺院,景德四年改名承天寺。受赐"承天"寺额之前,该寺院仍旧称为招庆院。据记载乾德中(963—968)留从效在招庆院建了经藏(端拱二年[989]曾会撰《重修清源郡武荣州九日山寺碑》,《福建宗教碑铭汇编·泉州府分册》中册)、宋淳化元年(990)招庆院中建了《佛顶尊胜陀罗尼经》幢(元恪撰《招庆禅院大佛顶陀罗幢记》,《福建宗教碑铭汇编·泉州府分册》上册)等碑刻资料可知。

那么原来的招庆院在哪儿?根据新修《清源山志》所述,在

---

① 《紫云开士传》卷2《省僜传》。
② 虞集(1191—1255)《留鄂公舍建泉郡承天寺院记》,《福建宗教碑铭汇编·泉州府分册》上册,福建人民出版社,2003年。

梅岩。

　　梅岩位于木龙岩下方,因相传其地曾有数百年的梅树而得名。唐开成三年(838)进士陈嘏少时曾在此读书。原有福先招庆院。天祐中(904—907),泉州刺史王延彬重建。高僧省僜于此撰写《泉州千佛新著诸祖师颂》。南唐保大年间(943—957),清源郡节度使留从效择其地营建别墅,重建招庆院。十年(952),寺僧释静、释筠二禅师编纂《祖堂集》。宋丞相留正构堂其中,即以"梅岩"为匾。今存岩刻"梅关"及留正和泉州知州倪思于嘉泰元年(1201)游梅岩的诗刻二方。①

梅岩在清源山左峰,而《紫云开士传》中所说的北山招庆院的北山是位于泉州府城北部的清源山。与古文献中所载地点一致,故这次确认了具体的所在地。根据绪方先生的实地考察,有"梅关"刻石的地方附近一带皆为散乱的岩石,没有建寺院的条件。如此看来,原招庆院当位于刻石下方的山麓。"梅关"刻石附近有宋嘉泰元年(1201)的泉州刺史倪思的"题梅岩"诗与留正(1129—1206)的和诗的刻石。留正是留从效的六世孙②。据上揭《清源山志》所述,招庆院原称福先招庆院,为天祐中王延彬重建。"福先"是寺名还是地名未详,这是王延彬建立的二十多所寺院中最早的一个(《泉州刺史王延彬传》,《王氏立姓开族百世谱》)。③

　　上揭的《清源山志》提供了北山招庆院在梅岩这一新信息。但说招庆院是王延彬重修的,说省僜在那里撰写了《泉州千佛新著诸祖师颂》,这是错的。王延彬是创建了招庆院并从福州

---

① 清源山风景名胜区管理委员会编《清源山志》卷2,中华书局,2004年。
② 清源山风景名胜区管理委员会编《清源山摩崖选萃》,中华书局,2004年。
③ 诸葛计、银玉珍编著《闽国史事编年》,第153页,福建人民出版社,1997年。

迎来长庆慧稜担任第一代住持的。而《泉州千佛新著诸祖师颂》，正如其题目所示，是省僜住在开元寺支院千佛院时撰写的。由此看来，编撰地方志的人有时候不知道古文献的存在，而将手头的资料随便拼凑在一起记述。我们阅读地方志时应该注意，同时我们也要自我警惕。

省僜去世是在北宋开宝五年(972)闰二月二十九日。关于瑞光塔的地点，《紫云开士传·省僜传》中记载如下：

> 开宝五年闰月示疾，七日，以此月晦，别其徒而化。寿八十一，腊六十一。塔郡东北十五里万安院，曰瑞光，盖纪白光异也。①

万安院已经不存在，但洛江区南端有万安街道，是连接洛阳古桥的一条古老的街道，其地名大概是来源于万安院。据新修《清源山志》记载，省僜禅师灵骨塔墓现在在灵山。

> 省僜禅师灵骨塔墓　俗称承天寺墓塔，位于灵川圣墓右侧。塔墓前竖一石碑，上横排隶书"敕赐承天禅寺祖师塔"九字。②

> 寺建于后周显德间(954—960)，稍后建塔墓于灵山之阴。开山省僜禅师灵骨即塔于是，自后历为佛子安骸之域。③

也就是说，塔墓虽说现存于泉州城的东北方，离市区也是很近的，现在被称为灵山圣墓(伊斯兰教徒的墓地)的地区。瑞光塔迁来以后，成为承天寺的历代住持的遗骨安置之塔。

这次的考察成果，有让人惊叹的发现。由于中国近几年地方史的研究非常兴盛，进行了很多考查和发掘，重新编纂并出版了很多地方志，因此也能如此详细了解一千年前的一些历史

---

① 《紫云开士传》卷2《省僜传》。
② 《清源山志》卷3《景区开发》。
③ 1994年立《重修承天寺墓塔碑》、《清源山志》卷5《碑碣匾联》。

事实。我们十年、二十年前去旅行,就算到了当地,也只能徒然遥想一千年前的事。

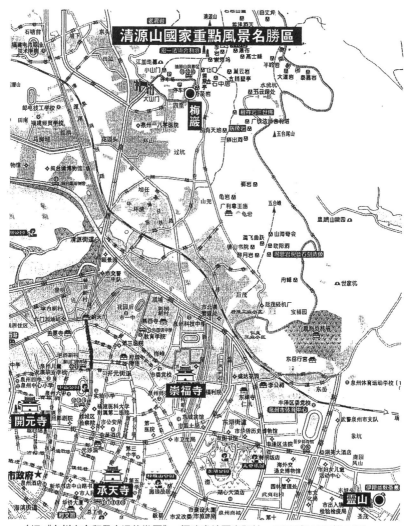

(据《泉州市商贸易交通旅游图》,福建省地图出版社,2008年10月第6版)

[附录二] 与省僜(文僜)有关的泉州的地理·补正

基于我在 2010 年 3 月 23、24 日的泉州考查,对前文作若干补正。

(一)千佛院的所在　因为崇福寺的前身是千佛庵而断定其与千佛院为同一寺院,这是错的。千佛庵是留从效死后掌握泉州实权的陈洪进为自己的女儿出家而建的尼姑庵。原在城外松湾,后来陈洪进扩建罗城,将松湾的千佛庵亦圈进城内。地点在今之崇福寺。陈洪进自宋初建隆四年(963)起治理泉州 16 年。千佛庵正是在这一时期建立的。千佛院则是五代后梁天成年间(926—930)泉州刺史王延彬创建的开元寺的支院。开元寺的支院共百余所,后合并。《开元寺志·建置志》有如下记载:

> 历五代十国而至宋,旁创支院一百二十区,支离而不相属。

> 支院旧有一百一十七区,自合一之后,诸院具废。但有其名,略存影迹者,则尊胜、东塔、极乐三院也。

据此,千佛院很早就荒废了,所在亦未详。以上根据崇福寺振嵩法师之指教。

(二)招庆院的所在　在北山清源山的梅岩。现在有"梅关"刻石的地方附近一带是遍布巨大岩石的倾斜地,一见似乎没有建立寺院的条件。但据同行考查的崇福寺振嵩法师说,泉州过去曾遭到过几次大地震,岩石散乱应该是地震造成的。我们试着挖了一下地面,找到了几片红褐色的瓦片碎片。表面已经磨灭,形状弯曲,可以看出这些瓦片的年代相当古老。也即是说,这个地方以前有过建筑,现在那里的东侧有重建势至岩的佛殿,上方还有民国时期弘一法师的塔庙。这一带背靠北山,前(南)面有流水,是所谓的风水宝地。如新修《清源山志》所记,这里曾经有过招庆寺,我觉得这是很有可能的。

另外,开平元年(907)九月,玄沙师备禅师率领雪峰门下的僧人去参加泉州招庆院的法要。当时的比较详细的情况见于《玄沙广录》卷中:

> 开平元年丁卯九月,大师游清源招庆法要。师才到,便云:"也什么好招庆院!"①
>
> 又语话次,师问云:"者个法堂有几间?"庆云:"三二即不是。只橡木作。"②
>
> 问麟上座:"什么生〔好〕一院!有几寮舍?"麟云:"前六后六。"③
>
> 师云:"招庆,你者里岂不是一千徒众?"④

这样看来,泉州招庆院的规模相当大,有徒众一千、寮舍十二。寮舍指的当是僧坊。清源山下曾经有这么大规模的招庆院。顺便说一下,据说雪峰的徒众有一千七百,玄沙的有八百。这样的数字让人有点怀疑。宫崎市定先生认为,凡是古书中所举的数字,只信十分之一即可(《史记》记录的战死者、俘虏的人数)。陆游的《老学庵笔记》中,记载了这样一段有关宋代寺院的话:

> 僧行持,明州人,有高行,而喜滑稽。……后住雪窦,雪窦在四明,与天童、育王俱号名刹。一日,同见新守,守问天童觉老:"山中几僧?"对曰:"千五百。"又以问育王谌老,对曰:"千僧。"末以问持,持拱手曰:"百二十。"守曰:

---

① 《玄沙广录》中册,京都禅文化研究所,1988年,第138页。
② 同前注。
③ 同前注,第150页。
④ 同前注,第211页。

"三刹名相亚,僧乃如此不同耶?"持复拱手曰:"敝院是实数。"守为抚掌。①

向这次考查中提供方便并不吝赐教的崇福寺振嵩法师表示感谢。

(朗洁译。原刊于《中正大学中文学术年刊》2010年第1期)

---

① 陆游撰,李剑雄、刘德权点校《老学庵笔记》卷3,中华书局,1979年。

《祖堂集》的基础方言

前　言

　　众所周知,《祖堂集》二十卷是现存最早的一部完整的南宗禅灯史书。本书的形成过程是：五代南唐保大十年(952)由泉州招庆寺静、筠二禅德编成了原始的一卷本；然后大约在50年至100年间,被增广到十卷,之后早在宋代就已失传了；十卷本传到高丽后,又被增补了一些新罗、高丽入唐禅师的传记,并再调整到二十卷；最后此二十卷本于高丽高宗三十二年(1245)开版。其版木到现在作为韩国国宝、世界文化遗产《八万大藏经》的一部分(藏外补版之一)还保存在海印寺藏经阁里。上世纪初(1902年),一位日本建筑史家到韩国考察古建筑时,发现了《八万大藏经》版木的遗存,介绍到学术界。研究禅宗史的学者从此就开始注意到了《祖堂集》。[①]

　　关于《祖堂集》的资料价值,第一,从禅宗史学的角度看,本书保存宋代以及以后被参究的禅宗公案的最古老的形态,可以说它处于研究公案的基点位置。我们通过研究本书的思想内容,可以解明唐五代时期禅宗的实际情况。禅宗思想从晚唐五代到宋代之间发生了一次巨大的变化,我们通过对《祖堂集》和宋代及以后编成的禅宗灯史书(如《景德传灯录》《天圣广灯录》等)和禅宗公案集(如《碧岩录》《从容录》《无门关》等)作比较研究,可以了解到其间的思想演变。第二,从汉语史学的角度看,

---

[①]　参阅拙稿《〈祖堂集〉的校理》,收于《东洋文化》第83号特集《中国禅》,2003年；中国佛教典籍选刊《祖堂集》下册附录二《关于〈祖堂集〉的校理》,中华书局,2007年；后收于本书。

《祖堂集》是在10世纪福建泉州编纂的一部禅宗史资料集,因以对话为主,口语成分比较丰富,反映了晚唐五代的实际语言情况。因此我们通过对东南地区编成的《祖堂集》和西北地区发现的敦煌遗书作比较研究,可以了解晚唐五代的南方方言的具体情况。这就是本文的研究意图所在。

一

现在汉语史学界对《祖堂集》的最大关注在于,既然在10世纪福建泉州编成的,本书就是否包含当时的闽语成分这一问题。但除了《祖堂集》以外,目前我们还没有掌握任何完整的同时代福建方言资料,导致此项研究相当困难。

首先我们探讨美国梅祖麟先生早在上世纪90年代就开始研究的四篇论文:《唐代、宋代共同语的语法和现代方言的语法》(1994)[①]、《几个闽语语法成分的时间层次》(1995)[②]、《〈祖堂集〉的方言基础和它的形成过程》(1997)[③]、《几个闽语虚词在文献上和方言中出现的年代》(2002)[④]。梅氏的主要观点是:在现代闽方言里发现并认同与《祖堂集》中出现的一些语法成分一脉相承,他认为这就是当时(唐末)已经形成的闽语的一部分,并认为现代闽方言的语法成分具有四个时间层次的特征:一、远古(渊源于汉人入殖以前的百越民族的非汉语的语言);二、秦汉(秦汉时代入殖的汉人移民带来的上古汉语);三、南朝(晋末永嘉之乱时期从中原、江南地区避难入殖

[①] 《中国境内语言暨语言学》第二辑,台北"中央研究院"历史语言研究所,1994年;《梅祖麟语言学论文集》,商务印书馆,2000年。

[②] 《"中央研究院"历史语言研究所集刊》第六十六本第一分,1995年;《梅祖麟语言学论文集》,商务印书馆,2000年。

[③] *Journal of Chinese Linguistics*, monograph series number 10, *Studies on the History of Chinese Syntax*, edited by Chaofen Sun, 1997.

[④] 何大安主编《南北是非:汉语方言的差异与变化》,台北"中央研究院"历史语言研究所(筹备处)。

的移民带来的中古汉语、六朝江东方言);四、晚唐(唐末动乱时期从中原、江南地区避难入殖的移民带来的唐宋共同语)。他在第三篇论文中指出:《祖堂集》的大部分是用晚唐五代的共同语即北方话写成的(就是说《祖堂集》的方言基础是北方话),仅在会话和偈颂中偶见闽语的语法成分:(一)人称代词后加表示复数的词尾"侬";(二)表示畜牲雌性后置的形式"～母";(三)方位介词"着";(四)远指代词"许";(五)疑问代词"底"。

下面我们对这五项闽语语法成分进行逐项讨论。

(一) 人称代词后加表示复数的词尾"侬"
梅氏的解释是:

> 《祖堂集·睡龙和尚传》:
> 我今齐举唱,方便示汝浓(侬)。
>
> 作偈的睡龙和尚是福唐县人。福唐县在今福建福清县东南。……"汝侬"在闽语里的意思是"你们","方便示汝侬"就是说"方便示你们"。罗杰瑞(《汉语概说》)曾经说明南朝"人"义的"侬"字,闽语用作复数词尾。北京话的"我们、你们、他们",有些闽语方言说"我侬、汝浓、伊侬"(陈章太、李如龙《闽语研究》)。……至于厦门话以及其他闽南话,人称代名词的单数和复数差一个-n尾。……罗杰瑞说明了,"侬"字失落韵母,剩下声母 n-,黏附在"我、汝、伊"的后面,就成为复数-n尾。换句话说,闽南话复数人称代名词以前也是"我侬、汝浓、伊侬"。……只有现代闽语人称代词名词复数词尾用"～侬",用"-n(＜侬)"。因此,我们看到《祖堂集·睡龙和尚传》里的"汝浓",立刻可以推论"汝浓"是反映了当时的闽语。而且,虽然"我侬、伊侬"不出现于《祖堂集》或其他同时的白话文献,我们还是可以

确定晚唐五代的闽语复数人称代名词用"我侬、汝浓、伊侬"。(梅祖麟,1997)

《祖堂集》卷11《睡龙和尚章》所引《示学偈》(443/535)①全文如下:

瞎眼善解通,聋耳却获功。一体归无性,六处本来同。
我今齐举唱,方便示汝浓。相传佛祖印,继续老胡宗。

睡龙和尚是福唐县人,生卒年未详,雪峰义存(822—908)的弟子,住泉州五峰寺。此偈表现不用语言而用沉默表示第一义的禅宗独特的传法方式。本偈和本章中的另外一首偈《颂三种病人》是同一个主题(对盲聋哑人如何传法),押韵也押同一个韵,因而可以说两首偈大概是同一时期的作品。这里的"浓"字,规范写作"侬",也写作"农"(如《庄子·让王》成玄英疏"农,人也。今江南唤人作农")。王观国《学林》卷4《方俗声语》条:"江左人称我汝,皆加侬字。诗人亦或用之。孟东野诗曰:'侬是拍浪儿',是也。"②吴曾《能改斋漫录》卷1《诗人用侬字》条又有所引述,③而举出的都只是六朝乐府中"侬"一字的例子。人称代词后加"～侬"的形式,在晋宋乐府中仅有2次"他侬"的用例,却不表示复数,也不是第三身人称代词(他),而是他称(他人、别人):

诈我不出门,冥就<u>他侬</u>宿。鹿转方相头,丁倒欺人目。
(《乐府诗集》卷46《读曲歌》)

扬州石榴花,摘插双襟中。蕨蕤当忆我,莫持艳<u>他侬</u>。
(同上,卷49《孟珠曲》)

---

① 《祖堂集》引文的页码是禅文化研究所影印版《祖堂集》,基本典籍选刊,1994年,第443页;孙昌武、衣川贤次、西口芳男点校《祖堂集》,中国佛教典籍选刊,中华书局,2007年,第535页。
② 王观国《学林》卷4《方俗声语》,中华书局,1988年,第131页。
③ 吴曾《能改斋漫录》卷1《诗人用侬字》,上海古籍出版社,1979年,第6页。

《读曲歌》是所谓"吴声细吟",《孟珠曲》是舞曲歌辞。《全唐诗》中则三见：

驰誉超先辈,居官下我侬。(卷867,安锜《题贾岛墓》)
王老小儿吹笛看,我侬试舞尔侬看。(卷634,司空图《力疾山下吴村看杏花》十九首)
你辈见侬底欢喜_{吴人谓侬为我},别是一般滋味子_{呼味为寐},永在我侬心子里。(卷8,吴越王钱镠《巡衣锦军制还乡曲》)

贾岛墓在他最后任县尉之地四川安岳,作者安锜是他的同事。吴越王钱镠《巡衣锦军制还乡曲》是他用吴音即兴而作的山歌,自吟自唱(《湘山野录》卷中)。这里的"我侬"、"尔侬"都表单数。

陈忠敏、潘悟云著《论吴语的人称代词》[①]中说："侬"这个词在汉语里找不到根据,可能来自古百越语的族称或自称,随着汉民族移民的增多,在百越民族逐渐汉化的基础上形成了吴、闽方言里的底层词。原始的意思是"人",也用作第一身人称代词。南北朝时期的第一身人称代词,北方话用"我",南方人用"侬",后来北方话"我"浸透而与"侬"并存,遂乃产生了同义迭架形式的"我侬",然后又引起类化作用,产生了第二身人称代词"汝侬"和第三身人称代词"渠侬"。

问题是,如梅氏所说《祖堂集》里的"汝侬"的"侬"是否表示复数的词尾。《示学偈》的"学人"是单数还是复数？禅僧作偈示学人,有时口头作,有时用笔书写；有时上堂说法说偈,有时写给一个学人,这里的具体情况还不清楚。古代汉语人称代词原则上单复不分,纯粹表示复数的语法成分出现的年代比较

---

① 李如龙、张双庆主编《代词》,暨南大学出版社,1999年。

晚,如"们"的前身"门"(中原)、"每"、"懑"(北方)大约到唐末或宋初才出现。① 我们从下面所举的宋代禅宗语录里"我侬"、"你侬"、"渠侬"的用例看,"侬"只是南方人说的方言(口语)人称代词词尾,不能认作表示复数的成分,正如宋人王观国所说。例如:

(1) 你诸人幸是可怜生,担带负物作什么? 见即便见。你若不见,一切不得作巧言妙句问老僧。巧来妙去,即转转勿交涉。赚杀人! 所以我侬寻常问你诸人:"佛前佛后,不说别事。你诸人道看,是什么? 见什么?"(《古尊宿语录》卷 36《投子和尚语录》,中国佛教典籍选刊,中华书局,第 679 页)

(2) 举公期和尚:因往罗汉,路逢一骑牛翁子。期问:"罗汉路向什么处去?"翁拍牛云:"道道!"期喝云:"这畜生!"翁子云:"罗汉路向什么处去?"期却拍牛云:"道道!"翁云:"直饶与么,犹少蹄角在。"期便打,翁子便拍牛走。

佛海云:"你侬我侬,狭路相逢。寻常蹄角,互换机锋。拍牛归去,不见其踪。倪非罗汉老儿,定是草里大虫。"(《拈八方珠玉集》卷 3,《续藏经》第 119 册)

(3) 上堂云:"孤筇长作水云游,底事而今放下休? 一点破幽明历历,十分合体冷湫湫。暗中须透金针穴,转处还藏玉线头。劫外家风兹日辨,渠侬真与我侬俦。"(《宏智禅师广录》卷 4,T.48,36b)

例(1)投子大同(819—914),舒州(今属安徽)人,投子山在舒州。例(2)佛海心月(? —1254),眉州(今属四川)人,住临安府

---

① 潘悟云《汉语复数词尾考源》,徐丹编《量与复数的研究——中国境内语言的跨时空考察》,商务印书馆,2010 年。

径山。例(3)宏智正觉(1091—1157),隰州(今属山西)人,住明州天童山。以上3例中出现的"我侬"、"你侬"、"渠侬"都是单数。现代闽语人称代词表复数词尾用"～侬",这种用法是什么时代开始的,有待我们进一步研究。

(二) 表示畜牲雌性后置的形式"～母"

梅氏的说明是:

《雪峰义存传》:

藏主便问:"三世诸佛在什摩处?"师忽然见有个猪母子,从山上走下来,恰到师面前。师便指云:"在猪母背上!"(卷7《雪峰和尚章》)

参考《汉语方言词汇》41—44页,可知有些南方方言把畜牲的性别后置。……表示雌性的语词,只有闽语明确地用"母"字。……上引《雪峰义存传》里的"猪母",出自闽人之口,又与现在的闽语符合,可见反映当时的闽语。"猪母子"的意思是小母猪。闽语用词尾"囝"表示小称,跟"～子"、"儿"相当。"猪母子"的"子"可能是训读的写法,用"子"来表示"囝"字。(梅祖麟1997)

《祖堂集》卷7《雪峰章》第45则(292/357)原文如下:

师游西院了,归山次,问泯典座:"三世诸佛在什摩处?"典座无对。又问藏主,藏主对云:"不离当处常堪(湛)然。"师便唾之。师云:"你问我,我与你道。"藏主便问:"三世诸佛在什摩处?"师忽然见个猪母子从山上走下来,恰到师面前,师便指云:"在猪母背上!"

雪峰义存(泉州南安县人,822—908)见福州西院大安和尚(793—883)后,向西院的典座和藏主提问题,藏主以《证道歌》的一句回答。这个答案符合西院的思想(《祖堂集》卷17《福州西院章》：有俗官问："佛在什摩处？"师云："不离心地。"），可这个答案倒是激起了雪峰的强烈的反感。因为在他看来，佛（佛性）不是活泼泼地活动不已的自己主体，是什么！他的答案是，他忽然看到从山上跑下来的猪母，用手指着说："看！在猪母背上！"雪峰的意思是：藏主不加思索、随声回头看到猪母的"见闻觉知"的作用，不就是你的佛性吗！佛不在外面，也不在心里头，就在藏主自己"见闻觉知"的作用上。

这里的雌雄成分后置的形式"猪母子"、"猪母"的确是南方方言词。我们看《中国方言地图集·词汇卷》"母猪"一项，现代方言中雌雄成分后置的形式"猪母"分布在南方，而前置的形式"母猪"分布在北方。那么，这种格局究竟在什么时代形成的呢？解决这个问题，我们还没有充分的准备，暂时对中古、近代汉语中的用例探讨研究。

《东坡志林》卷3《猪母佛》条明确指出在蜀地"猪母"是当时的口语：

> 眉州青神县道侧，有一小佛屋，俗谓之猪母佛。云：百年前有牝猪伏于此，化为泉，有二鲤鱼泉中云。盖猪龙也。蜀人谓牝猪为母，而立佛堂其上，故以名之。泉出石上，深不及二尺，大旱不竭。①

据此，在苏轼（眉州人，1037—1101）生活的年代，当时的蜀地文言说"牝猪"，口语说"猪母"。

"猪母"一词的早期用例见于南北朝时期的汉译佛典。汉译律典《萨婆多部毗尼摩得勒伽》卷1："无毛熟母猪边作淫入。"（T.23，569c）卷8："有比丘共熟猪母作淫。"（T.23，611c）看来，这里两种形式不加区别地同时出现（僧伽跋摩，天

---

① 《东坡志林·仇池笔记》卷3，华东师范大学出版社，1983年，第90页。

竺人,居建康长干寺,在宋元嘉十年后的 19 年间[433—442]译出)。唐代笔记小说里也有用例,郎余令(河北中山人,7 世纪)《冥报拾遗·隋耿伏生》条(《法苑珠林》卷 57 引):"数岁之后,母遂终亡,变作<u>母猪</u>。""伏生闻之悲泣,不能自已,更别加心供养<u>猪母</u>。"①同样在同一作品中以两种形式同时出现。但仔细看,前例的焦点在母亲变成的猪,后例的焦点在变成猪的母亲,似有区别。这大概是在两种形式并存的情况下,产生了区别的意识。张鷟(字文成,河北深州人,7—8 世纪)撰《朝野佥载》卷 3:"夜梦一母猪极大,李仙药占曰:母猪,独主也,君必得屯主。"②牛僧孺(陇西人,779—848)撰《玄怪录》卷 4《尹纵之》条,与主人公通情的王氏原来是雌猪,说明:"……遽策杖寻血而行,至山下王朝猪圈,血踪入焉。乃视之,一大<u>母猪</u>,无后右蹄壳,血引墙下,见纵之怒目而走。"③"猪母"没有出现。

除了"猪母"以外,有汉译经典《佛说鹿母经》(T.3)的"鹿母"。西晋武帝时代(265—290)竺法护(先祖是月氏出身,后来居住敦煌)在长安译出的。尽管经题是"鹿母",但经文中则"鹿母"和"母鹿"俱现,而"鹿母"只在经文的开头出现 1 次,后面都是"母鹿"共出现了 9 次。

唐义净(齐州人,635—713)译《根本说一切有部毗奈耶药事》卷 7 一段中,"母鸡"(2 次)、"鸡母"(4 次)同时出现(T.24,31b)。《祖堂集》卷 20《五冠山和尚章》中,如梅氏也指出,"母鸡"见 3 例,"鸡母"则不见。五冠山顺之(?—893?)是新罗,大中十二年(858)入唐后,往湖南仰山,师事慧寂禅师而得法。"母鸡"见于他归新罗后的著作《顿证实际篇》中。

---

① 《冥报记·广异记》,中华书局,1992 年,第 109 页。
② 《隋唐嘉话·朝野佥载》,中华书局,1979 年,第 61 页。
③ 《玄怪录·续玄怪录》,中华书局,1982,第 112 页。

敦煌发现的《目连缘起》(P. 2193),目连将母亲青提夫人从阿鼻地狱拯救到王城作狗身,说"今得离于地狱,化为母狗之身"。① 综观诸例,中古、近代汉语时期是两种形式并存的状态。只是有了倾向于雌雄成分前置在北方,后置在南方的端绪。

吴处厚《青箱杂记》(北宋元祐二年[1087]序)中有一条记载与此问题有关:

> 岭南风俗,相呼不以行第,唯以各人所生男女小名呼其父母。元丰中,余任大理丞,断宾州奏案。有民韦超,男名首,即呼韦超作父首;韦遨男名满,即呼韦遨作父满;韦全女名插娘,即呼韦全作父插;韦庶女名睡娘,即呼韦庶作父睡,妻作婶睡。②

宾州是现在的广西壮族自治区宾阳县。吴处厚是闽北邵武人。他说,岭南宾州地区的民间有一个用子女的名字叫他父亲的习惯,例如"韦超"的孩子名"首",管"韦超"叫做"父首",语序和通常的称呼正相反。吴处厚的故乡闽北也没有这一习惯。至此我们不得不想起桥本万太郎先生曾经在他的《言语类型地理论》中展开的议论:

> 表示雌雄性别的修饰成份(准确说是形态素),南方方言一定放在被修饰语的后面(被修饰语+修饰语),北方方言则放在前面(修饰语+被修饰语)。我们不得不把这一事实联系到名词的修饰语放在后面的南亚语系跟放在前面的阿尔泰语系的对立格局问题上。③

我们看到他作为"属格的用法"介绍的诸语言对照,就知道 11 世纪宾州的称呼习惯和侗台语相同:

---

① 黄征、张涌泉《敦煌变文校注》,中华书局,1997 年,第 1015 页。
② 吴处厚《青箱杂记》卷 3,中华书局,1985 年,第 29 页。
③ 桥本万太郎《言语类型地理论》,弘文堂,1978 年,第 69 页。

阿尔泰语	"我的"＋"父亲"
汉语	"我的"＋"父亲"
西藏、缅甸语	"我的"＋"父亲"
苗语、瑶语	"我(的)"＋"父亲"
侗台语	"父亲"＋"我(的)"①

可见吴处厚介绍的北宋11世纪宾州的特殊称呼的习惯，可能渊源于非汉语的古越语的一种"活的化石"。② 众所周知，桥本氏的语言类型地理论是，分布在亚洲大陆的诸语言的名词句的基本造句原则，南方把修饰语放在名词的后面，北方把修饰语放在名词的前面；这种对立格局正反映在位于东亚大陆中央的汉语南北方言；而汉语从南方方言到北方方言的地理上推移正反映在古代汉语到现代汉语的历史演变。桥本氏推测：对名词句造句原则起了决定性影响的是西北民族（周）于公元前10世纪末期向中原侵入的这一大事件。正因为如此，直到现代汉语方言形成南北对峙的格局之间，两种形式持续了长期的并存局面。当然要证明这一假说，还需要进行详尽的研究。③

(三) 方位介词"着"

对《祖堂集》卷7《雪峰和尚章》引《晖和尚颂》(294/359)，梅

---

① 桥本万太郎《言语类型地理论》，弘文堂，1978年，第62页。

② 此种领属结构造句在南方民族言语（壮侗、苗瑶、南亚、南岛诸语）的固有形式本来是"名词＋领属语"，后来因与汉语接触变成"领属语＋名词"形式，现在处在移行过程中，参阅吴福祥《南方民族语言领属结构式语序的演变与变异——基于接触语言学和语言类型学的分析》，《东方语言学》第6辑，上海教育出版社，2009年。

③ 对桥本氏观点的批评有丁邦新《汉语词序问题札记》《论汉语方言中心语——修饰语的反常词序问题》，《中国语言学论文集》，中华书局，2008年；项梦冰《试论汉语方言复合词的异序现象》，《语言研究》1988年第2期，但都很难说是有效的反驳。

氏说：

《雪峰义存传》晖和尚颂曰：

雪峰养得一条蛇，寄着南山意如何。

不是寻常毒恶物，参玄须得会先陀。

"坐在椅子上"厦门话说"做 ti-6 椅团顶"，福州话说"坐 tyɔʔ-8 椅悬顶"，ti-6、tyɔʔ-8 的来源是"着"字（梅祖麟《汉语方言里虚词"着"字三种用法的来源》）。南北朝已经有方位介词"着"字的用例，如《世说新语》里的"长文尚小，载着车中……文若亦小，坐着膝前"。上引《祖堂集》的"寄着南山意如何？""着"字又是方位介词。……现在北方话方位介词用"在"字，晚唐五代已是如此，例如《敦煌变文集》里的（参看何乐士《敦煌变文与〈世说新语〉若干语法特点的比较》）：

潜身在芦中。（伍子胥变文）

住在绥州茶城村。（汉将王陵变）

只今葬在黄河北，西南望见受降城。（王昭君变文）

而且《祖堂集》又有"寄在"的用例：

白云千丈之线，寄在碧潭，浮定有无。（卷7，夹山章）

师偈曰：我有一宝琴，寄在旷野中。（卷8，疏山章）

"寄着南山"和"寄在碧潭"结构相同，"着"和"在"的差别是因为不同的方言不同的虚词作为方位介词。但是《敦煌变文集》也有方位词"着"的用例。

于是获收珍宝，脱下翻（旛）旗，埋着地中。（李陵变文）

单于殊常之义，坐着我众蕃上。（同上）

本文认为"坐着膝前"这种[V＋着＋处所词]句法在南北朝时期是全国性的。晚唐五代时期，北方口语里"在"字替代"着"字，形成[V＋在＋处所词]，但在书面文字沿用

[V＋着＋处所词]。在福建地区,口语里一直保存着[V＋着＋处所词],所以《祖堂集》里的"寄着南山"可能是反映当时的闽语。(梅祖麟,1997)

《晖和尚颂》是对雪峰和尚的示众"南山有鳖鼻蛇,是诸人好看取!"所作。示众将雪峰自身拟作一条蝮蛇而警戒参学的门人不要被雪峰的说教迷惑而失却自己。

梅氏认为"着"系方位介词,用法等于[V＋在＋处所词]结构的"在",而晚唐五代时期北方用"在",福建仍然用南北朝时期的[V＋着＋处所词]结构,"着"一词可能是当时的闽语,因为现在的闽方言里还遗存这种用法。

今案:《晖和尚颂》第 2 句的"寄"的意思是"寄养","寄着南山意如何?"是说"雪峰和尚把一条鳖鼻蛇寄养在南山有何意图所在?"问题是这个"着"字还是有动词义("安置"义),还是表示动词"寄"的动作结果的继续,还是如梅氏所说的已虚化成介词("在"、"到"义),还不能确定。现在看《祖堂集》中出现的其他所有的用例如下:

(1) 有僧问:"髻中珠,谁人得?"师曰:"不赏玩者得。"僧曰:"安着何处?"师曰:"待有所在,即说似你。"(卷5《龙潭和尚章》,189/247)cf."公四大身若子长大,万卷何处安着?"(卷 15《归宗和尚章》,573/684)

(2) 师云:"咄!这饶舌沙弥,犹挂着唇齿在。"(卷4《药山和尚章》,179/235)

(3) 师云:"大德,龟毛拂子、兔角拄杖,藏着何处?"(卷5《三平和尚章》,209/269)

(4) 师云:"老僧自疾不能救,争能救得诸人疾?"学曰:"与摩则来者无依。"师云:"依则㩜着地,不依则一任东西。"(卷 18《赵州和尚章》,663/791)案:"㩜",《赵州录》作"踏",当从。因二字音近而误。

上揭例(1)"安着",同义复词"安放"义;例(2)"挂着",述补结构,意为"把舌头挂唇齿",即"说话"义。"着"字表示动作的结果或结果的持续貌;例(3)"藏着","着"表示动词"安放"义,或表示动作的结果或结果的持续貌;例(4)"榻(踏)着地",脚踏地上、留在此地。"着"或表示动作的结果。又梅氏所举《世说新语》、敦煌变文的[V+着+处所词]用例中"着"字的用法也都是复合动词或述补结构。《祖堂集》、敦煌变文里"着"、"在"并出,因为两字各有固有的意义功能。"着"字的用法当然随着时代虚化:从述语动词到以同义、近义字构成的复合动词,然后进一步作为表示结果、继续成分构成述补结构,最后完全虚化成介词。讨论《祖堂集》中的"着"字用法时,我们应该慎重确定它在这一语法化过程中的地位。[①]

(四) 远指词"许"

对于《祖堂集》卷 10《镜清和尚章》(384/472)引《象骨山颂》,梅氏说:

《镜清和尚传》:
师题《象骨山颂》曰:
密密谁知要,明明许也无。
森罗含本性,山岳尽如如。

"师"是镜清和尚,温州人。象骨山就是雪峰山。"许"是远指词,"谁"、"许"对文,"明明许也无"是说"明明那(个)也没有"。"许"的用例,东晋南朝乐府用例颇多:

---

① 讨论"着"字用法的论著中,志村良治《论动词"着"——其原义与破读、使成复合动词化以及补助动词化》(《中国中世语法史研究》,三冬社,1984 年)最为详细而慎重。

风吹冬帘起,许时寒薄飞。(子夜歌)

　　督护初征时,侬亦恶闻许。(宋武帝丁督护歌)

　　团扇复团扇,持许自遮面。(团扇歌)

有些闽方言、吴方言还保存着"许"(那)字远指词的用法,例如厦门话 khua-5 tsi-3 khua-5 hi-3"看只看许"(看这看那);潮州话 hə-3 tshoʔ-7"许撮"(那些);福州话 xi-3 zieʔ-7"许只"(那个)。吴语温州话也用 hi-3"许"作远指词。(梅祖麟,1997)

今案:梅氏对《象骨山颂》的解释似有问题。第一,"明明"、"密密"二词在禅宗语录中往往暗示不可名状的"道"(真实)的存在。例如:

(1) 师上堂云:"道由悟达,不在语言。况见密密堂堂,曾无间隔。不劳心意,暂借回光。日用全功,迷徒自背。"(《景德传灯录》卷 11《邓州香严智闲禅师章》)

(2) 问:"如何是灵峰境?"师曰:"万迭青山如钉出,两条绿水若图成。"曰:"如何是境中人?"师曰:"明明密密,密密明明。"(《景德传灯录》卷 24《福州灵峰志恩禅师章》)

(3) 小参。僧问:"密密绵绵,不容着眼;明明了了,相与传心。作么生是传底心?"师云:"混时无影像,辨处绝踪由。"(《宏智禅师广录》卷 5)

第二,第 2 句"明明许也无"的"许也无"三字,从其他用例归纳,得出义为"允许吗?"、"可以吗?"之意的疑问句。今举三例:

(1) 问:"学人拟伸一问,还许也无?"师云:"佛不夺众生所愿。"问:"如何举唱,即得不负来机?"师云:"痛领一问。"(《云门匡真禅师广录》卷上)

(2) 问:"学人欲求一物时如何?"师云:"汝拟求个什么?"学云:"和尚还容许也无?"师云:"廓落长安道,不障往来人。"学云:"请师指示。"师云:"展手不开拳,分明善看取。"(《天圣广灯录》卷24《襄州石门慧彻禅师章》)

(3) ……法眼既升座,深复出问:"今日奉敕问话,师还许也无?"眼云:"许。"深云:"鹞子过新罗。"捧彩便行。(《联灯会要》卷26《深、明二上座章》)

可见"许"的宾语分别是,例(1)"拟伸一问";例(2)"欲求一物";例(3)"问话"。如此《象骨山颂》中的"许"的宾语则是"知要",就是说"明明、密密的道,我们可以知觉吗?"镜清和尚的意思是:"道"本身不可见,但是森罗万象包含着本性("道"),我们可以通过观见前面的象骨山发现自己的本性。象骨山是改称雪峰山以前的名字。《象骨山颂》是镜清和尚对"见色见心"、"闻声悟道"的道理用偈颂形式表现他的看法的。本章中在《象骨山颂》前面有两则讨论:

问:"如何是声色中面目?"师云:"现人不见。"僧云:"太绵密生!"师云:"体自如此。"僧云:"学人如何趣向?"师云:"活人投机。"

问:"闻处为什摩只闻不见? 见处为什摩只见不闻?"师云:"各各自缘不缘他。"

第二则的答话用的是《金光明经》卷1《空品》第五偈"六情诸根,各各自缘;诸尘境界,不行他缘",镜清和尚因为觉得自己用经文回答得不足(如果用佛经经文回答问题,那就成了教理问答),就用偈颂形式作了补充。

既然《象骨山颂》"许也无?"有上述的意思,梅氏根据现代福建方言"许"有远指词的用法(相当于普通话的"那"),解释成

"明明那(个)也没有?",完全是望文生义。

(五) 疑问代词"底"

对于《祖堂集》卷11《云门和尚章·十二时偈》(428/514),梅氏说:

> 《云门和尚传》:
> 　　黄昏戌,把火寻牛是底物。
> "底物"是"什么东西",云门和尚是苏州中吴府嘉兴人。"底"(何、什么)的用例,东晋南朝乐府用例颇多:
> 　　寒衣尚未了,郎唤侬底为?(子夜秋歌)
> 　　单身如萤火,持底报郎恩?(欢闻歌)
> 　　君非鸬鹚鸟,底为守空池?(子夜歌)
> 有些闽方言、吴方言还保存着"底"(何、什么)。例如厦门话 ti-6 laŋ-2、福州话 tie-6 nóyŋ-2"底侬"(谁、何人);潮州话 ti-6 poi-2"底畔"(哪边);福州话 tie-6 zie?-7(＜ts-)"底只"(哪个)。吴语丹阳话"底告"指"什么"。用"底"或"底高"指"什么"的还有溧阳、金坛、靖江。(梅祖麟,1997)

今案:云门《十二时偈》第11首《黄昏戌》偈一首的全文是:

> 黄昏戌,把火寻牛是底物?素体相呈却道非,奴郎不办谁受屈?(428/514)

搜寻逃牛比喻搜寻迷失的自己。"何物"南方方言说"底物",颜师古《匡谬正俗》有如下解释:

> 问:"俗谓'何物'为'底'丁儿反。'底'义何训?"答曰:"此本言'何等物',其后遂省,但言直云'等物'耳。'等'字音都在反,转丁儿反。左太冲《吴都赋》云'钤田无数,膏腴

> 兼倍，原隰殊品，窊隆异等'，盖其证也。今吴越人呼'齐等'皆丁儿反。应瑗（璩）诗：'文章不经国，筐筐无尺书。用等称才学，往往见叹誉。'此言讥其用何等才学见叹誉乎。以是知去'何'而直言'等'。其言已旧，今人不详其本，乃作'底'字，非也。"①

这是疑问代词"底"的语源说（"何等物"＞"等物"＞"等"＞"底"），说明"等"音本是都在反（端母海韵[ɒi]上声），江南人则说成丁儿反（端母支韵[iɛ]平声），然后用"底"（《广韵》都礼切，端母荠韵[ei]上声）字写定，即止摄说成蟹摄，上声变成平声。这是唐代人的解释。② 疑问代词"底"从南北朝时期开始出现，江南乐府作品中用例比较多，然北朝人的会话里也出现（《北齐书》卷33《徐之才传》），到唐代，杜甫、李贺、白居易等诗、敦煌俗文学《㚟䫛新妇文》(《敦煌变文校注》，第1216页）也有用例。③ 可见"底"字已经作为通语流行，不可能把"底"说成闽语。只是韩愈（768—824）也在他的《泷吏》诗（元和十四年[819]作）中用作岭南韶州小吏的话：

> 潮州底处所？有罪乃流窜。侬幸无负犯，何由到而知？（《昌黎先生诗集注》卷6）

还有福建漳州人的用例：

> 周匡物，字几本，漳州人。唐元和十二年（817），王播榜下进士及第。时以诗歌著名。初周以家贫，徒步应举，落魄风尘，怀刺不偶。路经钱塘江，乏僦船之资，久不得

---

① 颜师古《匡谬正俗》卷6，刘晓东《匡谬正俗平议》，山东大学出版社，1999年，第192页。
② 冯春田《疑问代词"底"的形成问题》论证此说。《历史语言学研究》第1辑，2008年。
③ 王力《汉语史稿》，《王力文集》第9卷，山东教育出版社，1988年，第380页；董志翘、蔡镜浩《中古虚词语法例释》，吉林教育出版社，1994年，第132页。

济,乃于公馆题诗云:"万里茫茫天堑遥,秦皇底事不安桥?钱塘江口无钱过,又阻西陵两信潮。"郡牧出见之,乃罪津吏。至今天下津渡,尚传此诗讽诵。舟子不敢取举选人钱者,自此始也。①

总的来说,梅氏所说的"当时的闽语"都有问题。除了"着"、"许"错认以外,语法成分"侬"、"猪母"、"底物"的用法,应该说它们是晚唐五代时期在闽地流行的南方方言。至于《祖堂集》文本是否包含闽语这一问题,和唐末五代时期闽语怎样存在的问题,我们可以从另外一个角度来进行考察。

二

关于语言的变化,一般来说在音韵、词汇、语法当中,语法的变化速度最缓慢且保守,音韵、词汇的交替变化比较快些,并且词汇有流动性,譬如说,《祖堂集》卷7《雪峰和尚章》中有"沁水杖子"一词,出现在长庆慧稜(杭州海盐县人,活动在泉州、福州等地,854—932)会话中。"沁"本来是北方人用作"探水"义的词,②也用于北人赵州从谂(青州临淄人,778—897)的对话中(《景德传灯录》卷10《赵州章》)。又如"田厙奴"是骂乡下人的方言词,据说本来是福唐(今福建省福清市)的方言词,③但北人赵州从谂也用过此词(《赵州录》卷上、中)。禅僧行脚,当时比较自由地来往南北间,因此(被记录的)说话不一定反映他们的家乡方言。三者当中,音韵的演变最为迅速而明显。宋代笔记中往往言及闽方言的难懂。最早的记载大概见于吴越赞宁

---

① 《太平广记》卷199,出《闽川名士传》。
② 韩愈《同宿联句》"义泉虽至近,盗索不敢沁"(孟郊句)注:"沁,七鸩切。北人以物探水为沁。"《昌黎先生集注》卷8。
③ 睦庵善卿《祖庭事苑》卷2:"田厙,式夜切。当作舍"。圜悟《碧岩录》第57则本则评唱:"田厙奴乃是福唐人乡语,骂人似无意智相似。""厙"、"舍"同音,但福唐的字音可能有别。

(919—1001)的《传记》:

> 福州王氏有国,闽土人言音诡异,呼两浙为东甿,亦不详其字义。①

据刘晓南先生的解释,"东甿"的"甿"是"东圻ᴮ衣切"的音变,意为"东边"(邻国),说是赞宁《传载》的一条逸文。② 又如:

> 裘明子曾经历闽中,涉建溪,渡延平,滩泷险阻,溪鸟繁萃。至苍峡庙欲莫,而适召祝者不在。一小儿可十来岁,挂一片青葛,形状焦瘦,始如鬼物,言对蛮獠,云是祝之子。因问:"父何许邪?"瞪目不答。又问:"爷在否?"亦不答。左右问,云:"此人言语俱别。"时值炎炽,因凭栏望远,忆顷览顾著作诗集有题《囝音蹇》一篇,云:"南人呼父为郎罢,子为囝ᴷ。"再问小儿曰:"郎罢何处也?"便指前山云:"让里。""让里"之言出也。其诸不可得详。又至温汤院,其水自山根涌出,可煮鸡子。有一道者姓林,语甚分明,立舍宇颇有景趣。③

裘明子陈纂记录的地点苍峡(今福建省南平市)属闽北地区,说明此地的孩儿只说当地的方言(就是闽语),有教养的僧人是说方言也能说共通语的双方言制的人。陈纂,号裘明子,颍川(河南许昌)人,仕吴越国(都城杭州),亡国后出仕宋朝。④他一直在吴方言区,出差去福建时听到闽语,说成"言对蛮獠",左右人也说"言语俱别"。他们完全没听懂闽北方言。陈

---

① 《说郛》卷 5。
② 刘晓南《从历史文献的记述看早期闽语》,《汉语历史方言研究》,上海人民出版社,2008 年。
③ 陈纂《葆光录》卷 3,《五代史书汇编》第 10 册,杭州出版社,2004 年,第 6306 页。
④ 《葆光录》多记吴越史事,成书在真宗朝(10 世纪末)。参阅李剑国《宋代志怪传奇叙录》,南开大学出版社,1997 年,第 31 页。

纂想起的顾况是中唐诗人,苏州人,至德二载(757)考中进士科,贞元三年至五年之间(787—789)任著作佐郎。①《囝一章》是《上古之什补亡训传十三章》中的一章,序文说:"囝,哀闽也。"自注:"囝音蹇。闽俗,呼子为囝,父为郎罢。"(《青箱杂记》卷6、胡震亨《唐音癸签》卷23)这也是唐代闽语的记录之一。又如:

> 刘枢密昌言,泉人。为起居郎,太宗连赐对三日,几至日旰。捷给诙诡,善揣摩捭阖,以迎主意。未几以谏议知密院,然士论所不协。君臣之会,亦隆替有限,一旦圣眷忽解,谓左右曰:"刘某奏对,皆操南音,朕理会一句不得。"因遂乞郡,允之。②

文中所说"南音"就是闽语。刘昌言是说闽南话的地道的泉州人,在南唐时作泉州刺史陈洪进的幕客,到宋朝考中进士科。按他的经历,他虽然应该会说"共通语",但是大概他口音带严重的闽音。吴处厚《青箱杂记》卷6所记载的一条异传说:"后判审官院,未百日,为枢密副使。时有言其太骤者,太宗不听。言者不已,乃谓:'昌言,闽人,语颇獠,恐奏对间,陛下难会。'太宗怒曰:'我自会得!'其眷如此。"据此,官人诽谤他的闽音,但太宗是为他辩护的。他异常显著的晋升惹起了官人的嫉妒,批评的借口就是闽音。虽然记载有歧义,反正一般人认为闽语是非常奇怪的土语。

三

《祖堂集》二十卷是编纂各种语录之类的资料而成的一部

---

① 傅璇琮《唐代诗人丛考·顾况考》,中华书局,1980年,第395页。
② 文莹《玉壶清话》卷5,《湘山野录、续录·玉壶清话》,中华书局,1984年第51页。参阅上揭刘晓南论文。

禅宗灯史。我们推测其编纂过程,大概在当时号称一千七百众的福州雪峰山中,搜集从各地来的禅僧带来的种种口头、记载的资料,经过讨论禅理,整理作语录集成,最后于在泉州招庆寺编成的。《祖堂集》的文本由于如下三层组成:

第一层:明显自《宝林传》(801年成书)抄出的部分。这是由静、筠二禅德编纂的原一卷本的内容(952年成书),似相当于现行二十卷本的前两卷。西天二十七祖诸章的记载本于《宝林传》,《宝林传》部分又本于《付法藏因缘传》,缀合各种佛经、中国撰述的佛教史料而写成。因此可以说这一部分主要是在中唐时期编纂南北朝时代成立的资料的。《祖堂集》卷2《第二十八祖菩提达摩章》所据的资料较为复杂,除《宝林传》卷8的记载以外,文本采自《二入四行论》、神会《菩提达摩南宗定是非论》、《曹溪大师传》等南北朝至唐代成立的资料。此章中引述的19篇《谶》,未详来源。东土六祖各章似基本上本于《宝林传》,但因目前缺失《宝林传》卷9、10,不能完全确认所自材料。《第三十祖惠能和尚章》部分似据《六祖坛经》,章末又附有10世纪雪峰教团禅僧的评论。评论部分应该区别分属于第二层言语。

第二层:从原一卷增广到十卷的部分,即现行二十卷本的主要部分(卷3—19)。这是于952年以后增广的中晚唐时期的资料。尤其是属于福建教团禅师诸章,《祖堂集》中显示最新的消息,用唐末五代的语言写定。当时的福建是与江西、湖南齐名的禅宗活动中心地区。福建地区在唐末五代混乱时期政治情况相对稳定,从各地来此地避难的禅师传达包括口头传承的各地禅僧的语录,在雪峰教团里互相启发,展开了评论活动。《祖堂集》十卷本在泉州招庆寺编纂时,所据的就是这种资料。

第三层:高丽开版时(高宗三十二年,1245)由匡儁增补的新罗、高丽入唐禅师诸章(除了殁于杭州龙华寺的卷11《齐云和尚章》)。这些禅师的篇章大多是基于碑铭的传记体裁的记载,卷20《五冠山瑞云寺和尚章》是由高丽僧人用拟古汉文体撰写的教理性文章,应该看做域外汉文研究。

作为语言资料的《祖堂集》,第二层文本尤其是属于福建教团禅师诸章(卷7《雪峰和尚章》以及卷10—13所收雪峰门下禅师章)最为重要。所根据的资料大体上是用当时的"共通语"写的,他们的会话、偈颂中偶尔保留南方方言的词汇和语法。

《祖堂集》的文本特征在于它存在很多文字讹误。考其原因,第一,禅宗语录有一个特殊的性质:宋代以前的禅宗宗风一般禁止为禅师的上堂说法、问答商量作记录。因此秘密里被听写下来的记录,没有经过校订文字而私下流行。禅宗不准拘泥文字的主张,也与此有关。所以这种记录出现了很多因同音、近音、形似致讹误的现象。[1] 第二,《祖堂集》在高丽开版,虽然与雕造再雕本《高丽大藏经》同一时期,但《祖堂集》及其他禅籍不属于《高丽大藏经》本体,可能是作为一种私刻本刊刻,没有作过细心校订。[2]当然与时值高丽国难局面也有关。开版后,和大藏经版一起搬送到了海印寺藏经阁里的杂版库,大概很少刷成印本,也少有人阅读。因此现行二十卷本很可能保存着10世纪泉州编纂时的古貌,还停留在与写本一样的阶段(至于高丽刊刻时应该没有造成误刻的可能,请参阅拙稿《〈祖堂集〉的校理》)。

《祖堂集》的文本既然有上述的性质,我们阅读时就必须要加以校订。本人由于复元《祖堂集》文本,在校订文本的过程中发现了一些异文别字(白字、错别字),并进一步研究了产生这些现象的原因。一般来说,文本产生异文别字现象的原因不外

---

[1] 拙稿《禅籍的校雠学》,《田中良昭博士古稀记念论集 禅学研究的诸相》,大东出版社,2003年;《中国俗文化研究》第1号,2003年;后收入本书。
[2] 拙稿《〈祖堂集〉的校理》,《东洋文化》第83号,2003年;后收入本书。

乎形误和音误，而《祖堂集》由于禅宗语录形成上的性质特征，以音误为多。我们通过对异文别字所表现的音韵混用例加以分析和解释，就发现这些现象只要设想由南方方音或闽音的原因才能作到很好的解释。《祖堂集》的文本出现了与唐五代的标准音（《切韵》音，以《广韵》代用）有异的错别字时，我们可以认为产生了这些异文别字现象可能是由南方方音或闽音干涉造成的。我们要正确复元《祖堂集》文本，必须参照当时的方音。①

我们校勘《祖堂集》时的参照系，首先要数《景德传灯录》三十卷。本书经过北宋杨亿等著名文臣修订道原《佛祖同参集》二十卷，于大中祥符二年（1009）刊刻宣布，四年收入大藏经。因此本书具有标准性、规范性的语录体，赢得诸多士大夫的好评。还有两宋时期编纂的《宗门统要集》十卷（1093 年成书）、《宗门联灯会要》三十卷（1183）、《五灯会元》二十卷等书都具有规范化的文本，也可以加入参照系之列。

判断《祖堂集》异文别字所表现的音韵特征是何地方音，还需要参考调查晚唐五代全国各地方言的《汉语方音字汇》，当然目前还没有这样方便的资料。但我们现在有了鲁国尧先生以《全宋词》作材料，按词人地域分组，研究宋词押韵，考察宋代方音特征的一系列论文，此项研究起到了先驱性作用；以及在鲁先生指导下用同样的方法进行研究宋代各地方音的诸多论文。这些论文到最近汇集成《宋辽金用韵研究》一书出版。② 该书收录了以鲁国尧、刘晓南先生的两篇有综论性的论文为首，中原、山东、四川、福建、江西、江浙、湖南以及入声研究论文等一共有

---

① 拙稿《祖堂集》异文别字校证——〈祖堂集〉中的音韵资料》，《东洋文化研究所纪要》第 157 册，2010 年。
② 刘晓南、张令吾主编《宋辽金用韵研究》，香港文化教育出版社有限公司，2002 年。

38篇,呈现了《汉语方音字汇》宋代资料集的面貌。晚唐五代联结宋代,此时期正值中古汉语向近代汉语推移的转变时期。

  在分析异文别字现象来解明作品的基础方言这一手法上,取得成就的论文有古屋昭弘先生的《说唱词话〈花关索传〉与明代方言》。① 该文以《花关索传》中的同音假借字对上《汉语方音字汇》所收的各地字音,得出其基础方言是吴语(苏州话)的结论。研究《祖堂集》的基础方言,虽然没有当时其他的东南口语文献,但西北有敦煌发现的俗文学写本群,已有相当丰富的音韵研究的成果,可以认为是比较研究的有利条件。只是本人作此项研究的目的在于解决《祖堂集》文本是否包含晚唐五代闽语的音韵特征这一问题,而不在于比较当时的西北音与东南音体系的问题。因为《祖堂集》中的异文别字的数量与敦煌俗文学写本相比非常少,从而能窥见的消息自然也不会多。

四

  下面将《祖堂集》异文别字资料中有关方音的例子,区分声母、韵母举出表示(有＊符号的例子因形似通假的可能,只能作参考;异文、正文于义相通的例子一例不举;混用的举例,正字/白字)。②

[声母]

[一] 声母清浊混用

[1] 唇音

帮并混用　彬/批　盘/半　＊拨/拔　＊薄/博　＊白/栢　＊白/伯　＊方/房　＊府/符　＊蒲/莆

[2] 舌音

---

① 《〈花关索传〉研究》附论,汲古书院,1989年。
② 据拙稿《祖堂集》异文别字校证——〈祖堂集〉中的音韵资料》(一部分作补正)。《祖堂集》偈颂诗韵、同音通用例(据《广韵》)见附录。

端定混用　端/断　大/多　＊堂/当　＊邓/登
知澄混用　＊住/驻
彻澄混用＊赵/超
[3]齿音
精从混用　齐/际　材/哉　＊齐/济　＊精/情
崇生混用　事/使
书禅混用　施/时
[4]牙音
见群混用　期/机　＊球/救　＊诳/狂
[二]齿音庄组章组不分、精组章组不分
生书混用　束/缩
清昌混用　川/筌
心昌混用　速/触
[三]牙音见溪混用
既/岂　堪/敢　勘/敢　举/去　举/起　个/颗　可/个　＊鸡/溪　＊脚/却
[四]喉音影以混用
一/亦
[五]喉音匣云混用
王/黄

[一]声母清浊混用

有关声母的异文别字 39 例中,清浊混用的现象占了过半 (23 例),可以说是《祖堂集》用字的一个特征。23 例中除掉参考例的 8 例都是全浊声母字和全清(不送气)声母字混用的浊音清化现象。

[1]唇音帮并混用

(1) 彬　府巾切(帮母[p]真韵平声)/玭　符真切(并母

[b]真韵平声)

【例】 师游南州时,与王太傅一房坐。时有一沙弥揭帘欲入,见师与太傅,便放帘抽身退步。师云:"者沙弥好与二十棒。"太傅云:"与摩则延玭罪过。"(卷10《玄沙章》,第374/456页)

【校】 王太傅"延玭"指泉州刺史王延彬(885—930),王审邽的长子,天祐二年(905)任泉州刺史,乾化五年(915)加检校太傅,天成五年(930)又加检校太尉(《泉州府志》卷40《封爵志》)。玄沙师备(835—908)访泉州是开平元年(907)九月(《玄沙广录》卷中),此时王延彬还不是太傅。这大概是作记录时的称号。延彬作"延玭",只有《祖堂集》的此一例。

(2)盘　薄官切(并母[b]桓韵平声)/半　博幔切(帮母[p]换韵去声)

【例】 我也委汝来处,你亦不得错认定半星。(卷10《长庆章》,第406/494页)

【校】 "定半星"是"定盘星"的音误。《景德传灯录》卷21《福州东禅玄亮禅师章》有云:"汝莫错认定盘星。"无著道忠《葛藤语笺》考证云:"定盘星,盘如皿,安以所量之物,以绪悬衡之右边。衡上镂星,自一分一钱次第向重数,此名定盘星。"(卷7)朱翱反切"半,脯幔反",并母(《说文解字系传》卷3《半部》)。

[2] 舌音端定混用

(3)断　徒管切(定母[d]缓韵上声)/端　多官切(端母[t]桓韵平声)

【例】 问:"如何是大人相?"师曰:"坐端十方不点头。"(卷9《落浦章》,第340/415页)

【校】 "坐端"是"坐断"的音误。"坐断"意为占据要冲而控制。例如:"欲解粘去缚,直须削迹吞声,人人坐断要津,个个壁立千仞。"(《碧岩录》第22则垂示)"坐断天下人舌头,直得无出气处。"(同,第84则垂示)本书卷19《临济和尚章》:"大德,欲得山僧见处,坐断报化佛头,十地满心犹如客作儿。"(第721/857页)朱翱反切"断,都伴反",端母(《说文解字系传》卷27,"伴"原误"件")。

（4）大　唐佐切(定母[d]个韵去声)/多　得何切(端母[t]歌韵平声)

【例】　因揣多入古寺,问僧:"此寺名什摩?"(卷11《齐云章》,页432/521)

【校】　"揣多"是"揣大"的音误。本书卷8《疏山章》云:"师因骑马行次,揣大问:'既是骑马,为什摩不踏镫?'"(第330/401页)"揣大"就是"穷揣大",语源诸说详见李匡乂《资暇集》卷中。

[3] 齿音精从混用

（5）齐　徂奚切(从母[dz]齐韵平声)/际　子例切(精母[ts]祭韵去声)

【例】　师云:"唤他来,隔窗相看!"侍者便唤他新到一际上来。(卷6《石霜章》,第257/321页)

【校】　"一际"是"一齐"的音误。高丽觉云《拈颂说话》卷14《石霜章》引《古祖堂》改正作"一齐"。

（6）材　昨哉切(从母[dz]怡韵平声)/哉　祖才切(精母[ts]母怡韵平声)

【例】　有一僧礼拜,起来立地。师云:"大才藏拙户。"其僧又向一边立。云:"丧却栋梁哉。"(卷9《韶山章》,第348/426页)

【校】　"哉"是"材"的音误。《景德传灯录》卷16《韶山章》"哉"作"材"。

齿音书禅混用

（7）施　式支切(书母[ɕ]支韵平声)/时　市之切(禅母[ʑ]之韵平声)

【例】 师上堂云:"'真实离言说,文字别时行',诸上座在教不在教?"(卷13《福先招庆章》,第506/602页)

【校】 引文是四卷本《楞伽经》卷1偈:"言说别施行,真实离名字,分别应初业,修行示真实。"(T.36,484c)对第1句(《祖堂集》引用的第2句)高崎直道注云:"'别施行',梵文'vyabhicāra'(逸脱;脱离真实)之译。"(《楞伽经》,佛典讲座17,大藏出版,1980年)。智旭义疏特意举出两种异译作参考:"魏云'言说离真实';唐云'言说则变异'。"(续藏17,504a)因为他认为宋译有问题。宋译"言说别施行"不可能作否定语言的意思。《祖堂集》引作"文字别时行",当然是福先招庆和尚记错的,原因可能与宋译不正确有关。而且大概他的口音中"时"、"施"同音。书母,全清;禅母,全浊。

浊音清化现象是中古、近代汉语音韵史上的巨大变化之一,起自北方波及南方,结果现代汉语方言中除了吴语(江苏、浙江)、湘语(湖南)以外的所有的方言都消失了浊音。[①] 实际情况见唐代笔记史料[②]:

> 又堤防之堤字,并音丁奚反[*tiei]。江南末俗往往读为大奚反[*diei],以为风流,耻作低音[*tiei],不知何所凭据,转相放习,此弊渐行于关中。(颜师古《匡谬正俗》卷5)[③]

> 今荆襄人呼提[*diei]为堤[*tiei],晋绛人呼梭[*sua]为莝七戈反[*tsʻua],关中人呼稻[*dau]为讨[*tʻau],呼釜

---

① 许宝华《中古全浊声母在现代方言里的演变》,《汉语方言论集》,北京语言文化大学出版社,1997年。

② 赵振铎《唐人笔记里面的方俗读音》,《辞书学论文集》,商务印书馆,2006年。

③ 刘晓东《匡谬正俗平议》卷5,山东大学出版社,1999年。又北宋朱彧《萍州可谈》卷1《苏公堤孟家蝉语谶》条云:"以堤音低,颇为语忌。"(《后山丛谈·萍州可谈》,上海古籍出版社,1989年)

[*biu]为付[*piu],皆讹谬所习,亦曰坊中语也。(李肇《国史补》卷下)①

堤　都奚切(端母[t]齐韵平声)/
提　杜奚切(定母[d]齐韵平声)
稻　杜皓切(定母[d]皓韵上声)/
讨　他浩切(透母[t']皓韵上声)
釜　扶雨切(并母[b]麌韵上声)/
付　帮遇切(帮母[p]遇韵去声)

李肇《国史补》记录了自开元至长庆的一百年间(8—9世纪)之事。这一条记载透露了湖北荆州、襄州和关中进行声母的浊音清化现象,而颜师古(581—645)相反地记录了江南地区还保存着浊音。这完全和现代方言中浊音清化的分布相一致。

唐末五代西北地区的敦煌资料中也有全浊声母消失的现象,②《祖堂集》中的例子表示同一时期东南地区的情况。上揭8例都出现了药山系禅师的章节中,属于闽地福州雪峰门下传承的资料。其中玄沙师备(福州闽县人)、福先招庆省僜(泉州仙游县人)是闽人,长庆慧稜(杭州海盐县人)、齐云灵照(东国新罗人)都是雪峰门下的弟子。此5例表示9、10世纪闽地的浊音清化现象,而且这些与不送气清音的混用现象,和现代闽方言的特征相一致。③

[二]齿音庄组章组不分、精组章组不分
(1) 束　书玉切(书母[ɕ]烛韵合口三等入声)/缩　所六切

---

① 《唐国史补·因话录》,上海古籍出版社,1979年。
② 邵荣芬《敦煌俗文学中的别字异文和唐五代西北方音》,《邵荣芬音韵学论集》,首都师范大学出版社,1997年。
③ 伍巍《中古全浊声母为不送气音的研究》,《方言研究集稿》,暨南大学出版社,2010年。

（生母[ʂ]屋韵合口三等入声）

【例】 问："久战沙场,为什摩功名不就?"师云："君王有道三边静,何劳万里筑长城?"进曰:"罢息干戈,缩手归朝时如何?"师云："滋(慈)云普润无边际,枯树无花争奈何?"（卷19《灵云章》,第716/851页）

【校】 "缩手"《景德传灯录》卷11《灵云章》作"束手"。"缩手"即拱手旁观,"束手"则不抵抗而归顺。作"束手"者是,作"缩手"者因近音致误。此例因生母（庄组、照组二等）、书母（章组、照母三等）未分,当为古音的遗存。

(2) 川 昌缘切（昌母[tɕ']仙韵合口三等平声）/筌 此缘切（清母[ts']仙韵合口三等平声）

【例】 师云："在舍只言为客易,临筌方觉取鱼难。"（卷9《九峰章》,第358/438页）

【校】 谚语"在舍只言为客易,临筌方觉取鱼难","临筌"《联灯会要》卷23《九峰章》作"临渊",《五灯会元》卷13《九峰章》作"临川"。从此三种写法来推测,唐代原文应当是"临川",《祖堂集》因音近而误作"临筌"（"筌"是鱼的相关语）,《联灯会要》则推想"川"是"渊"的避讳字而回改作"临渊"。现代闽南音"川"、"筌"二字同音[*tshuan]（《汉字古今音表》,中华书局,1993年）。

(3) 速 桑谷切（心母[s]屋韵合口一等入声）/触 尺玉切（昌母[tɕ']烛韵合口三等入声）

【例】 曹山云："曹山适来问,阇梨与摩祇对曹山,是什摩时节?但触道触道!"师云："却是相见时节。"（卷12《荷玉章》,第448/543页）

【校】 "触道"是"速道"的音误。本书卷7《夹山章》云："佛日云:'三道宝阶,曲为今时。向上一路,请师速道! 速道!'"（第261/327页）

第 1 例,正齿音庄组(缩)、章组(束)不分;第 2、3 例,齿头音(舌尖前音,平舌)精组字、正齿音(舌面音,卷舌)章组字不分。此现象分别在灵云志懃(生卒年未详,福州人)、九峰道虔(？—921,福州侯官人,住江西)、曹山本寂(840—901,泉州莆田人,住江西)的对话中出现(第 1 例是提问题的僧人的话)。当然《祖堂集》的记载不一定如实记录九峰、曹山二人的实际发音,重要的是这些记录传到福建后,没改正过来,收到《祖堂集》中。此现象和现代闽方言的"古'庄、章'组声母字今声母读同'精'组声母"的特征相一致。① 唐五代西北地区也有敦煌俗文学写本中的"'庄'、'章'组代用例"、"'精'、'章'组代用例"、《开蒙要训》注音中的"'精'组和'知'、'章'组互注例"。②

[三] 牙音见溪混用

(1) 既　居豙切(见母[k]未韵去声)/岂　祛豨切(溪母[kʻ]尾韵上声)

【例】　经旬日却问:"和尚,前日岂不是,除此之外,何者是心？"(卷 5《大颠章》,第 184/242 页)

【校】　"岂"当为"既"之音误。《宗镜录》卷 98《大颠和尚》条作:"经日却问:'前日既不是心,除此之外,何者是心？'"(T. 48,944a);《景德传灯录》卷 14《大颠章》作:"经旬日,师却问曰:'前者既不是,除此外,何者是心？'"

(2) 堪　口含切(溪母[kʻ]覃韵平声)/敢　古览切(见母[k]敢韵上声)

【例】　〈1〉师问云居:"什摩处去来？"对曰:"踏山去来。"师

---
① 陈章太、李如龙《闽语研究》,语文出版社,1991 年,第 3 页。
② 邵荣芬《敦煌俗文学中的别字异文和唐五代西北方音》。

曰：" 阿那个山敢住？" 对曰：" 阿那个山不敢住？"（卷 6《洞山章》，第 242/305 页）

〈2〉南泉……云：" 虽是后生，敢有雕琢之分。"（卷 6《洞山章》，第 242/305 页）

〈3〉问：" 如何是修行路？" 师云：" 好个阿师，莫作客。" 僧云：" 毕竟如何？" 师云：" 安置则不敢。"（卷 14《茗溪章》，第 530/629 页）

【校】 上揭三例 " 敢住"、" 敢有"、" 不敢" 分别是 " 堪住"、" 堪有"、" 不堪" 的音误。〈1〉《景德传灯录》卷 17、《联灯会要》卷 22《云居章》作 " 堪住"；〈2〉《景德传灯录》卷 15《洞山章》作 " 此子虽后生，甚堪雕琢"；〈3〉《景德传灯录》卷 6《茗溪章》作 " 安置则不堪"。

（3）勘　苦绀切（溪母[k']勘韵去声）/敢　古览切（见母[k]敢韵上声）

【例】 有人举似师，师云：" 老僧自去勘破。" 师自去问：" 赵州路，什摩处去？" 老婆云：" 蓦底去！" 师归院，向师僧云：" 敢破了也。"（卷 18《赵州章》，第 665/793 页）

【校】 " 敢破" 当据上文 " 勘破" 改。《景德传灯录》卷 10《赵州章》、《赵州录》卷下皆作 " 勘破"。

（4）举　居许切（见母[k]语韵上声）/去　羌举切（溪母[k']语韵上声）

【例】 因举体师叔《古曲偈》曰：" 古曲发声雄，今古唱还同。若论第一拍，祖佛尽迷踪。" 师拈问：" 只如祖佛尽迷踪，成得个什摩边事？" 僧曰：" 成得个佛未出世时事，黑豆未萌时事。"［师云：" 只如佛未出世时事，黑豆未萌时事，成得个什摩边事？］" 云：" 某甲到这里去不得。未审师如何？"（卷 10《长庆章》，第 403/491 页）

【校】 " 去不得" 当为 " 举不得" 之误。本条又见卷 11《惟劲禅师章》(第 440/530 页),正作"举不得"。

（5）举　居许切（见母[k]语韵上声）/起　墟里切（溪母[k']止韵上声）

【例】　师云:"不闻道'繁兴大用,举必全真'?"（卷13《报慈章》,第500/597页）

【校】　引文是法藏《华严金师子章·论五教》句（《华严金师子章校释》,第30页）,"举"显然是"起"之误。两句意为"万象生起时,真实的全体必然显现"。本书卷13《山谷章》、卷20《五冠山章》引此句皆作"起"。

（6）个　古贺切（见母[k]个韵去声）/颗　苦果切（溪母[k']果韵上声）

【例】　师云:"秀才唯独一身,还别有眷属不?"对曰:"某甲有山妻,兼有两颗血属。"（卷15《西堂章》,第553/656页）

【校】　"颗"当为"个"之音误。本书卷14《马祖章》有句与此类似:"有西川黄三郎,教两个儿子投马祖出家。"（第519/613页）

（7）可　枯我切（溪母[k']哿韵上声）/个　古贺切（见母[k]个韵去声）

【例】　〈1〉这个老汉行脚时,或遇着草根下有个汉,便从头领上啄（卓）一下锥,看他若知痛痒,便将布袋盛米供养。他古人个中总似你与摩容易,何处更有今日事也?（卷16《黄檗章》,第613/732页）

〈2〉师别申一问:"隐密全生（真）时,人知有道得;大省无辜时,人知有道不得。于此二途,犹是时人升降处。未审长老亲道,自道,云何道?"径山云:"我家道处无可道。"（卷11《佛日章》,第444/536页）

【校】　〈1〉"个中"（"这里"义）当为"可中"（"如果"义）之音误。《景德传灯录》卷9《黄檗章》正作"可中"。张相《诗词曲语辞汇释》卷1："可中，犹云其或、假使也。"〈2〉"无可道"（意为没有用语言表达得）《景德传灯录》卷11《径山章》作"无箇（个）道"（意为[既然没有用语言表达得]我这里根本绝无"道"这一行为）。

见溪混用例如此之多是《祖堂集》用字上的一个特征，但是《汉语方音字汇》所列20个地区现代方音找不到对应。牙音"见"（不送气）"溪"（送气）混用例见敦煌变文（《舜子变》）中1例、《开蒙要训》互注2例。① 孙奕《九经直音》反映了宋代吉安方言（赣语）的特点（孙奕，庐陵人，此书大约12世纪末至13世纪初成书），牙音互注"见母和溪母混用达48次（牙音2 490例中）。在汉语中[k]、[kʻ]、[ŋ]（见、溪、群母）是经常混用的。见溪在一定程度上的混用有可能是方音现象，也有可能是一字的异读"。②《祖堂集》见溪混用或许同样也表现唐末五代南方或闽地的方音。

[四] 喉音影以混用

一　于悉切（影母[ʔ]质韵入声）/亦　羊益切（以母[j]昔韵入声）

【例】 偶一日买（卖）柴次，有客姓安名道诚，欲卖（买）能柴。其价相当，送将至店。道诚与他柴价钱，惠能得钱，却出门前，忽闻道诚念《金刚经》，惠能亦闻，心开便悟。（卷2《惠能章》，第88/124页）

【校】 "亦闻"当为"一闻"之音误。此条记载所根据的敦煌本《六祖坛经》云："忽有一客卖（买）柴，遂领惠能至于官店。客将柴去，惠能得钱，却向门前，忽见一客读《金刚经》，惠能一

---

① 洪艺芳《唐五代西北方音研究》，中国文化大学硕士学位论文，1995年。
② 李无未、李红《宋元吉安方音研究》，中华书局，2008年，第39页。

闻,心明便悟。"(敦煌博物馆藏本)

"一"、"亦"混用在敦煌变文写本中不罕其例(《汉将王陵变》《舜子变》《庐山远公话》等)。

[五] 喉音匣云混用

王　雨方切(云母[j]阳韵平声)/黄　胡光切(匣母[ɣ]唐韵平声)

【例】　百丈和尚,嗣马祖大师,在江西。师讳怀海,福州长乐县人也,姓黄。(卷14《百丈章》,第536/636页)

【校】　陈诩撰《唐洪州百丈山故怀海禅师塔铭》云:"大师,太原王氏,福州长乐县人。远祖以永嘉丧乱徙于闽隅。"(《敕修百丈清规》卷6),其他如《四家语录》《五灯会元》皆云姓王(《景德传灯录》不记俗姓),当据改。

"黄"、"王"二字的混同,宋代笔记中数次提及:

> 黄王不分,江南之音也。岭外尤甚。柳子厚《黄溪记》:"神王姓,莽之世也。莽尝曰'余黄虞之后也'。黄与王,声相通。"以此考之,自唐以来已然矣。(朱翌《猗觉寮杂记》卷下)①

其他如周密《癸辛杂识・续集》下("浙之东,言语黄王不辨,自昔而然")、②庄绰《鸡肋编》卷上("俗误以魔为麻,谓其魁为麻黄,或云易魔王之称也")③有例证。后者记录了从福建到温州、两浙广泛流行叫作"事魔食菜"的民间宗教的活动。"黄王不辨"是古吴语的特征,明代陆容《菽园杂记》卷4、张位《问奇集》等也有提及。④ 匣、云二母原来上古至六朝时代同组,到隋唐时

---

① 《猗觉寮杂记》卷下,《笔记小说大观》第四辑。
② 《癸辛杂识・续集下》,中华书局,1988年,第207页。
③ 《鸡肋编》卷上,中华书局,1983年,第12页。
④ 郑张尚芳《吴语方言的历史记录及文学反映》,《东方语言学》第7辑,上海教育出版社,2010年。

代北方云母从匣母分化独立,而南方依然同声不分。匣喻(云、以)二母混合在原本《玉篇》、李善《文选注》、①《说文解字系传》朱翱反切等南方系音韵资料中有所表现。②

"黄"、"王"二字的混同,从韵母来说是宕摄唐韵、阳韵的同用现象,《祖堂集》所收偈颂中有7例阳唐同用,可见二字的混同不是偶然的。至今也是长江以南的南方方言(除温州、厦门、潮州)共通的特征(《汉语方音字汇》)。③ 福建境内"黄"h音脱落后变成和"王"同音的,有闽北、闽东(福州·古田[uoŋ]、宁德[uŋ])、闽中(永安·三明[um])、莆仙[uŋ]等地(《福建省志·方言志》)。④ 闽南泉州、厦门音二音有区别,如王[ɔŋ2]、黄[hɔŋ2](《闽南方言大词典》⑤《厦门方言志》)。⑥

[韵母]

分析《祖堂集》异文别字发现有韵母混同现象,《广韵》同摄同调叫做"同用";同摄异调叫做"通用";异摄同调叫做"混用"(*号为参考例)。因方音而产生的异文别字主要是异摄间的韵母混用(用黑字表示)。

[一] 果摄(a) 哿个通用　可/个
　　　　(b) 果个通用　个/颗
[二] 遇摄(a) 鱼虞同用　居/俱
　　　　(b)语御通用　举/去　*曙/暑

---

① 大岛正二《唐代字音研究》,汲古书院,1981年,第101页。
② 王力《汉语语音史》,中国社会科学出版社,1985年,第233页。
③ 北京大学中国语言文学系语言学教研室编《汉语方音字汇》(第二版重排本),语文出版社,2003年。
④ 福建省地方志编纂委员会编《福建省志·方言志》,方志出版社,1998年。
⑤ 周长楫主编《闽南方言大词典》(修订本),福建人民出版社,2006年。
⑥ 厦门市地方史编纂委员会办公室编《厦门方言志》,北京语言学院出版社,1996年。

　　　　（c）**鱼麻混用**　居/家

　　　　（d）虞遇通用　＊住/柱　＊注/柱

[三] 蟹摄（a）齐祭通用　齐/际

　　　　（b）蟹骇同用　骇/解

　　　　（c）霁祭同用　济/际

[四] 止摄（a）支脂同用　支/祇

　　　　（b）之微同用　期/机

　　　　（c）至志同用　致/置

　　　　（d）至未同用　贵/愧

　　　　（e）之纸通用　而/尔

　　　　（f）脂旨通用　祇/指

　　　　（g）支至通用　离/利

　　　　（h）旨至通用　至/指

　　　　（i）尾未通用　既/岂

　　　　（j）**止语混用**　举/起　以/于

　　　　（k）**至霁混用**　秘/闭

[五] 效摄（a）皓号同用　保/报

　　　　（b）**萧阳混用**　**辽/量**

　　　　（c）**豪歌混用**　**鳌/鹅**

[六] 咸摄（a）覃敢通用　堪/敢

　　　　（b）敢勘通用　勘/敢

　　　　（c）盍合同用　踏/榻

[七] 山摄（a）寒旱通用　懒/兰・拦

　　　　（b）桓缓通用　管/观　断/端

　　　　（c）桓换通用　盘/半

　　　　（d）末黠同用　拨/拔

　　　　（e）**删衔混用**　岩/颜

　　　　（f）**先青混用**　年/宁

[八] 臻摄（a）文问通用　运/云
　　　　（b）**真侵混用**　尘/沉
　　　　（c）**真青混用**　闽/冥
　　　　（d）**质昔混用**　一/亦
[九] 宕摄（a）阳唐同用　王/黄
　　　　（b）**阳漾通用**　＊乡/嚮
[十] 曾摄（a）**职质混用**　翼/逸
　　　　（b）职德同用　即/则

（1）鱼麻混用[居/家]

居　九鱼切（见母鱼韵[iɔ]平声）/家　古牙切（见母麻韵[a]平声）

【例】　师问："汝是白家儿不？"舍人称白家居。（卷3《鸟窠章》，第105/146页）

【校】　"舍人称白家居"应即"舍人自称姓名"。"白居易"作"白家易"，误写的原因当涉上文有"白家儿"，可能因为在书写者口音中"居"、"家"二字同音或近音。

二字从上古音（《诗经》韵）到前汉音同属鱼部，后汉以后鱼部中麻韵字分出转入歌部，到唐代麻韵独立。明人田艺蘅《留青日札》卷38《通俗古音》条云"'家'有三音"，说"'家'又音'居'"，举出《史记·孟尝君列传》《左传·僖公十五年》所引《古诗》的协韵为例证。① 田氏是16世纪杭州人，《通俗古音》条为证明当时的通俗音也有古典根据而写，可知当时"家"有"居"的读音。具有12世纪建瓯（闽北）方音特征的南宋初吴棫《韵补》上平声鱼韵收"家"字（攻乎切，居也）②；宋代福建文士仿古用韵

---

① 田艺蘅《留青日札》卷38，上海古籍出版社，1992年，第723页。
② 《宋本韵补》卷1，中华书局，1987年。邵荣芬《吴棫〈韵补〉和宋代闽北建瓯方音》，《邵荣芬音韵学论集》，首都师范大学出版社，1997年。

中有5例麻车部和鱼模部的通押(出身闽北2、闽东2、莆仙1)。① 我们可以推断唐末五代成书《祖堂集》所见的"家"、"居"混用现象,其背景一定有古音遗存在闽地。②

(2) 止语混用[举/起][於/以][与/已]

举　居许切(见母语韵[cɔ]合口三等上声遇摄)/起　墟里切(溪母止韵[ie]开口三等上声止摄)

【例】【校】见声母[三]见溪混用(卷13《报慈章》,第500/597页)

於　央居切(影母鱼韵[cɑ]合口三等平声遇摄)/
以　羊已切(余母止韵[jiə]开口三等上声止摄)

【例】又夹山顿遇以华亭颂曰:"一泛轻舟数十年,随风逐浪任因缘。……"(卷5《华亭章》,第203/260页)

【校】"顿遇以华亭颂"当为"顿遇于华亭颂"之音误。

与　余吕切(余母语韵[io]合口三等上声遇摄)/
已　羊已切(余母止韵[iə]开口三等上声止摄)

【例】正当与么时,早与相看了也。(卷11《齐云章》,第432/520页)

【校】"早与"当为"早已"之音误。

此例正如陆游说"吴人讹'鱼'字,则一韵皆开口"的实例。③宋人所说"吴人",通常包括闽地在内。按考察宋代词韵的成果,"支鱼通押在赣、闽、吴地区词人中比较普遍"④;7—13世纪北京地区诗文中,"支、鱼通押,唐五代7例,宋代5例,金代不见,呈递减之势。唐代多见于北方的这一特点,宋以后在北方地区逐渐消

---

① 刘晓南《宋代闽音考》,岳麓书社,1999年,第125页。
② 拙稿《〈祖堂集〉鸟窠章音韵考证》,《白居易研究年报》第9号,2008年。
③ 陆游《老学庵笔记》卷6,中华书局,1979年。
④ 鲁国尧《论宋词韵及其金元词韵的比较》,《宋辽金用韵研究》,香港文化教育出版社有限公司,2002年,第58页。

失,而成为南方吴、闽、赣等方言的普遍现象"①;"支微、鱼模混押在宋代江淮、吴、闽方言都有分布,今天很多方言仍然存在'支微入鱼'分布广泛"②;"支鱼通押是宋代南方诗人用韵中普遍存在的现象,在赣、吴、闽地区均甚为突出。这些诗词用韵都分别可以与各自现代方言形成对应,且三个地域相毗连,因此被认为构成了南方方言的一个富有特色的跨区域方言板块。四川地区诗词文例与赣吴闽相对应,大大超出三地"。③《祖堂集》所收偈颂也有 3 例合用。止、语混用在敦煌俗文学中有多数的例子(见邵荣芬论文中"鱼、虞和止摄各韵相混"、"止摄和齐韵的关系"部分)。④

(3) 至霁混用[秘/闭]

秘　兵媚切(帮母至韵[jɪ]开口三等去声止摄)/闭　博计切(帮母霁韵[ɛi]开口四等去声蟹摄)

【例】 闭魔岩和尚,嗣马祖。师常提权子,每见僧参,蓦项便权云:"那个魔魅教你出家?那个魔魅教你受戒?那个魔魅教你行脚?道得亦权下死,道不得亦权下死。速道,速道!"其无对,师便打趁出。(卷 15《闭魔岩章》,第 583/698 页)

【校】　秘魔岩在五台山台。《宋高僧传》卷 21《唐清凉山秘魔岩常遇传》:"后至西台,览古圣迹曰秘魔岩,乃文殊降龙之处也。"然更古老的记载见《古清凉传》作"秘麆岩":"西台略无可述。台之西有秘麆岩者。昔高齐之代,有比丘尼法秘。惠心天悟,真志独拔。脱落嚣俗,自远居之,积五十年,初无转足。其禅惠之感,世靡得闻。年余八十,于此而卒。后人重之,因以名岩焉。"(T51,1095bc)据此,"秘"是比丘尼之名,"麆"(《广韵》下平戈韵)是麆尼即比丘尼,说明"秘麆岩"名字的来源。后来讹误

---

① 刘晓南《宋代文士用韵与宋代通语及方言》,《宋辽金用韵研究》,第 94 页。
② 张令吾《北宋诗人徐积用韵研究》,《宋辽金用韵研究》,第 186 页。
③ 刘晓南《宋代四川语音研究》,北京大学出版社,2012 年,第 122 页。
④ 邵荣芬《敦煌俗文学中的别字异文和唐五代西北方音》。

叫做"秘魔岩"("麽"、"魔"同音,莫婆切)。讹误的原因是如《宋高僧传·常遇传》所云此地为"文殊降龙之处"。"秘魔"意为将恶龙关在里面,可能在这个意思上发生了"闭魔"的说法。看《祖堂集》所记的事迹,称被除魔鬼的闭魔岩和尚很合适。

上古音"闭"、"秘"二字是属入声质部帮母的同音字,中古音(《广韵》)则有韵母不同,而"秘"说成"闭"是止摄字和蟹摄字的混用。唐作藩《唐宋间止、蟹二摄的分合》说明此问题:至中晚唐时期,"这蟹、止两摄互相通押的现象,大概由于两摄各自内部诸韵趋于合流,主元音演变得比较接近。可以设想,此时期蟹摄分为两部,一二等韵灰咍泰皆佳夬部合为一部大致读[ai, uai],三四等韵齐祭废合为一部,读音[iɛi, iuɛi];而止摄支脂之微合流为一部,读[i, iəi, iuəi]。因此诗歌韵文里可以合韵,特别是齐(祭废)部与灰(咍泰皆佳夬)部合口一等字,同支(脂之微)部合韵的情况更多,因为其读音更接近"。① 这是对上揭《祖堂集》通押现象的很好的说明。

唐代有区别的脂、齐韵到宋代通语(汴洛中州之音)中,"蟹摄三四等并入止摄"。②《祖堂集》至霁混用例(山西五台山地区)表示这种语音变化通行于中原、西北、东南地区。《祖堂集》所收偈颂中有止蟹两摄的通押达9例之多,如:

卷1《提多迦章》	氍多偈	慧霁地至
卷1《毗罗章》	传法偈	际祭智寘
卷7《岩头章》	颂	事志彩海
卷10《镜清章》	颂	是纸匦至缀祭
卷14《高城章》	歌行第16韵段	畏未对队意志
卷15《伏牛章》	三个不归颂第1韵段	迷齐飞归微

---

① 《汉语史学习与研究》,商务印书馆,2001年,第137页。
② 刘晓南《宋代文士用韵与宋代通语及方言》,《宋辽金用韵研究》,第89页。

卷17《正原章》	偈	洗荠医时之
卷19《香严章》	明古颂第5韵段	㝡旨底荠细霁
卷19《香严章》	明古颂第8韵段	谛霁气贵未

（4）萧阳混用[辽/量]

辽　落萧切（来母萧韵[ieu]开口四等平声效摄）/量　吕张切（来母阳韵[iaŋ]开口三等平声宕摄）

【例】〈1〉处世道流（孤），兴慈量阔。（卷2《道信章·净修赞》，第82/115页）

〈2〉问："量郭无涯，为什摩不容自己？"（卷9《落浦章》，第342/417页）

【校】"量阔"、"量郭"均用作"辽远"义，二"量"字当为"辽"之音误。本书卷2《般若多罗章·净修赞》有"道源辽廓"句。

萧阳韵混用也就是阴阳对转，是由于鼻音韵尾脱落或鼻元音化成为同音、近音的现象。《朝野佥载》卷2记载：冀州参军曲崇裕作诗，"行"（庚韵）、"哀"（咍韵）通押说成"吴儿博士教此声韵"[①]；颜师古《匡谬正俗》卷6《若柯》条指出歌、寒[柯/干]混用；同卷6《猱》条指出尤、东[柔/戎]混用；同卷8《西》条指出齐、先[西/先]混用的例子。[②]南宋吴文英（四明人）词有支微部和"繁"（元韵）的合用例。[③]

上例"量"字音，在现代方音中鼻音韵尾脱落或鼻元音化的地区有太原、合肥、温州、厦门[nĩũ2白读]、潮州（《汉语方音字汇》）。现代闽语中同样的现象的有莆仙、闽南方言，如泉州音[liũ2白读]（《泉州市方言志》）。[④]《祖堂集》卷2《道信章·净修赞》为净修禅师文僜作。文僜是仙游人，作泉州招庆寺住持，大

---

① 《隋唐嘉话·朝野佥载》，中华书局，1979年，第49页。
② 赵振铎《唐人笔记里面的方俗读音》。
③ 胡运飚《南宋浙江词人用韵及其所反映的语音演变现象》，《宋辽金用韵研究》，580页。
④ 《泉州方言志》，社会科学文献出版社，1993年，90页。

概他的口音中鼻音韵尾变成鼻元音化了。

(5) 豪歌混用　[鼇/鹅]

鼇　五劳切(疑母豪韵[ŋau]平声)/鹅　五何切(疑母歌韵[ŋa]平声)

【例】　师共雪峰到山下鹅山院压雪数日,师每日只管睡,雪峰只管坐禅。(卷7《岩头章》,第272/338页)

【校】　"鹅山",《圆悟语录》卷16、《大慧语录》卷2、《祖庭事苑》卷7《雪峰》条、大慧《正法眼藏》卷中、《宗门统要》卷8《岩头章》、《联灯会要》卷21《雪峰章》、《五灯会元》卷7《雪峰章》皆作"鼇山";《碧岩录》第5、22、51则、《从容录》第18、79则作"鰲山"(鰲,俗鼇字)。只有《祖堂集》作"鹅山"。

这里所说的是雪峰义存和岩头全豁、钦山文邃三人结伴行脚到德山古德禅院访宣鉴和尚后,文邃先离开而住澧州钦山,因此义存和全豁二人要往澧州去时发生的事情。据《大明一统志》卷64《朗州常德府武陵县条》:"善德山在府城东南一十五里,一名德山。"、"鼇山在府城北七十里。本名兽齿山。相传昔有僧宣鉴、义存、文邃三人,同游此悟道。故其徒称'鼇山悟道'。"(案:"宣鉴"为"全豁"之误。)他们的路径是从朗州德山向北到鼇山,再到澧州钦山(朗州武陵[今湖南省常德市武陵区]东南15里有德山,鼇山在武陵北70里,武陵北120里有澧州,澧州东15里有钦山)。规范的写法作"鼇山",而写作"鹅山"则是本书由闽方言音所记录的特别的用字。闽方言的第一个特征是"豪"[ŋau]读同"歌"[ŋa]现象。

所谓"歌"、"豪"混用的例子见有(1)"何"、"高"通押(《贡父诗话》、《古今词话》、《履斋示儿编》卷23、《二老堂诗话》);"锁"、"扫"通押(《齐东野语》卷13);"锁"、"老"通押(《古今词话》);"歌"、"高"、"罗"、"劳"通押(《老学庵笔记》卷6、《类说》卷56引《欧公诗话》、《贡父诗话》、《四朝闻见录》丙集、《西塘集耆旧续闻》卷7);"贺"、"颢"通押(《明道杂志》)①。

"宋代闽籍文士用韵中80条歌豪通押"(刘晓南),本书所收偈颂也有卷11越山真鉴偈、卷17关南道常偈、雪峰义存偈的通押例。此种现象在现代闽方言里除闽北以外的地域都分布,"鼇"作"鹅"的异文别字现象可以有力证明:本书所据的资料先收集在福州雪峰山,然后编辑在泉州招庆院的这一推测的真实性。

(6)删衔混用[岩/颜]、先青混用[年/宁]、真侵混用[尘/沉]、真青混用[闽/冥]

岩　五衔切(疑母衔韵[am]平声)/颜　五奸切(疑母删韵[ɐn]平声)

【例】〈1〉师一日看经次,白颜问:"和尚休得看经,不用摊人得也。"(卷4《药山章》,第176/232页)

〈2〉师到百颜。颜问:"近离什摩处?"(卷6《洞山章》,第232页)

【校】〈1〉"白颜"《景德传灯录》卷7《定州栢岩明哲章》作"栢岩";〈2〉"百颜"《景德传灯录》卷14同,《联灯会要》卷5《定州柏岩明哲章》作"柏岩"而合并两则为一人,《五灯会元》卷5依之。二"颜"字当为"岩"之音误。

年　奴巅切(泥母先韵[ien]平声)/宁　奴丁切(泥母青韵[ieŋ]平声)

【例】岩头和尚嗣德山,在鄂州唐宁住。(卷7《岩头章》,第269/335页)

【校】"唐宁"当为"唐年"之音误。《宋高僧传》卷23《岩头传》:"又居唐年山,山有石岩巉崒,立院号岩头欤。"《太平寰宇记》卷112《鄂州·崇阳县》:"唐天宝二年(743)置唐年县,伪吴

---

① 刘晓南《宋代闽音考》,岳麓书社,1999年,第168页;《从历史文献的记述看早期闽语》,《汉语历史方言研究》,上海人民出版社,2008年;衣川贤次《〈祖堂集〉异文别字校证》,《东洋文化研究所纪要》第157册,2010年。

顺义七年(927)改为崇阳,伪唐(南唐,937—975)改为唐年,皇朝改为崇阳。"

尘　直珍切(澄母真韵[jen]平声)/沉　直深切(澄母侵韵[jem]平声)

【例】　一切事来,总须向这里荡罗取。头头上须及,物物上须通。若有毫发事乃(及)不尽,则被沉累,岂况于多?(卷8《云居章》,第298/366页)

【校】　"沉累"当为"尘累"之音误。《禅林僧宝传》卷6《云居弘觉禅师传》、《联灯会要》卷22《洪州云居道膺禅师章》均作"尘累"。云居道膺禅师(?—902),幽州蓟门玉田(河北省唐山市)人,25岁于幽州范阳延寿寺受戒后,经长安终南山翠微寺至洪州洞山(江西省义丰县),嗣法良价禅师,中和三年(883)以后终生住洪州云居寺(永修县)。

闽　武巾切(明母真韵[jen]平声)/冥　莫经切(明母青韵[ieŋ]平声)

【例】　灵树和尚嗣西院安禅师,在韶州。师讳如敏,冥州人也。(卷19《灵树章》,第726/867页)

【校】　灵树如敏《宋高僧传》卷22作"闽人",《景德传灯录》卷11作"闽川人"。据此,"冥"当为"闽"之音误。

以上4例都表示鼻音韵尾[-m]、[-n]、[-ŋ]合并的现象。《五国故事》卷上所载王延钧(改名为鏻)的故事(永和元年[935])是以闽方言[-n]、[-ŋ]合并为背景的。

> 延钧既僭位,改名鏻。……俄而遇弑。鏻死,金陵以闽人语讹戏之:因送绫,遂以为花绢,意以鏻为绫,避其讳也。①

---

① 《五国故事》卷下《伪闽王氏》,《全宋笔记》第一编第三册,大象出版社,2003年,第250页。

鏻　力珍切　（来母真韵[ien]平声）/绫　力膺切　（来母蒸韵[iəŋ]平声）

这一条故事透露了臻、曾两摄,闽地不分,南唐分立。南唐徐铉《说文解字系传》朱翱反切确实有区别（王力《汉语语音史》）。

读到《宋辽金用韵研究》所收论考得知：见于宋代诗词韵的三鼻音韵尾的合并现象,在河北、山西、山东、四川、江西等地出现了少数；江苏（淮安）、浙江、湖南（荆南）、福建等地出现了很多,成为南方方言的特征。就福建地区来看,"福建诗韵的混押,闽人吴棫的韵部分野,现代闽方言闽北、闽东、闽中和莆仙话的归并,三者之间若合符契,决非偶然巧合。宋代福建除漳泉（汀）外,其他地区方音,中古[-m]、[-n]、[-ŋ]三个韵尾正在合并或已经合并,应当是确切无疑的"。①《祖堂集》所收偈颂有4例[-n]、[-ŋ]混用（见下文）。

(7) 职质混用[翼/逸]

翼　与职切（以母职韵[iək]开口三等入声曾摄）/逸　夷质切（以母质韵[iet]开口三等入声臻摄）

【例】　师有时良久,云："自作自受。"或时见僧入门来,云"患颠那？作摩？"僧便问："未审过在什摩处？"师云："不是萧逸,争取兰亭？"（卷12《禾山章》,第455/554页）

【校】　"萧逸"当为"萧翼"的音误。萧翼受太宗命从僧辩才诈取《兰亭序》拓本,见于《法书要录》卷3、《隋唐嘉话》卷下（作"萧翊",同音）、《独异志》卷中、《唐诗纪事》卷5、《能改斋漫录》卷5、《云麓漫钞》卷6等,但是除了《祖堂集》以外没有作"萧逸"的例子。

禾山无殷（884—960）,福州连江县人,在雪峰山出家后,参江西九峰道虔（？—921）。道虔也是福州侯官县人,然后住吉

---

① 刘晓南《宋代闽音考》,第193页。

州禾山寺、洪州翠岩寺，又依南唐保大九年(951)之敕令住洪州护国寺，并赐澄源禅师号。存有徐铉所撰的碑铭。

周祖谟《宋代汴洛语音考》云："宋代语音尚有与唐人不同者，即臻摄入声与梗曾摄合用一事。其所以合用者，由于入声韵尾之失落。梗曾之入声本收[-k]、臻之入声本收[-t]，原非一类，迨[-k]、[-t]失落以后，则元音相近者自相通协矣。"① 宋代福建人诗词中[-t]、[-k]通押例达 224 之多，"这些迹象表明宋代闽地通语的入声韵尾[-p]尾已脱落，[-t]、[-k]尾亦相当趋于混同，或已弱化为喉塞尾了"。② 《祖堂集》所收偈颂有 1 次混用例。

卷 4《丹霞章·孤寂吟》第 7 韵段　　益昔室质寂锡(昔锡[-k]、质[-t]混用)

现代闽东福州音：翼[i?8 文读]、逸[i?8]；闽南厦门音：翼[Ik8 文读]、逸[Ik8 文读]；闽北建瓯音：翼[i8 文读]、逸[i8]，均为同音(《汉语方音字汇》)。

五

《祖堂集》收录了 340 首(454 韵段)韵文(其中包括从佛经引用的无韵偈 15 首和重复引用的 6 首)，其中的特殊押韵现象反映出南方方音或闽方言的特征。刘晓南在《宋代福建诗人用韵所反映的 10 世纪到 13 世纪的闽方言若干特点》中总结了九大闽音特征：(1)歌豪通押；(2)歌鱼通押；(3)支鱼通押；(4)鱼尤通押；(5)东阳通押；(6)屋铎通押；(7)尤萧通押；(8)阳声韵尾合并；(9)阳平分化。③《祖堂集》偈颂的特殊押韵现象与这

---

① 周祖谟《问学集》下册，中华书局，1966 年，第 633 页。
② 刘晓南《宋代闽音考》，第 142 页。
③ 刘晓南《宋代福建诗人用韵所反映的 10 世纪到 13 世纪的闽方言若干特点》，见《宋辽金用韵研究》。

些特点相一致的,今举如下([卷.章名.章中偈颂号码－韵段]):

(1) 歌豪通押

歌䚻豪合用　　　[11.越山 1]歌歌荷䚻高豪

歌皓笑啸合用　　[17.关南 1-2]歌呵歌笑笑叫啸要笑调啸
道好老皓

歌[a]豪[au]通押普遍被宋人认为代表闽音特征的特殊押韵,10 种宋人诗话、笔记言及,早在雪峰义存(822—908)偈有 3 例(《雪峰语录》偈语《牧牛》《劝人》)。① 但不见于闽北,极少数见于四川、江浙(刘晓南 1998)。越山鉴真,年里未详,雪峰的弟子,住越州。关南道常,年里未详,杭州盐官齐安(? —842)的弟子,住襄阳。《祖堂集》异文别字也有歌豪混用例(见上)。

(3) 支鱼通押

止御合用　　　[11. 云门 1-6]已似止虑御

止未语合用　　[11. 云门 1-1]子止许语气未

之微真鱼合用　[17.岑和尚 15]议真依微思时之如鱼

支鱼通押在"唐代已经出现,但并非限于闽南一地,宋代遍布除汀州外的七闽大地"(刘晓南 1998,第 179 页)。《祖堂集》异文别字也有止语混用例(见上)。

(7) 尤萧通押

豪侯混用　　　[2. 达摩 18]钩头侯刀逃豪

宵豪尤混用　　[10. 镜清 8-5]毛豪游尤遥宵

卷 2《达摩章》中志公(梁宝志和尚)所作《谶》(预言)当是伪作,这种特殊押韵透露了伪作者很可能是闽人。带有此特征的福建诗词作者里籍,闽东、闽北丰富而闽南贫乏(刘晓南 1998,第 177 页)。

---

① 周长楫《从义存的用韵看唐代闽南方言某些特点》,《语言研究》1994 年增刊。

(8) 阳声韵尾的合并

蒸文混用　　　[2. 达摩 7]绳蒸分文

庚清删混用　　[7. 雪峰 4]关删横明庚声清

真蒸混用　　　[10. 长庆 2]身亲真冰蒸

真痕清混用　　[17. 岑和尚 11]声清根痕真人真

除《达摩章·那连耶舍谶》当为后世的伪作和岑和尚（长沙景岑），年里未详（868 卒?），活动在湖南长沙外，雪峰义存（822—908，南安人）、长庆慧稜（854—932，杭州海盐人）都是活动在福建的禅僧，应当反映着闽音。此 4 例为鼻音韵尾[-n]、[-ŋ]的混用，上文韵母混用(6)所举的 4 例为[-m]、[-n]、[-ŋ]三韵间的混用。宋代闽音中三韵合并的特征为[-n]→[-ŋ]←[-m]，而且闽南地区不见合并的现象（刘晓南 1998，第193 页）。

结　　语

《祖堂集》异文别字和所收偈颂押韵中表现的音韵现象，虽然不是闽地独有，但是综观诸多方音现象，我们能看出《祖堂集》文本确实具备南方方音中的闽音特征。《祖堂集》所根据的原始资料首先在 10 世纪福建雪峰门下搜集，由闽人整理，因此它文本中遗留有闽音的痕迹。梅祖麟先生推断《祖堂集》的方言基础是北方方言或唐宋共通语，但本人设想它的文本确实有闽方言的背景。《祖堂集》的词汇和语法基本上与敦煌变文相同，可以说是用当时的"共通语"写的，但会话中出现了一些南方方言语法，而从异文别字中也能看出南方方言中的闽音特征，其方言一定存在闽语背景。这个问题，我们观察当代作家的方言背景就很容易理解。陆文夫（1928—2005）是苏北人，年轻时来到苏州，并创作了很多以苏州水乡为背景的文学作品。他的日常口语是苏北家乡方言和普通话，而创作使用普通话。但因以苏州为题材，偶尔掺杂苏州方言及其家乡方言的词汇。

这种创作手法形成了他作品的妙处。这种妙处,苏州人读来,最能领会。但有人指出他的作品中偶尔出现了一些错别字,是因为他的家乡方言所致。

闽语内部的闽北、闽东、闽南方言之间差距比较大。我们从《祖堂集》异文别字的"声母匣云混用"、"韵母鱼麻混用"、"尤萧通押"、"鼻音韵尾的合并"现象的分布将闽南除外的格局来看,[①]被增广的《祖堂集》原十卷本虽然在原一卷本的基础上于10世纪泉州编定,但是其原始资料应当先在福州雪峰山整理写定。同时,原一卷本《祖堂集》(相当于现行二十卷本的前两卷)的编者静、筠二禅德,目前尚无史料可资,只是从卷2《达摩章》中主要内容的18首《谶》中的志公、那连耶舍《谶》2首有"尤萧通押"、"鼻音韵尾的合并"的特征来看,我们可以推测18首《谶》的伪作者,也就是《达摩章》的编者,或进一步说就是编者静、筠二禅德当为闽南以外的闽人。

(原刊于《新国学》第10卷,四川大学出版社,2014年。后有所修改)

[①] 参阅刘晓南《宋代福建诗人用韵所反映的10世纪到13世纪的闽方言若干特点》表五"9大特点的地域分布图",见《宋辽金用韵研究》,第403页。

《祖堂集》语法研究琐谈

一

　　《祖堂集》语法的研究目的应该在于完整充分地理解《祖堂集》。而关于"完整充分地理解《祖堂集》"则有两层意思：第一层为正确解读《祖堂集》的内容,第二层为在汉语史领域里对《祖堂集》进行正确的定位。之所以这么说,是因为提到《祖堂集》语法研究时,《祖堂集》作为与敦煌资料相同、值得信赖的唐五代汉语史的重要语料,其中出现了汉语史上新的语法现象,而正确理解定位这些语法现象的这一目的则已经存在。可是为了达到这个目的,必须以"正确解读《祖堂集》内容"为前提。因为如果没有对原文意思正确的理解,就不可能进行正确的语法分析。也就是说,《祖堂集》语法研究的目的是完整充分地理解其内容,而实际上完整充分地理解《祖堂集》才是语法研究的前提。研究目的实际上是研究的前提条件的这种逻辑矛盾,导致了语法研究成为难中之难。

　　要全部理解《祖堂集》里收录的禅宗对话,是一件非常困难的事。我们所整理的由中华书局出版的《祖堂集》,由于存在着许多不确定的地方,所以只进行了校对的工作。

　　而提到《祖堂集》的语法研究专著的内容的话,大多为针对词汇、语法的详细分类。比如对动态助词"V＋了/却/著/得/过/将/取"的处理方式,由这些动态助词构成补语的句子,汉语语法学中已有了一个意思：功能虚化的阶段性演变模式,而将《祖堂集》的语法代入此种模式,便称之为语法研究。也就是说,语法学中已经有了一个"完成·实现→持续→结果补语→

趋向补语→能性补语→结构助词"这样的语法演变模式,而虚化的程度也是随着这个演变模式逐渐加强的①。如果这样,就变成了动态助词"V+了/却/著/得/过/将/取"在原始阶段都为"完成·实现"之意,而且值得探讨的是这 7 种表现的微妙差异究竟为何。但是此书作者完全不理会那些语感的不同,只是一味地按照既定模式去生搬硬套地分类、记述。又如研究《祖堂集》疑问句的专著里,在解释"如何是 X?"这种疑问句时,毫无责任地写道"要求回答者对 X 作出解释。不过由于禅宗'不立文字'的特点,回答者一般不从正面回答问题"等②。令人惋惜的是,摆弄着 20 万字的《祖堂集》,洋洋洒洒写下 300 页专业书的人,竟连基本术语的意思都不了解。再如在另外一本《祖堂集》语法研究书籍中,可以看到以下不当的说明:曾经常被讨论的"特殊判断句式",即譬喻经典中最后出现的"国王者,舍利弗是"等叙述前世因缘的句子,这种"N1,N2 是(也)"与一般的判断句"N1 是 N2(也)"语序不同,所以被称为"特殊判断句式",这是一种受到了宾语置于动词前的"SOV"型语言影响的语言接触现象……③此书著者指出这是由于受到了佛典中出现的将动词置于句末的"SOV"型语言的影响,同时《祖堂集》中的例子有经过高丽人之手的部分(这是一个很严重的误解),所以也受到了朝鲜语"SOV"(汉语是"SVO")型语言的影响。著者明明知道这种句式从中国的先秦时代就已存在,做出这种分析的原因,不是新兴的外来文化时代的胡适西来主义的再次到来,而是当时语言研究的流行趋势为"语言接触和方言史",这只不过是追赶流行而已。

　　换而言之,语法研究的目的并不在于正确理解原文,而是

---

① 林新年《〈祖堂集〉的动态助词研究》,上海三联出版社,2006 年。
② 叶剑军《〈祖堂集〉疑问句研究》,中华书局,2010 年。
③ 张美兰《〈祖堂集〉语法研究》,商务印书馆,2003 年。

在原文中、就已经理解（此保证并不是绝对的）的部分，进行语言学上的说明分析，并且进行语法范围内的分类。与其说不将没有理解的部分当作研究对象，不如说是不能将其当作研究对象。对于没有理解的东西，应避而不谈，而对于已经理解的内容才应该进行复杂的语法分析。所以利用语法就能解读《祖堂集》是一种误解。如此考虑的话，语法研究是完全有可能的。当然，若对词义、句义的理解有误，分析说明和语法分类也会随之成为无用之功。

理应如此，然而现在的问题是这些《祖堂集》语法研究书籍中存在着诸多明显不足。若要完整地理解《祖堂集》，只具有汉语学的知识是不够的。因为《祖堂集》作为禅宗史的著作，研究者首先必须具有禅学、佛学的知识素养。而且，如果对《祖堂集》没有准确的文献知识的话，就无法理解及消化文本所包含的信息，从而对文字校订、原文理解，尤其对语法研究也会造成影响。此外还有历史、文学、地理、音韵……总而言之，为了完整地理解一本书，必须具有所有必要领域的相关知识。在《祖堂集》的语法研究书籍中所存在的问题，具体来说多由于各方面知识的匮乏而产生了非常多误读。比如某部专著，将《祖堂集》所收作品与敦煌写本进行了比较。这种研究方法本身是可取的，而作者非但没有发现南北语言的特征，还误读了敦煌写本(S.1635《泉州千佛新著诸祖师颂》)中的 26 个字。尽管可以依照此写本来订正《祖堂集》中的 10 个字，但是作者却没有进行相关校订工作[①]。

《祖堂集》的语法研究专著究竟是否对《祖堂集》的解读有益？就目前为止所出版的语法研究专著来说，其实并没有起到什么作用。读《祖堂集》时，难解的文章或对话的确使人困惑，

---

① 谭伟《〈祖堂集〉文献语言研究》，巴蜀书社，2005 年。

若此时有本语法研究书将这些作为对象分析研究的话，对我们来说真是受益匪浅。可遗憾的是没有一本书做到了这点。当然，难解的原因并非都来自语法。但是，将《祖堂集》文章解读也作为《祖堂集》语法研究的目的之一又何尝不可？此处的语法是指谈话分析的"语法"，即从解读说明的语法扩展为解读禅宗语录的文章的语法。

语法研究与训诂学的乖离是必然的。这是指从训诂学（传统意义的小学）迈向语法学（近代语言学）的过程。但是语法学者为什么对传统训诂学所承担的功能草草应付了事，却只热衷于分类？如果不能理解《祖堂集》就不能进行完善的分类，这是研究的前提，这就是目前《祖堂集》语法研究的现状，也是难题之所在。

二

《祖堂集》语法研究专著的第五本为曹广顺、梁银峰、龙国富所著的《〈祖堂集〉语法研究》，为"汉语史专书语法研究丛书·近代汉语专书语法研究"系列中的一册①。

这部丛书的宗旨主要针对"只是对该书的语法现象进行穷尽性的静态描写，基本上不进行历时或共时的比较研究"。具体地说，"对本书出现的代词、数量词、副词、连词、介词、助动词、助词以及判断句、被动式、述补结构、疑问句、处置式等语法现象进行全面系统的描写"（第7—8页）。即将语法的历史研究和理论化放到下个阶段，而将记述《祖堂集》汉语语法这一基础研究做到了极致。太田辰夫先生曾在《〈祖堂集〉语法概说》②一文中简洁地从汉语史的角度进行了说明，但是该书却轻易将

---

① 曹广顺、梁银峰、龙国富《〈祖堂集〉语法研究》，河南大学出版社，2011年。
② 《中国语史通考》，白帝社，1988年。

其舍去，放弃了读者期待的汉语史中的定位这一问题，读后无不感到遗憾和不足（特别是曹广顺执笔的有关句法的后5章）。不过该书对于《祖堂集》出现的有关语法的成分（不是所有的，主要指上记的7个词类和5个句式）的分类和网罗式的记述，具有前所未有的、全面详细的研究特色，因此有值得探讨的价值。而且对于《祖堂集》语法结构的理解，该书的记述会有不少益处。但是内容上依然可见很多上述的类似错误。以下笔者就该书的问题，就两项——（一）由文献研究不足而引起的错误以及（二）未理解例文的上下文脉而引起的错误——分别进行阐述。

（一）由文献研究不足而引起的错误

中国出版的《祖堂集》研究专书，无一例外都指出现行的《祖堂集》是"高丽覆刻本"。而"高丽覆刻"是指"中国原刻、高丽覆刻"还是指在高丽进行的第二次刻版，不得而知。而且不管是指哪一种，原刻本已不复存在。二十卷《祖堂集》存于再雕本《高丽大藏经》的"藏外补版"15部中。"藏外补版"是指，从有别于韩国海印寺的大藏版库的其他杂版库中，于1865年，由海冥壮雄选出了15部，作为《高丽大藏经》的"补遗"所附加印刷时的版木。《高丽大藏经》本来不包括禅宗典籍，所以，《祖堂集》卷1的末尾处虽然有"乙巳岁分司大藏都监雕造"的刊记，却与《高丽大藏经》本体的雕造事业不同，是另外出版的。而且是当时唯一的刻版，之后之前都没有刊刻，只有现行本。那么，"覆刻本"这样的误解是从何产生的？恐怕是因为现行的《高丽大藏经》为再雕本，所以臆断初雕本有《祖堂集》的原刻本。在中国出版的禅宗史研究专著，有杨曾文先生的《唐五代禅宗史》[①]，

---

① 杨曾文《唐五代禅宗史》，中国社会科学出版社，1999年。

可是汉语史学者连这部书都没读,只是毫无批评地将先行书的错误记述照搬了事。

《祖堂集》的成立过程,从南唐保大十年(952)的一卷本成立后,在大约50年间增加到十卷本,十卷本传到高丽,又进行了若干的增补,在高宗三十二年(1245)作为二十卷本刊行,这就是现行本。这个成立过程是研究《祖堂集》语言重要的文献信息。关于"十卷本"的存在,曹广顺在书中写到"没有证据",可是在高丽匡儁序中有"而后一卷齐到"这一记述,其中"一"字已经被证实为"十"字的竖画剥落而造成的,关于这点笔者已经在论文[①]中提到过,且论文中还附了原版木照片,但是曹氏却无视这一事实,相信952年全书成立之说,让人惊愕。《祖堂集》的文本由三层组成。第一层:明显自《宝林传》(801年成书)抄出的部分。这是由静、筠二禅德编纂的原一卷本的内容(952年成书),相当于现行二十卷本的前两卷。第二层:从原一卷增广到十卷的部分,即现行二十卷本的主要部分(卷3—卷19)。这是于952年以后增广的中晚唐时期的资料。第三层:高丽开版时(高宗三十二年,1245)由匡儁增补的新罗、高丽入唐禅师诸章(除了殁于杭州龙华寺的卷11《齐云和尚章》)。因此根据这三层的成立过程,可将其语言以卷1—2、卷3—19、卷17—20中的高丽禅师章分类,从而进行正确的语法分析。

第一层的前两卷主要以抄袭《宝林传》为主,偶尔也有独自的记录,还有后世的拈提、净修禅师赞,比较复杂。《宝林传》是801年成书,它是以魏晋南北朝、隋唐时代的译经、史传、碑铭(也包含伪撰)为基础写成的。研究前两卷的语法时,以所据资料的探讨为先决条件。即:

(1) 卷1《迦叶章》引用的迦叶和阿难的"刹竿问答"、以及

---

① 衣川贤次《〈祖堂集〉的校理》,《东洋文化》第83号,2003年。

迦叶和阿阇世王的"不说法问答",应为唐代成立,证据为前者中有唐代才出现的疑问词"什摩"。本书第一章"代词"里指出前两卷没有"什摩"、"怎摩"的用法(42、47页。以下均指本书页数),不可解。

（2）唐代的新兴语法成分从卷2《僧璨章》开始出现,但值得注意的是,《僧璨章》中《宝林传》所没有记载的对话中(第2则。以下则号以中华书局版为准)出现了"什摩"一词;由于本应基于《道信章》的《宝林传》的部分失传,所据文献无法确定,在所据未详的《道信章》第3则里出现了新兴指示词"与摩"、"这个";《弘忍章》第3则的惠能传记并没有依据《曹溪大师传》（建中二年[781]成书,贞元十九年[803]书写,为日僧最澄带回的唐写本）和敦煌本《六祖坛经》,而可能根据新的资料而成,其中出现了"什摩"、"与摩";《惠能章》第4则"风幡问答"也没有依据《曹溪大师传》《历代法宝记》,而从《禅门拈颂集》卷4的雪峰义存和保福从展的拈语推测来看,可能为9—10世纪在福建整理成形的,其中也出现了"什摩";《惠能章》第10则云大师（报慈光云,本书卷13长庆慧稜[854—932]的法嗣）和龙华（齐云灵照[870—947],本书卷11）、第11则招庆（长庆慧稜）和学人的拈提中出现的新兴疑问代词"为什摩"、"作摩生"和新兴疑问句"还～也无"、"还～摩"等。

在本书第一章执笔者龙国富的论文《试论〈祖堂集〉前两卷与后十八卷语言的时代差异》中[①],不但没有论述到这个问题,而且也没有探讨像上述前两卷所据资料和语法成分之间的正确关联,因此结论缺乏严密性。

第三层新罗高丽禅师章（十位禅师中除了殁于唐土的齐云灵照和尚、福清玄讷和尚之外的八位禅师,即卷17所收元寂道

---

① 《语言论集》第5辑,中国社会科学出版社,2008年。

义禅师、桐里慧彻和尚、实相洪直和尚、慧目山玄昱和尚、通晓梵日大师、两朝国师无染、双峰道允和尚和卷20所收五冠山顺之和尚)是在高丽增补的①。因此,在此章节中出现的语法成分为朝鲜人所写,应将其定位为域外汉文的问题。本书中作为"特例"而言及的"遂"(第125页注)、"即是~是也"(第146、362页)、"焉"(第336页注)、"欤"(第416页),其用法的特殊性,都是由此而来的。

在《祖堂集》开版之际,因为没有经过充分的校订工作,而且开版后也未广为流通,其原文可以说几乎和写本雷同,所以,在阅读时必须进行校订。特别是,做语法研究时必须依据正确的文本,本书在对用法的分类和举例上都有失妥当。以下就是这些例子:

(1) 疑问代词"阿那"用例1."这个是像,阿那人是镜?"(第42页,另疑问句第409页)

原文:(雪峰)又因玄沙云"一切森罗镜中像",便提起杖,问师:"这个是像,阿那人是镜?"师对云:"若不如是,争获圆通?"(卷10《长生章》)

玄沙师备的答话,把万物和看到万物的人心比作镜和像。雪峰问"这(杖)是像,那什么是镜?"当然这里暗示的是"心"。长生皎然禅师在已经明了的基础上,回答道:"如果不是心(万物即心,万物与我为一体),圆通之理会成立吗?"用例中的"阿那人"与"这个"相对应,所以理应写为"阿那个"。而且再检讨原文字体可以发现"阿那人"中的"人"字与同页的其他的"人"字的第二画的写法不同,可以推断其原本为竖划脱落的坏字。此现象在太田辰夫的《〈祖堂集〉语法概说》157页中已指出。而本书第一章"代词"中存在着很严重的杜撰痕迹,其中所谓"阿

---

① 请参照拙稿《关于〈祖堂集〉的校理》,《祖堂集》附录,中华书局,2007年。

那"有 7 例,实际上都只是这一例,而实际上可确认为"阿那个"的误用;还有所谓"那个"有 10 例,实际上只有 7 例(其他作为指示代词的用例有 14 例)。而且该书所举的 5 个用例中的 4 个都为"阿那个","阿那个"又另外举了 36 例,而实际上有 41 例(加上上述 5 例),本书作者在对远指代词和疑问代词的解读上存在错误,缺乏信用度。

(2) 量词"雙"用例 4."手携雙履分明个,后代如何密荐来?"(第 74 页)

原文不是"雙"而是"隻"(卷 13《福先招庆章》)。此颂说的是达摩隻履归西天的故事。卷 2《达摩章》有"灭度后三年,魏使时有宋云,西岭为使却回,逢见达摩,手携隻(只)履。语宋云曰:'汝国天子已崩。'宋云到魏,果王已崩,遂闻奏。后魏第九主孝庄帝乃开塔,唯见一隻(只)履,却取归少林寺供养"。这段记述以《宝林传》卷 8 为基础,初见于石井本《神会语录》卷末《六代传记》(唐贞元八年[792])的传说。

(3) 副词"讵"注①"胡为愚智?讵是讵长?"(第 221 页)

此句见于卷 1 第十三祖《毗罗尊者章》的净修禅师《毗罗尊者赞》。这里应该按照敦煌写本 S.1635《泉州千佛新著诸祖师颂》的"胡为愚智?谁是短长?"进行订正。这是净修禅师取意于毗罗尊者的传法偈"非隐非显法,说是真实际。悟此隐显法,非愚亦非智"的末句,吟咏而成。因此,不能当作"讵"的用例来研究。

(4) 助动词"敢"用例 4."虽是后生,敢有雕啄分。"(第 297 页)

此句见于卷 6《洞山章》。"敢"是"堪"的音误,应该根据《景德传灯录》卷 15《洞山章》的"此子虽后生,甚堪雕琢"进行订正。

敢　古览切(见母[k]敢韵上声)
堪　口含切(溪母[k']覃韵平声)

这是声母牙音"见"(不送气)、"溪"(送气)混用的例子,在

《祖堂集》多处可见,例如:

［敢/堪］卷 6《洞山章》:"阿那个山不敢(堪)住?"卷 14《茗溪章》:"安置则不敢(堪)。"

［岂/既］卷 5《大颠章》:"前日岂(既)不是,除此之外,何者是心?"

［敢/勘］卷 18《赵州章》:"敢(勘)破了也。"

［去/举］卷 10《长庆章》:"某甲到这里去(举)不得。未审师如何?"

［举/起］卷 13《报慈章》:"繁兴大用,举(起)必全真。"

［颗/个］卷 15《西堂章》:"某甲有山妻,兼有两颗(个)血族。"

［个/可］卷 16《黄檗章》:"他古人个(可)中物似你与摩容易,何处更有今日事也?"

以上案例,具体请参考拙稿《〈祖堂集〉异文别字校正——〈祖堂集〉中的音韵资料》[①]。本书将"虽是后生,敢有雕啄分"的"敢"解释为"比较确信的推测语气",是参照了《汉语大词典》第 5 册"敢"的字解"副词,大概;莫非;恐怕;或许",并指出《汉语大词典》中所举苏轼《虔守霍大夫监郡许朝奉见和复次前韵》中的"敢因逃酒去,端为和诗留"二句[②]作为用例。但《祖堂集》中此例的"敢"其实应看作反诘的副词,苏诗例句亦应如是观。

(5) 助词"哉"用例 6."有一僧礼拜,起来立地。师云:'大才藏拙户。'其僧又向一边立,云:'丧却栋梁哉。'"(第 335 页)

此句见于卷 9《韶山章》。"哉"是"材"的音误,应根据《景德传灯录》卷 16《韶山章》"丧却栋梁材"进行订正。

---

① 《东洋文化研究所纪要》第 157 册,2010 年。
② 《苏轼诗集》第 7 册,卷 45,中华书局,1982 年,第 2429 页。

哉　祖才切(精母[ts]咍韵平声)/材　昨哉切(从母[dz]咍韵平声)

这是声母齿音"精"(全清)、"从"(全浊)混用的例子。在《祖堂集》中还可以见到同样用例：

[际/齐]卷6《石霜章》："他新到一际(齐)上来。"

[情/精]卷3《慧忠国师章》："师呵曰：'这野狐情(精)！'"

(6)助词"耶"用例9."子曰：'我心鸣耶,非风铜铃。'"(第339页)

此句见于卷2《僧伽难提尊者章》。这里的"耶"为"耳"之误,显然受到了上文"彼风鸣耶？铜铃鸣耶？"的影响。《宝林传》卷3中写为"也"。

(7)述补结构"累"用例1."若有毫发许乃不尽,则被沉累。岂况于多道?"(第379页)

此句见于卷8《云居章》。此处的"沉"是"尘"的音误。《禅林僧宝传》卷6《云居传》、《联灯会要》卷22《云居章》都记作"尘",因此应为"尘"。

沉　直深切(澄母侵韵[jem]平声)/尘　直珍切(澄母真韵[jen]平声)

这是鼻音韵尾[-n]、[-m]的混用现象。其他用例也可见于《祖堂集》：

[颜-n/岩-m]卷4《药山章》："师一日看经次,白颜(岩)问：'和尚休得看经。'"卷6《洞山章》"师到百颜(岩)。颜(岩)问：'近离什么处?'"

因此,这里的"被尘累"并不是述补结构的例子。

(8)述补结构"折"用例1."与摩则悲花剖折,已领尊慈,未审从上宗乘如何举唱?"(第383页)

此句见于卷13《招庆章》。这里的"折"应根据《景德传灯录》卷25《长庆章》订正为"坼"字。所以"剖坼"为同义复词,不能成为述补结构的例子。

（9）述补结构"柱"用例1."自少来不曾把手指柱别人,岂况造次杖啧？"（第383页）

此句见于卷8《青林章》。此例是《祖堂集》仅有的记录,所以无法找到与其相对应的其他资料。此处的"指柱"为"教示他人、进行无谓的批评"之义。正如韩愈《荐士》诗（《昌黎先生诗集注》卷2）"俗流知者谁？指注竞嘲憨"（俗人们批评蔑视[孟郊],真正理解他的人一个也没有）中的"指注"那样,宋代禅语录中有很多这样的例子。"柱"是"注"的形似字及近音字。

柱　直主切（澄母[dʑ]虞韵上声）/注　之戍切（章母[tɕ]偶韵去声）

可是,"指注"并不能称为述补结构。本书在此项举了述补结构的"把住",还列举了写为"把柱"、"把驻"的例子。

住　持遇切（澄母[dʑ]遇韵去声）/驻　中句切（知母[t]遇韵去声）

《祖堂集》中有"把住"5例、"把柱"2例、"把驻"3例,显示了口语文字不稳定的特性;到了宋代,"柱"、"驻"作为补语成分而被规范为"住"。例如本书的用例2的"把柱"在《景德传灯录》卷10《子湖章》作"把住";用例3的"把驻"在《景德传灯录》卷18《鼓山章》作"搦住"。如此说明是很有必要的。

（二）未理解例文的上下文脉而引起的错误

（1）第二人称代词"尔"用例2."一向随他走,又成我不是。设尔不与摩,伤著他牵匮。"（第16页）

案："设尔"是让步连词。在这种口语式的颂里,把"尔"看成是第二人称代词不妥。例如《景德传灯录》卷25《金陵报恩匡逸禅师章》："一日上堂,众集。师顾视大众曰：'依而行之,即无累矣。还信么?如太阳赫奕皎然地,更莫思量,思量不及。设尔思量得及,唤作分限智慧。'"

（2）疑问代词"如何"用例 4。"西来密旨,和尚如何指示于人?"(第 44 页)

案:"如何"解释为询问原因的疑问代词不妥。应为"和尚怎样向世人解说'祖师西来意'?"

（3）接于数词前成分"可"用例 1。"问:'汝年多少?'对曰:'七十八。'师曰:'可年七十八摩?'对曰:'是也。'"(第 60 页)

案:"可"表示数量的概数时一般用于整数。在此则是疑问副词(本书第 229 页正确地解释了这个用例)。

（4）量词"座"用例 1、2。"师却问:'法师说何法?'对云:'讲《金刚经》二十余座。'师喝云:'讲经二十余座,浑不识如来!'"(第 71 页)

案:作者认为"座"是计算经文的量词,而这儿是指讲经的次数,即在讲经仪式上讲了二十次《金刚经》。《宋高僧传》卷 7《后唐东京相国寺贞诲传》:"于寺讲贯三十余年,经讲计三十七座,览藏经二遍。"(T50,748a)经论的计数量词为"本"。《睦州和尚语录》:"有一座主,讲得七本经论,来参师。"(《古尊宿语要》卷 1)

（5）量词"铺"用例 1。"石头云:'大庾岭头一铺功德,还成就也无?'"(第 77 页)

案:作者以为"铺"作为抽象名词的量词使用,但此处的"功德"不是指一般的"功德",而是指佛画、肖像画之类,"铺"为其量词。《唐大和上东征传》里在列举鉴真带到日本的各种物品时所说:"所将如来肉舍利三千粒。功德,绣普集变一铺、阿弥陀如来像一铺、雕白栴檀千手像一躯、绣千手像一铺、救世观世音像一铺。"即为此用例。"绣普集变一铺、阿弥陀如来像一铺"是指刺绣的变相图、阿弥陀如来像。蒋礼鸿《义府续貂》"功德"

项里举出了用于佛像的例句①。例文中的"大庾岭头一铺功德,还成就也无?"说的是,看到长髭和尚参拜曹溪慧能大师塔回来后,石头希迁问他:"你把六祖的画儿画好了吗?"也就是"你领会了六祖禅了吗?"的意思。大庾岭是从石头所在的南岳前往曹溪山的韶州时必经的险路。

(6) 连接词"个"用例 27."又问:'从凡入圣则不问,从圣入凡时还如何?'曹山云:'成得个一头水牯牛。'"用例 28."却问大众:'还会摩?'对云:'不会。'师打柱云:'打你个两重败阙!'"(第 90 页)

案:"连接词"根据作者梁银峰的说法,例 27 为"连接动词与结果宾语的成分",例 28 为"连接动词与补语的结构助词"。这是没有充分理解上下文而得出的牵强的说法。"成得个~(事)"为一种惯用句。请看以下例句:

① 又每示徒云:"一代时教只是收拾一代时人,直饶剥得彻底,也只成得个了。你不可便将当纳衣下事。"(《祖堂集》卷 9《大光章》。"了"元延祐本《景德传灯录》作"了事人"。)〔经常对弟子们说:"释尊一代的教诲只不过是整顿了当时人们的想法。在彻底研究经典之后,顶多成为'了'(了事汉、了事的人)。决不能认为那是修行者的任务。"〕此例也可见于《景德传灯录》卷 16《大光章》(《四部丛刊》本)。吕叔湘先生在对"个"字用法进行详细考察的论文《"个"字的应用范围,附论单位词前"一"字的脱落》②中,将此作为"个"之后连接谓语性语句的用例列举出来,作"也只成得个'了'",他对此用法的理解是正确的。

② 如体禅师《雄颂》曰:"古曲发声雄,今古唱还同。若论第一拍,祖佛尽迷踪。"长庆拈问僧:"只如祖佛尽迷踪,成得个什

---

① 蒋礼鸿《义府续貂》(增订本),中华书局,1987 年
② 吕叔湘《汉语语法论文集》(增订本),商务印书馆,1984 年。

么边事?"对云:"成得个佛未出世时事、黑豆未生芽时事。"庆云:"只如成得个佛未出世时事、黑豆未生芽时事,成得个什么边事?"对云:"某甲到这里举不得。未审和尚如何?"(《祖堂集》卷11《惟劲章》)[如体禅师《雄颂》中说"古曲发声雄,今古唱还同。若论第一拍,祖佛尽迷踪。"长庆就这个问题问了僧人:"(佛祖尽迷踪)到底是怎么一回事?"僧人回答:"那是指佛陀还没有出世,经典还没出现时的事。"长庆问:"那么(佛陀还没有出世,经典还没被解说时的事)到底是怎么一回事?"僧人回答:"这一点我已经没法说什么了。和尚你如何?"]

③ 又僧问曹山:"只如水牯牛,成得个什么边事?"曹山云:"只是饮水吃草底汉。"(卷16《南泉章》)[僧人又问曹山:"(南泉和尚说:'我死后会重新投胎变成一头水牯牛。')南泉和尚说的水牯牛是怎么一回事?"曹山回答:"只知道喝水吃草之辈。"]

从上例我们可以了解到,"个"后面接说话者双方都知道的定型化语句。所以例27的"成得个一头水牯牛"是"前文南泉和尚所说的变成'一头牯水牛'"。投胎变水牛偿债是指"从圣进入凡"。例28的"打你个两重败阙"是"打你的两重错误"(两重错误是指以为"达摩从西方而来要教化众生"的错误,以及"弟子们却没有领会的错误")。这些场合中的"个"毫无疑问就是量词。

(7) 副词"在"用例2."父早亡,母亲在孤,艰辛贫乏。能市买(卖)柴供给。"(第116页)

案:此处的"在"应解释为动词"存"(养育)之意。《礼记·月令》:"仲春之月……是月也,安萌牙,养幼少,存诸孤。"

(8) 副词"便"用例9."客曰:'一切大地既是佛身,一切众生居佛身上,便利秽污佛身,穿凿践踏佛身,岂无罪乎?'"(第161页)

案:此处的"便利"是动词,排泄大小便之意。不是副词。

(9) 伴随程度副词"极"使用的动词用例 2."明相出时,身体疲极。"(第 188 页)

案:"疲极"是同义复词,"极"并不是"情状到达极点"之义。"行尽天涯自疲极,不如体取自家心"(《祖堂集》卷 4《丹霞章·骊龙珠吟》)。众所周知,此词多见于南北朝汉译佛典①。

(10) 表示转折关系的连词"只是"用例 5."专甲虽在彼中,只是吃粥吃饭。"(第 256 页)

案:此句"我虽然在那儿,只是吃了些粥饭"之义。因此此处的"只是"不是转折连词,而应为范围副词(限定)的例子。

(11) 连词"就"用例 1."问:'玄沙宝印,和尚亲传。未审今日一会,付嘱何人?'师云:'且就是你还解承置得摩?'"(第 260 页)

案:虽然"就"是表示让步的连词,但在此处为"只有你能接受玄沙的宝印吗?"之意的反问,所以可以认为"且就是"用来加强语气提示主语"你","就是"为表限定的范围副词("且"也许是"只"的误写)。第 264 页"且"的项目里举出了这个"且"的用例,并解释成"表示假设,与'若'相近"。这也是犯了望文生义的错误。

(12) 连词"便"用例 1."问:'古人有言:'未有绝尘之行,徒为男子之身。'如何是绝尘之行?'师云:'我若将一法如微尘许与汝受持,则不得绝。'僧云:'便与摩去,还得也无?'师云:'汝也莫贪头。'"(第 261 页)

案:例句中的"便",作者解释为"表示让步",但这与本书第 169 页"加强肯定语气的'便+指示代词'"的句子相同,皆为副词。问:"古人言'立志出三界却未断绝俗尘'的话,即有着男儿身却缺乏大丈夫的志向,怎样实践'绝尘'?"师答:"如果我给你

---

① 蔡镜浩《魏晋南北朝词语例释》,江苏古籍出版社,1990 年,第 153 页。

像微尘一样的一点儿教示,而你如果接受了的话,就无法'绝尘'。"僧问:"那我就这么做即不接受老师的教示,可以吗?"师答:"你也不能总是听取我的教诲。"(卷13《招庆章》)

(13)连词"便是"用例1."便是隔生隔劫、千生万生事,只为一向。若向这里不得,万劫千生著钝。"(第261页)

案:此例作者以为和上述相同,表让步之义,但举例方式不恰当,所以对"便是"的理解有误。例句是"你一步才失,便须却回一步。若不回,冥然累劫,便是隔世隔劫、千生万生事,只为一向"(你要是弄错即使是一步,也必须马上返回。如果不返回,就会在冥冥中经过永劫一直轮回转生。那是因为你一边倒的缘故)。这是加强肯定语气的副词。

(14)连词"且"用例1."多言亦多语,由来反相误。若欲度众生,无过且自度。"(第263页)

案:作者认为此处的"且"用在"无过"和"自度"之间"表示并列关系",但由于没有正确解释后两句的意思,所以对该项语法的说明不正确。后两句为"如果想解救众生,首先得自救"之义。此处"且"应表劝奖义。

(15)连词"且"用例3.第六问曰:"诸经皆说度脱众生,且众生即非众生,何故更劳度脱?"(第264页)

案:作者认为此处的"且"也是"连接分句"的例子,但是此处表转折。但"说"的宾语只有"度脱众生"四字。是"许多经典中都说'解救众生',可是因为'众生即非众生',为什么要特意解救(他们)"之义("众生即非众生"是《金刚经》中的一句)。在之后师(宗密)的回答中有"众生若是实,度之即为劳;既自云即是众生,何不例度而无度?"[众生如果是真实的存在,就需要费很多工夫解救(他们)。可是既然说"众生即非众生",那么即使一个一个地解救,实际上没有能解救出来的众生。]也是取自《金刚经》中的"我皆令入无余涅槃而灭度之。如是灭度无量无数无边众生,实无众生得灭度者"、"我应灭度一切众生,灭度一切众生已,而无有一众生实灭度者"。像这样缺乏基本的佛学知识也是其犯错误的原因。

(16)介词"著"用例3."进曰:'清净法身如何超得?'师曰:'不著佛求'。"(第277页)

案:此处的"著",作者解释为"引出与事对象,义犹'向'。这一用法在其他文献中也不多见"。其实"不著佛求"是鸠摩罗什译《维摩经·不思议品》中的一句:"夫求法者,不著佛求,不著法求,不著僧求。"(T.14,546a)意为"追求真理的人,不能求于佛,也不能求于教诲,也不能求于指导者"。玄奘译为"诸求法者,不求佛执及法僧执"。所以,"著"犹"执著"之义。从藏文翻译来的日语译文为"求法者,不能执著于求佛,也不能执著于求法、求僧"(长尾雅人译)。这句话,在神会《南阳和上顿教解脱门直了性坛语》中也有所引用:"夫求法者,不著佛求,不著法求,不著僧求。何以故?为众生心中各有佛性故。"此处的罗什译文沿用了支谦的译文。三国时代的"著"不可能有这种介词用法。张相《诗词曲语词汇释》中所举"著犹向也,趁也"的用例都是宋代诗词。

(17)介词"即"用例3."汝可随时言说,即事即理,都无所碍。"(第277页)

案:此处的"即",作者解释为"引出动作行为所涉及的方面的介词,相当于'对于'",但这样解释不妥。"即事即理"是华严学的用语,事理相即(事象原本就是真实的显现)。该句之前的部分:"三界唯心,森罗万像,一法之所印。凡所见色,皆是见心。心不自心,因色故有心。"(卷14《马祖章》)这就是说,如此映入觉醒的眼中的情景。请看《古尊宿语录》卷46《滁州琅琊觉和尚语录》的上堂语:"夫参学人须是不滞于性相始得。若谈于性,即滞于相;若谈于相,即滞于性。者里须是性相都泯,理事混融,方解即事即理、即性即相。"

(18) 介词"为"用例 1."师上堂,良久,便起来云:'为你得彻困也。'"(第 281 页)

案:此例见于卷 7《雪峰章》。此处的"为",作者解释成"表原因,义犹'因为'、'由于'"。而"为"实为动词"为人"(接化、指导)之义。构成程度补语:接化得疲劳困惫。例如:"沩山上堂,良久。有僧便问:'请和尚为大众说佛法。'山云:'我为汝得彻困也。'"(《雪峰语录》卷下)通过这种"良久"(沉默)来传达佛法第一义的手法,始于沩山,雪峰也继续沿用。

(19) 助动词"可"用例 11."可笑奇!可笑奇!无情解说不思议!"(第 299 页)

案:此处的"可",作者解释为"表示情理上应该如此,'该'、'应当'之义"。其实"可笑"是表示"非常"、"很"的程度副词。"可笑奇!"犹"非常出色"之义。江蓝生、曹广顺(《〈祖堂集〉语法研究》作者之一)的《唐五代语言词典》也有"可笑"的解释,并且引用了此句作为例句,但作者并未参考。

(20) 语气助词"也"用例 21."师曰:'不可口吃东西风也。'"(第 330 页)

案:梁氏指出此句中的"也"是"表示祈使(禁止、命令)的语气助词"。其实此处的"不可~也"实际上是"吃风是不可能的"之意的判断句。引用此一节如下:"师问僧:'汝从什摩处来?'对曰:'南泉来。'师曰:'在彼中多少时?'对曰:'经冬过夏。'师曰:'与摩则作一头水牯牛去也。'对曰:'虽在彼中,不曾上他食堂。'师曰:'不可口吃东西风也。'对曰:'莫错,和尚!自有人把匙箸在。'"(卷 4《药山章》)意为药山问:"你是从哪儿来的?"僧:"我从南泉而来。"师:"你在那儿住了多久?"僧:"从冬到夏。"师:"那样的话,你变成了水牯牛了吧。"僧:"虽然住在那儿,我一次都没去过食堂。"师:"你该不会吃的风吧。"僧:"和尚,别搞错了,让我用匙箸吃饭的人确是有的。"僧人解释为有为自己劳役的仆人,表明自己尊贵。马祖主张语言行动是佛性的流露,药山主张佛性的尊贵。从南泉(马祖弟子)处来的僧人因为知道药山的思想,所以作此回答。

(21)语气助词"也"用例28."问:古人道:'从苗辨地,从语识人。'只今语也请师辨!"(第330页)

案:"只今语也"的"也"作者解释为"用于假设句,大致相当于'时'、'后'以及现代常说的'的话'的话题标记的语气助词"。首先断句出现了错误。应为"只今语也,请师辨"。此段意为"古人云:'通过观察作物来区分土地的好坏,通过话语来判断人。'现在我发出了语言,那么请判断我。"此处既不是假设句,也不是"话题标记的语气助词"。此例与该书次项(5)B用例60."问:'父母未生时,鼻孔在什摩处?'云:'如今已生也,鼻孔在什么处?'"用例61."师却问:'专甲去时,和尚有言教:"速来床下收取大斧。"今已来也,便请大斧'"相同,应移到"表事态实现的语气助词"类里。即"也"等同于"了"。

(22)表示疑问语气的助词的例句:用例34."师云:'有个爷年非八十,汝还知也无?'对曰:'莫是与摩来底是不?'"用例35."师与保福游山次,保福问:'古人道妙峰顶,莫只这个便是不?'"(第345页)

案:本书作者关于用例34的"莫是与摩来底是不?"作了如下解释:"如果认为'莫'是否定副词,应读作'莫是与摩来底,是不?'如果认为'莫'是测度词(语气副词),那么'莫是与摩来底是不?'就仍是一个句子。但不管作何理解,'是不'肯定是反复问句,'不'是否定副词,只不过'不'后省略了'是'。"关于用例35,本书作者作了如下解释:"'莫'肯定是个测度词,但'不'前也有判断词'是','莫只这个便是不?'好像是测度问句和反复问句的杂糅,'不'的否定意义也很明显。按吴福祥的意见,

'莫'为测度词,是句子的语义标记,测度词和句尾否定词是不允许共现的,但最后两例却是例外。我们认为例外不等于反例,由于这两例不是典型的测度问句,所以句末的'不'还带有明显的否定意义,这恰恰说明了'不'由否定词向语气词的过渡。"

以上的说法,由于该书作者没有正确理解例句,所以有不妥之处。用例 34"与摩来底是"、用例 35"只这个便是"是认可"现在的自己"的"作用即性"说的定型句。用例 34 面对"不是现实中的 80 岁父亲,而是真正的父亲,你知道吗?"这样的提问,而察觉到那是"真我"(自己的佛性)的意思,于是答道:"现在这样来的'真我'就是吧。"用例 35 是长庆和保福两人登上山顶时,保福问长庆:"古人所说的'登上妙峰山顶'就是此事吧。"这是取自《华严经》里善财童子南游之时登上妙峰山见到德云比丘的故事。两个例句的"莫是~不"以及"莫~不"是测度疑问句,不能将其作为"是不(是)"的例句。由于缺乏中国禅宗的基础知识而只根据字面进行模棱两可的说明,这是该书的缺陷。

(23)助词"著"用例 2."德山呵云:'他向后老汉头上痢著!'"(第 348 页)

案:将"著"作为表示祈使、命令语气的例句不妥,若是这样,则此句就变为"向我的头上泼粪!"这是不可能的。所以此处的"痢著"正确写法应该为"屙著"(《祖堂集》里把"屙"错写为"痢"的例句还有 3 例),应当看作"动词'屙'(排泄大便)+作为结果表示附着的'著'"的结果补语形式。类似用法有"污著":"好个一镬羹,不净物污著,作什摩?"(这么好喝的汤羹,却沾满了粪便干嘛?)(《祖堂集》卷 6《石霜章》)。此用例在《景德传灯录》卷 16《岩头章》中为"他后不得孤负老僧"(今后不能辜负了我的期待),这是杨亿等文臣因为"言筌之猥俗"而删除的结果。

另外,此处的"他向后"是"他后"、"向后"合成的口语词,应列入时间副词中。而关于"著"的虚化过程,有时很难判断是否存在动词义,在本书第349页说明中举出以下两例:

用例12."翠岩持师语举似疏山,疏山云:'雪峰打二十棒,推向屎坑里著!'"

用例13."师唤沙弥,沙弥应喏,师云:'添净瓶水著!'"

作者解释为"这两例'著'用于祈使句,也有动词性。由于这些句子带有表示位移终点的处所词,因此'著'仍有动词性,它用作独立的动词而不是附在整个句子之后,再进一步,如果句子中没有出现处所词,或者虽出现处所词但不是位移的终点论元,'著'字就会虚化为只表祈使语气的助词(个别表示事件或动作实现的事态助词)"。然而,笔者认为这两句的"著"没有动词"放"之义。例如"雪峰打二十棒,推向屎坑里著!"(把雪峰打二十大棒,推到屎坑里!)"添净水瓶著!"(给净水瓶里添点儿水!)都没有动词的意思,只有命令的语气,与场所词的有无无关。

(24) 判断句(N1＋是＋N2)用例22."岩提起帚云:'这个是第几月?'玄沙代云:'此由是第二月。'"(第364页)

案:在对(N1＋是＋N2)中N1与N2的关系分类的项目中,此例把N2作为"表示场所、时间"的例句举出,曹广顺解释为"第几月"、"第二月"为十二个月中的某个月。这是典型的不理解上下文,只根据形式所作出的谬论。其实此处的"第二月"是相对于真的月亮而言,指妄想、幻想。《圆觉经》卷1有"云何无明?善男子,一切众生,从无始来,种种颠倒,犹如迷人四方易处。妄认四大为自身相,六尘缘影为自心相,譬彼病目见空中花及第二月"。因此,应将此处的"第二月"当作比喻的例句。同页,作为"'是'字前后用相同词语来表达,2次"的例句列出了"教意是教意,祖意是祖意"(卷19《陈和尚章》)。这是针对"问:

'祖意与教意,还同别?'"所做的回答,作为"禅的教义和佛教的教义一样吗?"的回答,答出了"佛教是佛教,禅是禅",蕴含着虽然各不相同,但终究是一样的含义。

(25)判断句(不＋是＋N2(VP)式)用例1."岩不肯云:'不是和尚。'"(第367页)

案:如果像句子中那样附加标点符号的话,就变成了"不是和尚"的例句,但是此处应写为"不是,和尚",义为"和尚,不对(不是那么一回事)"。卷7《雪峰章》的相关段落较长,所以在此先略述概要。有一位僧人在苏州西禅寺问了"祖师西来的的意",西禅和尚就竖起了拂子回答,僧人不懂,来到福州雪峰山说了这件事。雪峰和尚教训了僧人没见识之后说:"尽乾坤是一个眼。你诸人向什么处放不净?"后来翠岩和尚把这件事告诉了疎山和尚,疎山和尚听了以后便骂雪峰和尚。因此,翠岩问"眼又作摩生?"(雪峰说"世界就是一个眼",难道不是表示"主体之眼"吗?)疎山答:"不见《心经》云:'无眼耳鼻舌身?'"(《般若心经》里不是说:"眼、耳、鼻、舌、身都不存在吗?")针对这个回答,翠岩生气地对疎山说:"不是,和尚!"关于"见色见心"的问题,虽然雪峰提出了"主体之眼"这一观点,可是疎山却轻易地引用《般若心经》的一句作答,于是翠岩才表达了自己的不满。疎山便沉默了下来"疎山无言"。因此,此处的"不是"应为不正确之义。关于这一则的详细读解,请参考禅文化研究所唐代语录研究班《〈祖堂集〉卷7〈雪峰和尚章〉译注(上)》[①]第28则。

(26)被动式(被V(O)结构)用例7."若被搭则不是沙门相。"(第372页)

案:作者曹广顺把这个例子解释为被动之义,可是"被搭"

---

① 《禅文化研究所纪要》第32号,2011年。

的"被"和"被褐"、"被纳(衲)"、"被袈裟"一样与"搭"同义,因此"被搭"是同义复词,而非被动式。此处是僧人和曹山和尚的问答。"又问:'如何是沙门相?'曹山云:'尽眼看不见。'僧云:'还被搭也无?'曹山云:'若被搭则不是沙门相。'"(卷16《南泉章》)穿僧衣、披袈裟等穿特定的服装不是沙门的真相,本来应该是无相的。另外,作者在374页总结了被动式,指出"表示愿意的情况发生的用例共出现4次",用例3."作摩生道即得免被唤作半个圣人?"(怎么说才能免被称作"半个圣人"呢?)用例13."有人问:'他若来时,如何祇对他'?师曰:'被他觅得也'!"(鬼使来捉,如何应对?——看,你已经被他捉到了!)卷1《富那耶奢尊者章》的用例:"马鸣却问:'云何木义'?师曰:'汝被我解'。"(木的意思是什么?——你被我砍了。)以上3例都是没有期盼时的用例。只看字面是很容易做出错误判断的。被动式一般被称作"麻烦被动",多用于被害、为难的场合。《祖堂集》的被动句中唯一用于期盼的情况下的例句,只有卷9《落浦章》"今日事,被阇梨道破,称得老僧意"。

(27)述补结构"成"用例5."师云:'六叶不相续,花开果不成。'"(第376页)

案:作者作为"V成"的否定式"V(O)不成"的例句列出来,但此2句是模仿达摩的传法偈"吾本来此土,传教救迷情。一花开五叶,结果自然成"(卷2《菩提达摩章》)所作而成,应读作"花开/果不成",并不是述补结构。这也是缺乏禅学的基本知识所造成的误解。

(28)述补结构"断"用例1."这汉,我向你道不相到,谁向汝道断?"(第377页)

案:此处的"道断",作者将其作为表示述补结构的动作行为结果的例句列举出来,但是此句的意思为"我对你说'不相到',但谁对你说'断'?"并不是VC结构。以下列出上下文:

"有时王咏问：'如何得解脱？'师曰：'诸法不相到，当处得解脱。'咏曰：'若然者即是断。岂是解脱！'师便喝曰：'这汉！我向你道"不相到"，谁向汝道"断"？王咏更无言，和尚亦识此人是三教供奉。"（卷3《慧忠国师章》）面对"怎样才能解脱？"的提问，慧忠答道"所有的东西消失了后，马上就能解脱"。王咏当作断灭主义而接受："如果是那样的话，那是断灭，不是解脱。"慧忠骂道："你这个家伙！我对你说的是'所有的一切消失时'，我可没说'断灭'的。""诸法不相到"与庞居士问马祖及石头希迁的"不与万法为侣者，是什摩人？"同义。"与所有东西都无关、不属于任何范围的孤高超绝的人是什么人？"被问的石头堵住居士的嘴，马祖则用"待汝一口吸尽西江水，即向汝道"回避了居士所提的问题。王咏批评通过苦行断灭身心的外道的做法。《慧忠章》的后面，与王咏的门人的对话中，慧忠以"佛与众生，一时放却"、"即心即佛"、"见烦恼不生"来明确说明不是断灭的道理。

（29）述补结构"起"用例3."师曰：'如空中轮。'僧曰：'争奈今时妄起何？'"（第391页）

案：此例中的"妄起"，作者将其解释为"V起"，即把"起"作为结果补语来解释。但"妄"是像"妄想"、"妄念"、"妄情"这样的名词，"起"是动词（产生妄想），因此此句不能当作VC结构的例句。请看下面的例句："境缘无好丑，好丑起于心；心若不强名，妄情从何起？妄心既不起，真心任遍知。"（卷3《牛头章》）"无碍是道，觉妄是修。道虽本圆，妄起为累。妄念都尽，即是修成。"（卷6《草堂和尚章》）

（30）述补结构"过"用例6."其僧竖起五指。师云：'苦杀人！洎错放过者个汉。'"（第397页）

案：作者认为此例中的"放过者个汉"是VCO结构，"过"表示趋向和结果，但"放过"为原谅错误之义，在此处作为一个动词使用。"洎错放过者个汉"是"我差点儿要宽恕这家伙犯的错"之义。接下来作为 VOC 结构的"放 O 过"所举的用例 8."我放你过"、用例 9."放某甲过"也是一样。用例 8 的一则："师有时云：'我若放你过，纵汝百般东道西道，口似悬河则得；我若不放你过，汝拟道个什摩？'对云：'乞和尚放某甲过，亦有道处。'师云：'我放你过，作摩生道？'对云：'来日供养主设斋。'师云：'我若放你过，汝与摩道；我若不放你过，汝与摩道。过在什摩处？'无对。"（卷 10《长庆章》）"放过"的用例出现了这么多，最后又说"过在什么处？"所以可以明白，这既不是 VCO 结构也不是 VOC 结构。在没有充分理解内容的情况下，只是依照字面搜集用例，是语法研究者的通弊。

（31）疑问句问方式或性状（2）询问方式或原因的用例 17."长庆和尚举此因缘，以手指面前云：'古人只与摩。'又竖起指云：'何似与摩？'顺德大师云：'虾跳不出斗。'"（第 412 页）

案：曹广顺把此处的"何似"作为"询问性状出现的原因"的例子进行说明，但"何似"是优劣比较的疑问词。如本书梁银峰"代词"项 45 页所述，此处的"此因缘"是指"问曰：'如何是学人自己？'师以杖当面指学人"（卷 17《白马章》）。长庆讲白马的动作（以杖当面指学人）后，竖起手指问道："和这个比，哪个好？"① 顺德大师（镜清和尚）听了后批评道："哪个都不好。"面对"自我是什么"的问题，直示在场的人，或是竖起手指的动作，都是认可现实中自我的行为（马祖洪州宗的思想）；镜清却指出"哪个都没有脱离那个框框"而不予认可。

（32）疑问句问方式或性状（4）表示反问：用例 27."师云：'作摩生说不肯底道理？'"用例 28."峰云：'放你过，作摩商

---

① 在禅宗典籍中用竖起手指来展示法事的人中，天龙和尚很有名，他经常竖起手指来展示法事（《景德传灯录》卷 11《俱胝章》）。

量?'"(第423页)

案:上述两例的"作摩生"、"作摩"是"怎样说明不认可的理由?"、"我原谅你的错误,那么你做什么商量?"之义,无论哪个都不是反问的意思。对疑问或反问的判断只能根据上下文脉,但作者忽略了文脉的联系。

以上,笔者列举了散见于本书的错误,并附以详细的分析,惴惴不安的同时,亦不讳而言,因为这些问题出现的原因几乎都是对禅宗文献的基础知识不足。

之前,早有所闻,本书作者之一的曹广顺在中国社会科学院的硕士学位论文是《〈祖堂集〉语法研究》,它的出版非常令人期待,现在终于以这种形式出版。然而他所负责撰写的句法部分(后5章)都是机械性的分类,可能去掉了原有的对汉语史详细记叙的部分,这也许是为了符合本书的体例要求进行了大量删减,不免有些遗憾。本书所据的《祖堂集》是1994年禅文化研究所影印出版、通过"俗语言研究会"向大陆的大学以及研究机构无偿提供的大字本,但因为该影印大字本并没有广为流传,所以本书以此为底本不甚妥当。然而奇怪的是同为本书作者的龙国富(第1章)及曹广顺(第8—12章)在书中所列的页码数也与原本不符。另外,在曹广顺的导言(第5—7页)里虽然详细地引用了梅祖麟的论文《〈祖堂集〉的方言基础和它的形成过程》(1997),在书中却没有任何言及。如果能够对梅氏所举出的语法成分进行详细检讨,会发现梅氏所论都为错误(请参看拙文《〈祖堂集〉的基础方言》①)。

自20世纪初发现《祖堂集》于韩国海印寺并向学术界介绍以来,在1972年,日本终于出版了影印本(中文出版社),同时也在台湾地区发行(广文书局,1972年)。此影印本自20世纪

---

① 《东洋文化研究所纪要》第164册,2013年,后收于本书。

90年代起在中国大陆被复印了3种版本(江苏古籍出版社，1993年；全国图书馆文献微缩复制中心，1993年；上海古籍出版社，1994年)。最早关注到其价值的是大陆的汉语史研究者，关于语汇的札记论文陆续发表，也出版了几种校订本和语法方面的专著，这是因为恰好出现了近代汉语研究的热潮以及对域外汉籍的兴趣，文运隆盛，真是可喜可贺。但存在的许多问题也是无法掩盖的事实。其中最突出的问题，就如在本书中存在的对原文内容理解的缺乏。汉语史研究的这种浅薄状态，让人不得不感到细致阅读文献的传统读书精神已经丧失。我们应该向致力于敦煌变文研究的项楚先生、《三国志》研究的吴金华先生学习，他们在研究一个文献词语的同时，亦有着横跨所有相关领域的素养，并在此素养之上建构深厚的研究形态。从中，我们所能发现的秘诀到底是什么呢？那应该是对研究的一种热情。项楚先生为了研究敦煌变文，据说通读了《大正新修大藏经》，吴金华先生也读了《三国志》所有的版本，甚至比历史学者更精通《三国志》。就大陆的《祖堂集》语法研究现状而言，在各种数据库趋向完善，研究的资料环境发生了重大变化的现在，并未带来研究的进一步深化，难道曾经传统的"专攻一经"的学风已不复存在了吗？若真如此，笔者甚感遗憾。

（张黎译。原刊于《汉语佛学评论》第5辑，上海古籍出版社，2017年）

阅读《祖堂集》的参考书

自《祖堂集》的版木在韩国庆尚南道伽耶山海印寺被发现以来,历时已八十年有余,而对其展开真正的研究自20世纪50年代开始也已有六十年。有关研究史,请参阅:

> 衣川贤次《柳田先生的〈祖堂集〉研究》(《禅文化研究所纪要》第30号,2009年)

此外,想了解有关《祖堂集》编纂的历史背景,有以下值得信赖的历史学者的研究成果:

> 竺沙雅章《唐、五代福建佛教的展开》(《佛教史学》第7卷第1号,1957年)

> 诸葛计、银玉珍《闽国史事编年》(福建人民出版社,1997年)

阅读《祖堂集》所应必备的参考文献,无容置疑,首先应该是:

> 入矢义高、古贺英彦《禅语辞典》(思文阁出版,1991)

这本辞典不仅仅只是语义上的说明,对禅思维方式的特征方面也是思虑周全。其次是:

> 太田辰夫《〈祖堂集〉语法概说》(《中国语史通考》第144—220页,白帝社,1988年)

此概说是根据《中国语历史文法》(江南书院,1958年;复刻版,朋友书店,2013年)的语法框架来对《祖堂集》的文本语法进行解说。《中国语历史文法》这本书,是尝试以现代汉语的语法框架,来追溯现代汉语的历史渊源。其结果是证明了现代汉语语法是可以追溯到唐代的白话文。也就是说,阅读像《祖堂集》这种唐五代的白话文时,具有现代汉语的语感是非常重要的。当然,仅仅具有现代汉语的能力,在阅读上还是会有一定的难度,因此,为了训练阅读古白话,太田先生在五十年前就已出版了《中国历代白话文》(江南书院,1957 年;改订版,1982 年,朋友书店)这一著作,以作辅助教材之用。《〈祖堂集〉语法概说》有关语法词汇的说明,作为《祖堂集》的虚词辞典,通过利用书中的索引,即刻便能明白其义,此乃太田先生这部概说的出色之处。引用文中附有译文也很有用。《禅语辞典》与《〈祖堂集〉语法概说》,虽然会有需要补充的地方(此可根据使用者各自所需而定),但此辞典与概说应该作为我们阅读《祖堂集》的起点。

其次的参考书是:

志村良治《中国中世语法史研究》(三冬社,1984 年)

这本书也是根据有必要时而利用卷末的词汇索引,也可以作为虚词的辞典使用。敦煌发现的俗文学资料(主要是变文、讲经文、曲子词)由于同样也是唐末五代宋初所抄写的写本作为主要的,可以说与《祖堂集》是同时代的资料。吴福祥的《敦煌变文语法研究》(中国传统文化研究丛书,岳麓书社,1996 年)不仅仅是变文的研究,还利用诗词曲小说语录等材料,还和《祖堂集》相比较的语法研究书。

编纂《祖堂集》的五代时期,在汉语史的区分上,相当位于中古汉语到近代汉语的转型期,作为汉语演变指标的口语词汇,尤其是虚词,非常重要。因此,词汇语法的研究也是应当集中于此。20 世纪八九十年代曾兴起过中古、近代汉语研究的热潮,集释的著作也随之相继出版。把这类著作编成一本综合索引,按拼音顺序进行排列,相当便利。

玄幸子《口语语汇资料七种综合拼音索引》(大阪市立大学《中国学志》师号,1992年12月)是关于以下七种著作所收词语的综合索引:

张相《诗词曲语辞汇释》,中华书局,1977年(第三版)
王锳《诗词曲语辞例释》,中华书局,1986年(增订本)
林昭德《诗词曲语辞杂释》,四川人民出版社,1986年
王锳《唐宋笔记语辞汇释》,中华书局,1996年
蒋礼鸿《敦煌变文字义通释》,上海古籍出版社,1988年(第四次增订本 第二版)
江蓝生《魏晋南北朝小说词语汇释》,语文出版社,1988年
蔡镜浩《魏晋南北朝词语例释》,江苏古籍出版社,1990年

土肥克己编《十一种诗词曲词典综合索引》(汲古书院,2007年)包含以上其中的四种和戏曲词汇的研究书七种、外加六种的文言虚字著作的综合索引。但从阅读《祖堂集》而言,玄先生的索引利用价值高。

此外,如下两本也是有用的参考书:

董志翘、蔡镜浩《中古虚词语法例释》(吉林教育出版社,1994年)
江蓝生、曹广顺《唐五代语言词典》(上海教育出版社,1997年)

此类之外,做历史语法研究的专书,出版的有:

曹广顺《近代汉语助词》(语文出版社,1995年)
孙锡信《近代汉语语气词》(语文出版社,1999年)
马贝加《近代汉语介词》(中华书局,2002年)

不过,中国的这种工具书尽管有其便利之处,但存在着只能做表层归纳法这一语言学者的通弊。阅读这些著作,要做好这样

的心理准备。

再者,对《祖堂集》的校订,作为音韵资料的特征,以及有关本文的方言背景,请参阅以下论文:

衣川贤次《〈祖堂集〉的校理》(《东洋文化》第83号,2003年)

衣川贤次《〈祖堂集〉异文别字校证——〈祖堂集〉中的音韵资料——》(《东洋文化研究所纪要》第157册,2010年)

衣川贤次《〈祖堂集〉的基础方言》(《东洋文化研究所纪要》第164册,2013年)

衣川贤次《〈祖堂集〉异文校证(即/则)》(花园大学《禅学研究》第87号,2009年)

为了便于阅读禅宗语录而做的全面性解说的有:

小川隆《中国的原典读解》(田中良昭编《禅学研究入门》第二版,大东出版社,2006年)

这是针对阅读禅宗语录,收罗了很多必要的工具书的同时,也详细介绍了如何使用的方法。

其次,是《祖堂集》阅读的先行研究:

丘山新、衣川贤次、小川隆《〈祖堂集〉牛头法融章疏证——〈祖堂集〉研究会报告之一》(《东洋文化研究所纪要》第139册,2000年)

松原朗、衣川贤次、小川隆《〈祖堂集〉鸟窠和尚章与白居易——〈祖堂集〉研究会报告之二》(同上,第140册,2000年)

土屋昌明、衣川贤次、小川隆《懒瓒和尚〈乐道歌〉考——〈祖堂集〉研究会报告之三》(同上,第141册,2001年)

这些是在东京大学东洋文化研究所自1996年至2008年

举办的"《祖堂集》研究会"(每月一次)初期的集体阅读成果,采用在每章的详细译注后附上相关论文的这一方式。另外:

> 小川隆《语录的语言——唐代的禅》(禅文化研究所,2007年)

本书是以《祖堂集》与《景德传灯录》中的禅宗对话作为材料,对唐代禅宗思想史进行解读,现在已经成为禅宗语录研究必读的著作。在理解禅僧的对话上,即使是明白了语言的意思,也需要以思想史的视野才算充分明了。相较于近年的这些成果,以前在禅文化研究所耗时十一年(1967—1978)通读(卷5至卷20)所整理的记录:

> 古贺英彦《训注祖堂集》(花园大学国际禅学研究所研究报告第八册,2003年)
>
> 柳田圣田《训注祖堂集(卷5)》(《禅文化》132—144,1989—1992年)

等等,从目前来看,这些的研究水准,难免还是受到20世纪70年代那个时代的制约。《祖堂集》的阅读,如果仅仅限于《祖堂集》,那是无法阅读的。在没有资料数据库的年代,这也是其中的原因之一,另外诸文本之间的比较研究的视角尚未形成,也没有可参照的思想史俯瞰的研究成果的摸索时代。提前准备好详细且要点明确的译注资料,提供给大家协同讨论,像这样的研究会组织,是从20世纪80年代后半期才开始的。而把资料提前准备好,通过电子邮件发给大家,以求讨论的充分,这也是近年才有的事情。

我们研究班在阅读《祖堂集》卷7《雪峰章》以及卷10以下的过程中,以下文献有很大的参考价值:

> 入矢义高《雪峰与玄沙》(1982年,《增补 自己与超

越》,岩波现代文库,2012年)

　　入矢义高《云门的禅——所谓"向上"》(1984年,同上)

　　入矢义高《玄沙对临济的批评》(1991年,《空花集》,思文阁,1992年)

　　入矢义高监修、唐代语录研究班编《玄沙广录》上中下(禅文化研究所,1987、1988、1999年)

近年出版的铃木哲雄《雪峰——实践祖师禅的教育者》(唐代的禅僧系列9,临川书店,2009年)是雪峰研究的第一本专著。但是,这本书无论在雪峰对话的阅读理解上,还是在禅宗思想的理解上,其水准之低,令人惊讶。

　　下一篇是到目前为止有关发表和出版《祖堂集》研究的论文以及专著的目录:

　　王闰吉《〈祖堂集〉研究综述》(《东亚文献研究》第8辑,2011年)

这是在韩国学术刊物上发表的论文,列出了多达220篇的论著。《祖堂集》研究现在似乎已经是世界显学。著者提到他正在执笔《祖堂集词典》中,包括著者在内的中国的研究基本上是从语言学方面进行的。作为博士论文、博士后论文出版的专业著作也很多,其中据说在上海师范大学、四川大学的指导教授将《祖堂集》的词类一个一个的分为动词、形容词、副词、疑问词、介词等进行分配,让博士生、博士后生分别撰稿。这实在是中国式的"人海战术"。但是,这样做真能对《祖堂集》的阅读起到帮助作用吗？大有可疑。其代表性的著作,如:

　　曹广顺、梁银峰、龙国富《〈祖堂集〉语法研究》(河南大学出版社,2011年)

之所以将此称为是中国的《祖堂集》语法研究的代表,那是因为这本著作最能体现其中的缺点。其中之一的著者,虽为中国社会科学院语言研究所的老研究员,但他对佛教学、禅学等基础知识是完全缺乏的,连其本人都没意识到,误读之处比比皆是。他们所研究的,并非是为了充分理解《祖堂集》,而仅仅是对自己所知道的部分,进行细细的分类而已。关于这些,详细请参见衣川贤次《〈祖堂集〉语法研究琐谈》(《花园大学文学部研究纪要》第 44 号,2012 年)。以下仅列举最近所见到的专著书名:

张美兰《〈祖堂集〉语法研究》(商务印书馆,2003 年)

谭伟《〈祖堂集〉文献语言研究》(俗语言研究丛书,巴蜀书社,2005 年)

林新年《〈祖堂集〉的动态助词研究》(上海三联书店,2006 年)

叶建军《〈祖堂集〉疑问句研究》(中华书局,2010 年)

徐琳、魏艳伶、袁莉容《〈祖堂集〉称谓词语研究》(四川大学出版社,2010 年)

李艳琴、郭淑伟、严红彦《〈祖堂集〉〈五灯会元〉校读》(巴蜀书社,2011 年)

田春来《〈祖堂集〉介词研究》(中华书局,2012 年)

(戒法译。日文版原刊于《〈祖堂集〉卷 7〈雪峰和尚章〉译注》[下]附录,《禅文化研究所纪要》第 32 号,2013 年)

《临济录》文本的系谱

前　言

作为马祖、百丈、黄檗、临济四家的语录集成，南京图书馆所收藏的《四家录》，是目前现存最早的本子。由于柳田圣山、椎名宏雄编的《禅学典籍丛刊》别卷（临川书店，2001）中收录了其影印本，使天地之间的孤本得以广泛利用。

在我个人的记忆中，我曾两次到当时被称为南京图书馆古籍部进行了考察。最初是在1985年，随同入矢义高、平野宗净、小野信尔和真继伸彦等先生一行前往闽浙旅行的归途中，受柳田圣山先生的委托，独自一人从上海乘坐火车，第一次到南京阅览了这本《四家录》的原本，并向先生提交了报告。出发之前，先生为我的方便，将自己已做好的对照文本交付于我，也就是将宋版《天圣广灯录》放置在中段，然后把和刻本《四家语录》放在上段，把《续藏》本《古尊宿语录》放在下段的对照文本。由于我当时并不了解这本书的价值所在，花了两天时间校对至黄檗部分，而先生最想知道的其实是在那之后的临济部分，所以也是后来才知道先生应该是对我的报告感到很失望的。现在回想起来，当时我的所为实在是太过于大意了。正因如此，在先生旅游湖广之后数年，去江西禅宗祖庭旅行的时候，我再次作为翻译随行，在江西转了一圈之后，从九江坐船再一次到达了南京，这回是与先生一起阅览了原文。

在那之后，先生殷切盼望着无论如何也要影印这本书介绍给学界。为此据说《禅学典籍丛刊》别卷收录本书时，承担了不少的摄影费用。先生又将自己的"世界名著"所收《临济录》的翻译(1974年)在"中公版古典选集"重刊之际,把翻译的底本从以前的《天圣广灯录》变更为这一《四家录》,译文也随之焕然一新。至此,先生的《临济录》译注共计有四种——《续开古尊宿语要》本(《训注临济录》,其中堂,1961年)、《大正藏》所收日本永享本(佛典讲座《临济录》,大藏出版,1972年)、《天圣广灯录》本(《临济的语言——〈临济录〉口语译的尝试》,《禅文化研究所纪要》第3号,1971年;《世界名著·禅语录》,中央公论社,1974年)以及《四家录》本(中公版古典选集《临济录》,中央公论新社,2004年),几乎都齐全了。永不停歇地寻找最好的文本,确实是先生50年来的探究之路。只是先生的文本解释有他个人独特的思考,虽然我们总是不能轻易立刻苟同,但面对先生这50载岁月的探究轨迹,不得不令人肃然起敬。

由此可见,在《临济录》上先生是倾注了相当的热情。另外,因入矢义高先生也应学界期盼已久的译注在岩波文库出版(底本是文库旧版的元禄刊本)的缘故,使我手不释卷地对这些《临济录》译注进行阅读,最终成为我喜爱阅读的书。而且无论是对"世界名著"版,还是对岩波文库版,我都写了书评[①]。1980年,驹泽大学石井修道先生利用学术休假来京都研修,初次见面时,他说:"衣川先生,京都主要的禅宗研究正是《临济录》。该如何阅读《临济录》?这应该是京都对禅宗研究的核心。"此番话,回想起来着实令人怀念。石井先生的豁达畅然的声音,至今仍萦绕于耳。

曾经一同参加禅文化研究所《景德传灯录》研究会的石立善先生,在赴任上海师范大学时,我受他的邀请一起协同合作出版中文版的《临济录校注》。因为当时在中国相对较好的校

[①] 《〈临济录〉札记》,《禅文化研究所纪要》第15号,1988年。《书评 入矢义高译注〈临济录〉》,《花园大学研究纪要》第22号,1990年。

注《临济录》的文本还没有,所以想提供可靠的校订和注释。借此机会,我下决心要选定《临济录》校订的底本。虽然在日本已经有了相当好的校订和译注,但在解释的部分上,感觉毕竟还是归于文本的问题。

关于《临济录》文本系谱的研究,主要有柳田先生的《临济的语言——〈临济录〉口语译的尝试》(1971年)以及佛典讲座版《临济录》(1972年)中的"解题",本文将此作为参考,并根据目前所能见到的诸文本,从现阶段的研究视角进行整理。

现存《临济录》文本的渊源,可以追溯到北宋初年所编纂的单行本。《四家录》开头所载杨杰的序文中,如下所提到的黄龙慧南(1002—1069)校订《四家录》这一事情。

> 古人虽往,公案尚存。积翠老南,从头点检。字字审的,句句不差。

对于这一短文,柳田先生认为是黄龙慧南编纂了《四家录》,但其实是应该理解为校订。所谓古人,指马祖以下的四家。据柳田先生的考证,慧南住江西黄檗积翠庵时间,大约是在1066年前后①,但那时《四家录》已经存在了。并且其中的《临济录》应该就是北宋初的原本。那么《天圣广灯录》(成书于1036年)所收录的《四家录》,应该就是黄龙慧南校订前的文本,慧南对北宋初的原本进行了校订。之后,宣和二年(1120)福州鼓山圆觉宗演重开的文本(单行本)中所载的马防序文,由于是模仿黄龙慧南校订《四家录》的杨杰序文而写成的,所以可以知道宗演重开的底本应该就是黄龙慧南校订的《四家录》(宗演重开本、其底本的黄龙校订《四家录》本、再其底本的《四家录》、还有北宋初的单行原本,以上都已不存)。现存较早时期的临济语录,大

---

① 《语录的历史——禅文献的成立史研究》,《柳田圣山集》第2卷《禅文献的研究 上》,法藏馆,2001年,第281页。

致可分为以宗演重开本为祖本的《古尊宿语录》系统和宗演重开时的底本作为祖本的《四家录》系统。前者有宋版《续开古尊宿语要》(天集,成书于1238年)、宋版《古尊宿语录》(第二册,成书于1267年),后者有宋开元寺版、金藏版《天圣广灯录》(卷10、11)、明版《四家录》(卷下)。现存《临济录》的诸本定位正如以上所述。

然而,两者的差异,也只是排列不同,还有若干则的增补,以及文字上有少许的不同之外,基本上都是相同的。单行本有元大德二年(1298)的刊本流传至今(今中国国家图书馆所藏),另外有宋版《古尊宿语录》所收本的单独刊行本,这是日本现存最早单行本的元应版(五山版)所依据的文本。在日本通常作为译注底本的所谓"流通本",指江户时代的单行本,都属于这一系统。因此,《临济录》的文本问题,有必要对以下两个课题进行研究:一,对属于两个系统的诸本之间有文字差异的部分该如何校订? 二,北宋时期完成定型化的临济语录在唐末五代时期是如何形成的?

作为柳田先生关于文本研究的到达点,是采用了南京图书馆藏本《四家录》(黄龙慧南编原二卷本)。这一书曾被认为是元刊本(卷首有元丰八年[1085]杨杰序,卷末有至正二十三年[1363]师启跋),但对本文仔细阅读的话,有几页能够推测出为后来补刻的,我在南京图书馆阅览时,图书管理员也特别提醒说"实际上认为元刊本是可疑的,有可能是明刊本,难于判断"(后来正式公开时,是作为明刊本的贵重书登录的)。刊刻的时代虽晚,但也没关系,作为南京图书馆藏明版《四家录》原本的宋本《四家录》,就是《天圣广灯录》(景祐三年[1036])收录的《四家录》。只是南京图书馆藏明版《四家录》与宋本《四家录》之间经过了黄龙慧南的校订。而且,由于是明代的刊刻,在其过程中可能又被整理过。如果进行校对的话,马上就能明白。

因此,在这里试作了《四家录》版《临济录》的校读札记("示众"部分为止)。也就是说,上述的两个课题,首先研究第一个课题。以下图表暂且为了校读的方便而试作了《临济录》版本的系统图(括号内是指现已失传的文本)。

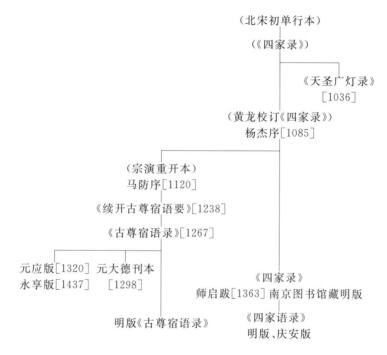

底本南京图书馆藏《四家录》是根据《禅学典籍丛刊》别卷所收的影印本,其中所示页数的根据是原本(不是根据附于影印本的页数)。校对本是以下诸本:

(1)宋版《天圣广灯录》(知恩院藏福州开元寺版大藏经,《禅学丛书》唐代资料编《宋藏遗珍宝林传、传灯玉英集附天圣广灯录》影印本,中文出版社,1983年再版;金藏本,《中华大藏经》第73册,中华书局,1994年)

(2)宋版《续开古尊宿语要》(宫内厅书陵部藏嘉熙二年

[1238]刊本,柳田文库藏复印本;天理图书馆本,柳田文库藏复印本)

（3）宋版《古尊宿语录》（成箦堂文库藏咸淳三年[1267]序《重刊古尊宿语录》;虎溪山永保寺影印《宋本临济录》,1990 年）

（4）日本元应二年(1320)妙秀刻五山版《临济录》（静嘉堂文库藏,柳田文库藏复印本）

（5）日本永享九年(1437)五山版《临济录》（大正藏第 47 册,排印本）

（6）日本庆安元年(1648)刊《四家语录》（花园大学藏本,《禅学丛书》唐代资料编《四家语录 五家语录》影印本,中文出版社,1974 年）

在校读之际,随时参照《祖堂集》、《宗镜录》、《景德传灯录》、《宗门统要集》、大慧《正法眼藏》、《联灯会要》等以及以上所述的诸校订和译注本。

（1）师讳义玄,曹州南华人也,俗姓邢。幼面当为"而"之讹颖异,及落发受具,志慕禅宗。师在黄檗三年《天圣广灯录》作"在黄檗会中三年";古尊宿作"黄檗会下",行业纯一。首座乃叹曰:"虽《天圣广灯录》作"然"是后生,与众有异。"遂问《天圣广灯录》作"首座问":"上座在此多少时《天圣广灯录》有"也"?"师云:"三年《天圣广灯录》有"也"。"首座云:"曾参问也无?"师云:"不曾参问。不知问个什么开元寺版《天圣广灯录》作"磨"。"首座云:"汝何不去问堂头和尚《天圣广灯录》无"和尚"二字:如何是佛法的的大意?"师便去《天圣广灯录》有"问",问声未绝,黄檗便打。师下来。首座云:"问话作么生?"师云:"某甲问声未绝,和尚便打。某甲不会。"首座云:"但更去问!"师《续开古尊宿语要》无"师"又去问,黄檗又打。如是三度发问,三度被打《天圣广灯录》作"如是三致问,三打之"。师来白首座云:"幸《续开古尊宿语要》误"辛"蒙慈悲,令某甲问讯和尚,三度发问,三度被打《天圣广灯录》作"吃棒"。自恨障缘,不领深旨。今且辞去。"

首座云:"汝若去时,须辞和尚去。"师礼拜退。首座先到和尚处云:"问话底后生,甚是如法。若来辞《天圣广灯录》有"和尚"时,方便接他《天圣广灯录》作"伊"。向《天圣广灯录》作"已"后穿凿成金藏版《天圣广灯录》脱"成"一株大树,与天下人作阴凉去在。"师去辞,黄檗云:"不得往别处去。汝向高安滩头大愚处去。必为汝说。"(《四家录》卷下,24b)

【校】 开头"临济大悟"一节的前半部。古尊宿系(《续开古尊宿语要》《古尊宿语录》以及单行本)将此则收录在"行录"中,从"师初在黄檗会下,行业纯一"开始,这一段的内容基本相同。本书与《天圣广灯录》、明版《四家语录》也没有太大的差异,通读上也没有问题,只是存在这些细微的文字差异。"幼面颖异"的"面",是"而"的误刻。"在黄檗三年",《天圣广灯录》作"在黄檗会中三年",古尊宿系作"黄檗会下"。"虽是后生,与众有异"的"虽",《天圣广灯录》作"然"。"遂问"、"在此多少时"、"三年"(以上明版《四家语录》以及古尊宿系是相同的),在《天圣广灯录》中分别为"首座问"、"在此多少时也"、"三年也"。"问个什么",《天圣广灯录》作"问个什磨"(金藏本与本书相同)。以下,"堂头和尚"、"师便去,问声未绝"、"如是三度发问,三度被打",还有后面的"三度发问,三度被打"、"若来辞时"、"方便接他"、"向后"(以上明版《四家语录》以及古尊宿系相同),《天圣广灯录》分别作"堂头"、"师便去问,问声未绝"、"如是三致问,三打之"、"三度发问,三度吃棒"、"若来辞和尚时"、"方便接伊"、"已后"。《续开古尊宿语要》中没有"师又去问"的"师"字,另外把"幸蒙慈悲"的"幸"误作为"辛"。以上的异同,基本上是无足轻重的文字出入。

从语汇方面来看,《天圣广灯录》中的"什磨"、"伊",作为语法成分,要比"什么"、"他"保留了更古的形式(但是"什磨"只出现在这开头部分,下文中全部统一为"什么"。金藏本也全部作

"什么")。"然"与"虽"是同义。"虽"古代汉语中就已存在,在唐五代中作为书面语,而"然"具有"虽"之义是从中古汉语开始的,作为同义结合的"虽然"、"然虽"的出现似乎是从唐代开始的。《天圣广灯录》作"然",其他诸本作"虽",后者显示了书面语的规范化。"向后"与"已后"也是一样。本书的"师便去,问声未绝",原本如《天圣广灯录》一样"师便去问,问声未绝",在书写时脱落了"问"字的叠字符,后为明版《四家语录》以及古尊宿系所继承。"在此多少时?"、"三年"与"在此多少时也?"、"三年也",意思上没有差别。不过,《天圣广灯录》保留了口语的语气。即使仅仅从以上开头一节的前半部的校勘来看,也可以看出《天圣广灯录》保存了古形,而《四家录》与明版《四家语录》以及古尊宿系一样,文字表达上是已被规范化之后的样子。也就是说,本书的本文已经从《天圣广灯录》中分离出来并采用了古尊宿系的本文,与明版《四家语录》一样,和古尊宿系的本文汇合了。以下,微细的差异暂且搁置,仅仅列举其中应该值得关注的异文部分进行探讨。

(2)大愚云:"黄檗与么《天圣广灯录》作"恁么"老婆,为汝得彻困。更来者里明版《四家语录》、古尊宿系作"这里"问有过无过!"(《四家录》卷下,25a)

【校】"与么"(明版《四家语录》以及古尊宿系都相同),《天圣广灯录》作"恁么"。"与么"与"恁么"是同义,哪个都是用来近称指代词,"与么(摩)"是从唐代开始,"恁么(任摩)"是从五代至宋代以后出现的,而"与么(摩)"也在宋代时消失了,但经过了同时并行的使用时期,逐渐趋同于使用"恁么"[①]。"者里"是与《天圣广灯录》相同,明版《四家语录》以及古尊宿系作

---

① 志村良治《指示副词"恁么"考》,《中国中世语法史研究》,三冬社,1984年。梅祖麟《敦煌变文里的"煞没"和"兀(举)"字》,《中国语文》1983年第3期。

"這里"。无论是"者",还是"這",都是到了唐代而出现的中古汉语的近称指代词。据吕叔湘所说:"在早期文献里,近称指示代词最常见的写法是:'者'、'這'、'遮'。这三个字形里头,《敦煌变文集》和《祖堂集》里多写'這'或'者','遮'字《祖堂集》未见,《变文集》仅见三例;《传灯录》里几乎无例外地用'遮',而几种单行语录又多作'者'或'這';宋儒语录及宋人诗词、笔记中以'這'为多,间或也有'遮';宋元平话和金元曲文里就一概只有'這'"①。"者",被用于书面语的连词性用法比较多,作为指示词的独立性较弱,稀少如"赭"(《历代法宝记》P.2125)、"诸"(《双恩记》Φ096)等出现过渡性的文字,为了避开混同,逐渐形成向"這"字的规范化。因此,本书与《天圣广灯录》不采用"這",而一贯用"者",应该是保留了较古的用词。也就是说,从用词法来看,《四家录》是位于《天圣广灯录》与明版《四家语录》以及古尊宿系之间。

(3) 大愚搦《天圣广灯录》作"揪"住云:"者明版《四家语录》、古尊宿系作"这"尿床鬼《天圣广灯录》无"鬼"子!……"(《四家录》卷下,25b)

【校】 "搦"(明版《四家语录》以及古尊宿系都相同),《天圣广灯录》作"揪"。二字是同音通用。(《集韵》平声尤韵初尤切:"搦,《博雅》:搦,拘也;揪,手取物也。")"尿床鬼子"(明版《四家语录》以及古尊宿系相同),《天圣广灯录》作"尿床子"。

(4) 黄檗云:"大愚有何言句?"师明版《四家语录》、古尊宿系有"遂"举前话《天圣广灯录》作"师举:大愚问某甲:'黄檗有何言句?'某甲遂举前话,问他有过无过。大愚道:'黄檗恁么老婆,为汝得彻困。更道有过无过!'某甲于言下(开元寺版脱"下"字)大悟"五十二字。(《四家录》卷下,25b)

【校】 本书以及明版《四家语录》、古尊宿系的简约化,很明显是削减了像《天圣广灯录》那样反复啰嗦叙述的结果。

---

① 《近代汉语指代词》,学林出版社,1985年,第184页。

（5）黄檗云："作么生得者明版《四家语录》、古尊宿系作"這"汉来，待《天圣广灯录》脱痛与一顿！"师云："说什么待来，即今便吃！"（《四家录》卷下，25b）

【校】《天圣广灯录》脱落了"待痛与一顿"的"待"字。对应于下文临济所说的"说什么待来"，如果上文中没有"待"字的话，对于抓住话把儿的对话，则缺少上下文相对应的语句。因此，本书和明版《四家语录》以及古尊宿系是正确的。

（6）仰山云："非但骑虎头，亦解把古尊宿系误"抵"虎尾《天圣广灯录》二句作"非但捋虎须，亦解骑虎头"。"（《四家录》卷下，26a）

【校】 明版《四家语录》以及古尊宿系与本书相同。《天圣广灯录》把这二句作"非但捋虎须，亦解骑虎头"。这里因为上文有黄檗说："者风颠汉！来者里捋虎须！"作为评语承接他的话说"非但捋虎须，亦解骑虎头"，应该是更为临机应变的对应，这是赞赏临济从"捋虎须"胆量到"骑虎头"的驯服力量。从评价的语句来看，应该是"来者里捋虎须"→"非但捋虎须，亦解骑虎头"→"非但骑虎头，亦解把虎尾"的层层递进，这里的"非但骑虎头，亦解把虎尾"，是以"非但捋虎须，亦解骑虎头"为前提的。不过在"非但骑虎头，亦解把虎尾"中，不仅缺少了与黄檗语句的相对应，而且将"虎头"与"虎尾"作为对比等，反而显示出了拙劣的精心策划。"非但骑虎头，亦解把虎尾"一语，实际上是附在《天圣广灯录·百丈章》的虎话之后的沩山与仰山的评语，简单地照搬使用，反而显露出了破绽。

> 后沩山问仰山云："黄檗虎话作磨生？"仰山云："和尚如何？"沩山云："百丈当时便合一斧斫杀。因什磨到如此？"仰山云："不然。"沩山云："子又作磨生？"仰山云："不唯骑虎头，亦解把虎尾。"沩山云："寂子甚有险崖之句！"
> （开元寺版《天圣广灯录·洪州百丈山大智禅师章》）

以上"临济大悟"一节,从最后附有沩山、仰山的评语来看,可以知道这是借用了沩仰的传承(或者说,创作了沩仰的评语插入进来,证明临济的大悟)。同样附有沩山、仰山评语的《景德传灯录》卷12《临济章》,后半部分几乎是一致的,但前半部分(至参大愚为止)则被简略化了。《景德传灯录》是由杨亿等文臣对道原的《佛祖同参集》进行过刊削裁定而成的,所以刊削了不少其中冗长的叙述部分。另一方面,在出自先招庆(长庆慧棱)传承之异传的《祖堂集》卷19《临济章》中,临济是由黄檗与大愚的引导而大悟的趣旨即使是相同的,但包括前半部参访大愚的经过,还有在大愚下的情况,也都有存在差异。在《祖堂集》中,临济是根据大愚的棒打而大悟("于一棒下入佛境界")、主题在于显示了他从瑜伽、唯识的教宗转向了禅宗。因此,这里并没有向黄檗寻问"佛法的的大意",也没有"元来黄檗佛法无多子!"之语。这反映了此本并没有经过沩仰总结的传承,而是直接在南方雪峰下所流传的形式。

从以上开头第1节的校勘来看,可以知道本书的本文,一部分保留了《天圣广灯录》的古老语汇,但大部分已经替换成了《续开古尊宿语要》《古尊宿语录》的本文,与明版《四家语录》基本相同。从以下第2节开始,包括明版《四家语录》以及古尊宿系在内,主要将与《天圣广灯录》进行校对。

(7)师《天圣广灯录》有"又因"二字栽松次,黄檗问:"深山里栽许多《天圣广灯录》有"松"作什么?"师云:"一与山门作境《天圣广灯录》作"景"致,二与后人作标牓古尊宿系作"榜"。"道了将镢头打地三《天圣广灯录》作"一两"下。黄檗云:"虽然如是,子已吃吾三十棒了也。"师又以镢头打地三下《天圣广灯录》作"两下",作《天圣广灯录》无嘘嘘声《天圣广灯录》无"声"。黄檗云:"吾宗到汝大兴于世。"

后《天圣广灯录》无沩山举此语《天圣广灯录》作"前因缘"问仰山:"黄檗当时秖嘱临济一人,更有人在?"仰山云:"有。秖是年代深远,不欲举似和尚。"沩山云:"虽然如是,吾亦《天圣广灯录》作"且"要知。汝《天圣广灯录》、《续开古尊宿语要》、《古尊宿语录》、单行本有"但"举看!"仰山云:"一人指南,吴越令行,遇大风即止。"谶风穴和尚也《天圣广灯录》无"和尚也"。(《四家录》卷下,26a,第 2 节)

【校】 在本书的本文中与《天圣广灯录》一致的部分仅有两字。除此之外,与《续开古尊宿语要》《古尊宿语录》以及单行本相同。在这里没有进行过校对的金藏本、《四部丛刊》南宋本《景德传灯录》卷 12 以及《宗门统要》卷 5 的记述中,有关本则的成立存在重大的差异。在此所谓"临济栽松话",与临济的思想并没有任何的关系,而是显露假托沩仰之谶的用意(仰山的"秖是年代深远,不欲举似和尚"装腔作势的口吻),涉及宗派形成的记述。这一问题打算作为唐末五代《临济录》形成的第二个课题,另撰别稿来探讨。

(8) 师在堂中《天圣广灯录》作"内"睡。黄檗下来见,以拄杖打板头一下。师举头,见是黄檗,却睡。黄檗又打板头《天圣广灯录》作"床"一下,却《天圣广灯录》无往上间见首座坐禅,乃至《天圣广灯录》作"檗云",古尊宿作"乃云":"下间后生却坐禅。明版《四家语录》衍"云"汝者古尊宿系作"这"里妄想作什么?"首座云:"者古尊宿系作"這"老汉《天圣广灯录》作"风颠汉"作什么?"黄檗打板头一下,便出去。

后《天圣广灯录》无沩山问仰山《天圣广灯录》、明版《四家语录》有"云":"黄檗入僧堂《天圣广灯录》无"入僧堂",意作么生?"仰山云:"两彩一赛。"(《四家录》卷下,27a,第 5 节)

【校】 "乃至"的"至",明显是"云"的形误。"者老汉",只有《天圣广灯录》作"者风颠汉",或许是反而保存了古形。这可能是从首座谩骂住持为"者风颠汉"等这样的事情有欠缺稳当性的考虑,而对其语句进行了修改。随着时代的推移,文章被整理和规范化,这与示众中的"老秃兵"的情况(参照下文[13])具有相同的倾向。但是,这里的"者风颠汉"作为古形的话,比起指黄檗,更应该视为是指临济。这是对于坐禅的不同看法而呈现出形象化的一节。

(9) 师云:"对常侍前_{金藏本无"前"},拟瞒老僧!速退,速退!妨_{金藏本作"恐妨"}他_{金藏本无"他"}别人请问。"复云:"此日法筵为一大事故_{金藏本无"请问"以下十三字}。更有问话者么?_{金藏本无"问话者么"四字}速致问来!你才开口,早_{金藏本无勿交涉也}。何以如此_{金藏本"如此"作"故"}?不见_{金藏本无此二字}释尊云_{金藏本作"言"}:'法离文字,不属因,不在缘故'_{金藏本作"教离文字,法不属因缘"}。为你_{金藏本作"汝"}信不及,所以今日葛藤。"(《四家录》卷下,33a,第 28 节)

【校】 这一节与开元寺版《天圣广灯录》、古尊宿系全部相同,只是金藏本《天圣广灯录》中如上所示,存在一些细微的差异。本书以及开元寺版《天圣广灯录》、古尊宿系作为释尊之语的引文是根据《维摩经·问疾品》的"法无名字,言语断故;法不属因,不在缘故"而来的语句。这大概是基于经典的文字而改变的。

(10) 赵州_{金藏本有"和尚"}行脚时参师,遇师洗脚次_{金藏本无"次"},州便问:"如何是祖师西来意?"师云:"恰值老僧洗脚。"州近前_{金藏本无"近前"}作听势。师云:"更要第二杓恶水泼在!"_{金藏本作"更觅第二杓恶水便泼!"}州便下去。(《四家录》卷下,34a,第 35 节)

【校】 这一节也是与开元寺版《天圣广灯录》、古尊宿系相同,只有金藏本《天圣广灯录》存在差异。"更要第二杓恶水泼在"一句,这是一直以来令人难解的一段。柳田先生注"'这是要让我泼洒第二杓洗脚的污水'。意思是'躲开点'。句末的'在',是表示很强的断定语气的助词,在以往的解释'你还想要被泼第二杓的污水吗?'这是从'在'的语势来看,难以信服"(《佛典讲座》版注,1972 年,第 220 页注),之后的翻译是"再一杓,想泼洒第二杓的污水"(中公《世界名著》,1974 年,第 217 页),再最新的翻译是"再一杓,打算舍去污水"(《中公版古典选集》,2004年,第74页)。入矢先生译"想要第二杓的洗脚水再次洗脚"(岩波文库,1989年,第169页)。无论哪种翻译的结果,都是可疑的。虽然"在"是被放在句末表示确信无疑的语调的语气词,但把主语认为是临济,是有问题的。临济所说的"更要第二杓恶水泼在",临济用的应该是干净的水(即使不是净水也没关系)来洗脚,不可能用洗过的污水来泼洒。"恶水"是比喻。这一节的主题应该是"祖师西来意"(什么是禅=什么是自己),而把这样的问题来寻问他人,首先就是走错门儿了。这是赵州把第一杓的"恶水"往临济身上泼洒的场面。就是说暴露了自己不在场的愚蠢。正好对应了临济的"恰值老僧洗脚"。这一答话的主语被省略了,正是"汝"(赵州)。"那是你自己的事"。但同时也可以看到临济对自己的提示"正如我现在这样"。赵州大概是揣摩不透而再往前作听的姿势。临济"(你)更要第二杓'恶水'往我身上泼啊!"就是说想从他人那里获得"我之所以为我"的教导,这样的想法是愚蠢的。赵州领悟了这一问题就离开了。金藏本作"更觅第二杓恶水便泼!"但意思是一样的。《景德传灯录》卷14《翠微无学禅师章》有如下两则问答的主题与此相同,投子也正是由此而领悟的。

  投子问:"未审二祖初见达磨,当何所得?"师曰:"汝今见吾,复何所得?"

  一日,师在法堂内行。投子进前,接礼而问曰:"西来密旨,和尚如何示人?"师驻步少时。又曰:"乞师垂示。"师曰:"更要第二杓恶水作么!"投子礼谢而退。

寻问"西来密意,和尚如何示人?"时就是"第一杓恶水"了,而翠微停止脚步,正当站立的动作便是翠微对西来意问题的自我提示。当再一次请问说"乞师垂示"便是"第二杓恶水"了,这与本节内容完全是相同的构成。又如《投子语录》中所载:

师初参翠微。问:"如何是祖师西来意?"微以目顾视。师欲进语,微云:"更要第二杓恶水泼!"(《古尊宿语录》卷36)

这与本节基本上也是相同的表述。有如此相似的先例,令我们对临济与赵州相遇的一节,抱有很可能是后人基于这投子与翠微的问答而创作的怀疑。

(11) 师临迁化时,上堂《续开古尊宿语要》、《古尊宿语录》、单行本作"据坐"云:"吾灭后不得灭却吾正法眼藏。"三圣出云:"争敢灭却和尚正法眼藏!"师云:"已后有人问,你向他道什么?"三圣便喝。师云:"谁知吾正法眼藏向者古尊宿系作"这"瞎驴边灭却!"开元寺版《天圣广灯录》有"乃有颂曰:沿流不止问如何,真照无偏说自[似]他。离相离名人不禀,吹毛用了急还磨"32字言讫,于法座上端然示寂。唐《天圣广灯录》作"时";以下《续古尊宿语要》、《古尊宿语录》、单行本无,别有《塔记》咸通七年丙戌四月十日也。敕谥惠照大师,塔曰澄灵。(《四家录》卷下,35a,第42节)

【校】 这是临济迁化的一节。只有《天圣广灯录》(开元寺版)收录偈颂的这一点是最大的问题。这一偈颂也被《景德传灯录》所收录(东禅寺版北宋本。在金藏本、《四部丛刊》南宋本中作为"传法偈",第4句的"急还磨",《四部丛刊》南宋本作"急须磨",金藏本作"极还么",其中没有上堂与三圣慧然之间的对话。另外,三本都将第2句作"真照无边说似他")。偈颂所说"沿流不止问如何,真照无偏说自[似]他。离相离名人不禀,吹毛用了急还磨"[①],成为临济最后的上堂并与三圣之间的问答中,表明了不承认三圣为弟子,是对他无药可救的绝望。可是,问答之后有了这一偈颂,又缓和了临济的绝望,成为也可以理解为这是临济最后

---

① 《景德传灯录》第四册,禅文化研究所,1997年,第363页。

对三圣的教诲这样的构思。古尊宿系文本(除了明版《四家语录》)中在本节之后,也就是行录的末尾附有被称为《临济塔记》(住镇州保寿嗣法小师延沼谨书)的一段,据其所述,临济的最晚年是在大名府兴化寺度过,"师无疾,忽摄衣据坐,与三圣问答毕,寂然而逝",再次提及三圣之名(指这前面的问答),末尾记有"住大名府兴化小师存奖"。也就是将《临济录》文本整体的制定工作,是由兴化存奖所完成的。在其文本中并没有收录此偈颂。偈颂只在开元寺版《天圣广灯录》中能看到,金藏本也没有收录。这是否可以认为,最初"四家录"本中并没有此偈颂,而是在黄龙慧南校订之际所增加进去的呢？在法系图中慧南是兴化存奖下的第八代法孙,让人推测临济迁化之后,曾有过三圣派与兴化派。

(12) 是什么解说法听法？是你目前历历底勿一个形段《天圣广灯录》作"物一段"孤明,是者古尊宿系作"这"个解说法听法。(《四家录》卷下,36b,"示众"第1段)

【校】 "是你目前历历底勿一个形段孤明",《天圣广灯录》作"是你目前历历物一段孤明"。"物"是"勿"的误写。"勿"是无之义。若是"物"的话,前面附有"历历底",就成为"是你目前历历底物,一段孤明……"如果是这样,那就成了"在你目前的物"(铃木大拙的所谓"人"的思想),这样的话,那是不能领会临济之意的。应该要根据后文"无一个形段,历历孤明,学人信不及,便名句上生解"(《四家录》卷下,48b)一句来修订。另外也说"即今识取听法底人,无形无相,无根无本,无住处,活拨拨地。应是万种施设,用处祇是无处所,[所]以觅着转远,求之转乖,号之为秘密"(《四家录》卷下,40b)。因此在这里,本书是正确的。在《宗镜录》卷98的引用中"是个什么物？历历地孤明,勿个形段,是这个解说法听法"(T.48,943c),以及《景德传灯录》卷28所引的临济示众也是"是汝目前历历孤明勿形段,者解说法听法"。与《天圣广灯录》同样是收录了保留古形示众的大慧《正法眼藏》卷上也是作为"是甚么解说法听法？是你目前历历底物，一段孤明，是遮个解说法听法"，与《天圣广灯录》一样误写了。这应该是在宗演重开时订正过来的。

（13）大德，且要平常，莫作模样。有一般不识好恶秃兵_{古尊宿系作"奴"}，便即见神见鬼，指东划西，好晴好雨。如是之流，尽须抵债，向阎老前吞热铁丸有日！（《四家录》卷下，37a，"示众"第1段）

【校】 这里出现的"不识好恶秃兵"，与后文的"不识好恶老秃兵"（46a）、"瞎老秃兵"（46b），正如柳田先生所极力主张的（《中公版古典选集·临济录》，第6页），确实是作为本书与《天圣广灯录》的"示众"部分保留古形的贵重例子。古尊宿系（《续开古尊宿语要》、《古尊宿语录》、单行本以及明版《四家语录》）、《联灯会要》卷9《临济章》，全部将此改为"不识好恶秃奴"、"不识好恶老秃奴"、"瞎老秃奴"。而且本书与《天圣广灯录》中"不识好恶老秃兵"与"瞎老秃兵"之间有一处"不识好恶秃奴"（46a），中间夹着修改过的语句，说明已经开始改变了。收录古形示众的大慧《正法眼藏》卷上的引用中也一样，在本节内容中也作"秃兵"。"秃兵"是恶意地叫骂僧人的骂语，可能是因为太过于严重的骂语而被宗演所忌避。陶岳《五代史补》卷3"彭夫人怒报恩长老"一条中记载：

> 文昭夫人彭氏，封秦国夫人，常往城北报恩寺烧香。时僧魁谓之长老，问曰："夫人谁家妇女？"彭氏大怒，索檐子疾驱而归。文昭惊曰："何归之速也？"夫人曰："今日好没兴，被个老秃兵问妾是谁家妇女，且大凡妇女皆不善之辞，安得对妾而发！"文昭笑曰："此所谓禅机也。夫人可答弟子是彭家女、马家妇，然则通其理矣。何怒之有乎！"夫人素负才智，耻不能对，乃曰："如此则妾所谓无见性也。"

于是惭赧数日。①

报恩长老是马希范(文昭王)归依的僧人洪道,彭氏的殁年是天福三年(938)(《十国春秋》卷68)。根据《豫章丛书》校记,顾广圻校本把"秃兵"修改为"秃贼"。《续开古尊宿语要》卷4应庵昙华和尚的法语"示徽禅人"中记载:

　　到这里,若无透脱处,祇是一个无所知,盗常住饭劫贼,临济和尚谓之秃兵是也。②

应庵昙华(1103—1163)是南宋时期的人。此人所见到的临济语录应该是冠有杨杰序的宋版《四家录》或者是《天圣广灯录》(1036)。自古以来,人们说"好铁不当钉,好人不当兵",成为士兵的人尽是被世间无法容纳的一些恶党。在当时"兵"这一语是让人感到恐惧的相当极恶无法("无法无天")的东西。因此,把流氓僧人骂为"秃兵"。"秃",不用说这是指对僧人的骂语,"兵"和"奴"哪个都是轻视人而说的("奴"是作为物而被用来买卖,位于良民之下的贱民),因此,也有"兵奴"连用的例子。

　　李纾侍郎好谐戏,又服用华鲜。尝朝回,以同列入坊门,有负贩者呵不避。李骂云:"头钱价奴兵辄冲官长!"负者顾而言曰:"八钱价措大漫作威风!"③

在这里把小商贩骂为"头钱价奴兵"。陆游《老学庵笔记》卷10中引用了此语"头钱,犹言一钱也",意指只值一钱价格的家伙。

　　作为对僧人的贱称,在佛典中可以检索到"恶秃"、"秃婢"(比丘尼)、"秃瞎"、"盲瞎秃"、"秃瘘"等,在禅语录中可以检索到"老秃奴"、"瞎秃奴"、"恶秃奴"、"秃屡生"、"老臭秃"、"秃

---

① 宋陶岳《五代史补》卷3,《豫章丛书》史部一,江西教育出版社,2000年。
② 《续藏》68,445c。
③ 赵璘《因话录》卷4《谐戏》;王谠《唐语林》卷5。

物"、"秃厮"、"秃驴"等,但无论哪个都是在会话中出现的口头语。频繁使用这种骂语的是德山宣鉴(780—865)和临济,临济显然是受德山的影响①。宋代时期,由于有公主出家的缘故,曾有三次发布诏敕,禁止对僧尼使用"秃"来称呼。其中最初的一个例子:

  (大中祥符三年[1010])敕品官无故毁辱僧尼,口称秃字者,勒停见任,庶民流千里。(《佛祖统纪》卷44)

"秃兵"是相当强烈的骂语。不过,并非柳田先生所说的那样,认为是在唐末五代河北这一历史地理的背景下所产生的特殊的用语。用贱称来称呼僧人并不限于乱世,也是唐末禅宗社会的大众化所带来的现象的象征语吧。

  (14) 道流!山僧说法说什么法?说心地法。便能入凡入圣,入净入秽,入真入俗,要且不是你真俗凡圣。能与一切真俗凡圣安著名字。真俗凡圣与此人安着名字不得。(《四家录》卷下,38a,"示众"第2段)

  【校】 这一段不容易理解。入矢先生译为"诸位!你们觉得我的说法究竟在说些什么呢?正是在说明心地之法。此心无论是凡夫的世界,还是圣人的世界都可进入,无论是净土还是秽土也能进入,无论是真实的世界还是世俗的世界也都能进入。也就是说,你们的真俗凡圣的框子并非是一般的真俗凡圣所能够评定的。在(那样一般性的)真俗凡圣的框子里是不会给'这个人'评分等级的"(岩波文库,第49页)。柳田先生译为"同伴们啊!山法师的说法,如果说在书写什么样的病历的话,这正是在书写心的病历。心,无论是凡人、圣者、清净的地方、污染的地方、僧人、俗人都存在。你们这僧也好,俗也罢,抑或

---

① 拙稿《德山与临济》,《东洋文化研究所纪要》第158册,2010年;《禅宗思想与文献丛考》,复旦大学出版社,2017年。

是凡人还是圣人都不能给所有的僧、俗、凡人、圣人等安立病名的。僧、俗、凡、圣不能给这个男人安立病名"（中公版古典选集，102页）。这些都是不得要领以及支离破碎的翻译。

大慧《正法眼藏》（卷下，第161则，东洋文库藏宋版）的引用文没有"能与一切真俗凡圣安著名字"12字。如果不是宋版的误脱，那大概就是大慧读了这一节而感到难于理解的缘故，所以把12字给削除了。这一段是很可能为按照原样的说法语调而记录下来的。总之读了也难于理解，也不知如何断句。但是依大慧的读法，是在"要且不是你真俗凡圣"下断句的。

这里的问题，在于句读和句法。"便……要且……"是"即便……但结果还是……"的假设性让步句的结构。如下列举两个用例：

> 龙牙问："如何是西来意？"师云："与我过禅板来。"牙便过禅板与师。师接得，便打。牙云："打即任打，要且无西来意。"（《四家录》卷下，34a）

> （同）安云："良公虽发箭，要且未中的。"（《景德传灯录·钦山文邃章》）

因此，在"要且"的前面断句是不可能的，"要且不是你真俗凡圣"9字是主语"心地"的述语，应该在这里断句。"心地即便是能入凡圣、净秽、僧俗的世界，但其结果并非是心地成为僧俗、凡圣的你们。心地能给予僧俗、凡圣等一切观念安立名字，但僧俗、凡圣等观念并不能给予'此人'安立名字"，这种说法被反复提起。

> 问："如何是真正见解？"师云："你但一切入凡入圣，入染入净，入诸佛国土，入弥勒楼阁，入毗卢遮那法界，处处皆现（案：当作见）国土成住坏空。佛出于世，转大法轮，却入涅槃，不见去来相貌，求其生死，了不可得。便入无生法

界,处处游履国土,入华藏世界,尽见诸法空相,皆无实法。唯有听法无依道人,是诸佛之母,所以佛从无依生。若悟无依,佛亦无得。若如是见得者,是真正见解。学道人不了,为执名句,被他凡圣名碍,所以障其道眼,不得分明。"(卷下,39b)

你一念心生三界,随缘被境,分为六尘。……一刹那间,便入净入秽,入弥勒楼阁,又入三眼国土,处处游履,唯见空名。(卷下,42a)

道流! 一刹那间,便入华藏世界,入毗卢遮那国土,入解脱国土,入神通国土,入清净国土,入法界,入秽入净,入凡入圣,入饿鬼畜生,处处讨觅寻,皆不见有生有死,唯有空名。(卷下,50a)

如此反复提起,正是充分地显示了临济的想法。在这里,所谓进入各种各样的国土,以生起一念来探求、体验各种各样的思想性的、宗教性的世界,实际上这只不过是游历于没有实体的空的名辞世界罢了,不被名辞世界所惑的正是这无依的道人。这是对修行者们的修学样子,用讥讽的口吻来表述,应该引起注意。因此不能把这所说的游历,错误地理解为"自由自在的无依道人的功能作用"(如无著道忠《疏瀹》1126 页注,以及《佛典讲座》版《临济录》第 93 页注)。无依道人,正是由于不被各种各样的衣装所惑,所以才叫无依。将此"心地"的功能作用,理解为是"超越者而作为个一者的人"的功能作用(铃木大拙),同样也是错误的。①

(15)你若得生死去住,脱著自由,即今识取听法底人,无形无相,无根无本,无住处,活拨拨地。应是万种施设,用处祇是

---

① 《临济的基本思想》,《铃木大拙全集》第 3 卷,岩波书店,1980 年,第 371 页。

无处,所以《天圣广灯录》无"以"字觅着转远,求之转乖,号之为秘密。(《四家录》卷下,40a,"示众"第5段)

【校】《天圣广灯录》在这里的"应是万种施设,用处祇是无处,所以觅着转远,求之转乖"的"以"字没有。于是就成了"用处祇是无处所,觅着转远"。大概原本是"用处祇是无处所,所以觅着转远",而在书写时,"所"字的叠字符号被脱落的缘故,后来的人读了感觉到难于理解意思,于是就删除了"以"字。日本有人把"无处"读为"无之处"等,那是讲不通的,"无处"或者用"无处所"是"没有……地方"(此处别无法措施)的意思。在这里,"听法底人"也就是正在听闻说法的你们因为是"无形无相,无根无本,无住处,活拨拨地",无论什么样的方便("应是万种施设")也没有用处,即对这样的人采用方便而进行施救等也是不必要的。因此,这里我想校订为"应是万种施设,用处祇是无处所,所以觅着转远"。

(16)道流!你若欲得如法,直须是大丈夫儿始得。者《天圣广灯录》、《续开古尊宿语要》、《古尊宿语录》、单行本作"若";明版《四家语录》作"這"萎萎随随地,则不得也。夫如甕㗱(上音西,下所嫁切)之器,不堪贮醍醐。如大器者,直要不受人惑,随处作主,立处皆真。(《四家录》卷下,41b,"示众"第7段)

【校】"者萎萎随随地"的"者"字,《天圣广灯录》《续开古尊宿语要》《古尊宿语录》以及单行本作"若",明版《四家语录》作"這"。大概是古尊宿系认为原本应是"若"字,由于字形相似而被误写为"者",而明版《四家语录》则是机械性地将"者"改为了"這"。此处"若"是正确的。另外,在这里附有音注,这是依据《广韵》(或者《集韵》)而来的。《广韵》上平声齐韵:小韵西,"甕,先稽切,瓦破声。"去声祃韵:"㗱,《老子》曰:'终日号而不㗱。'注云:'声不变也。所嫁切,又于介切。'"慧琳《一切经音义》卷30《宝雨经》卷6"瘖㗱,上细赍反。郭注《方言》云:'瘖咽病也。东齐声散曰㾓,秦晋声变曰㾓。器破而不殊其音,亦谓之㾓。…或作誓、嘶。经作甈,俗字也。'"卷64《四分僧羯磨》卷下:"而甈,音西。《韵诠》云:破声也。"也就是说,两字都是东西破坏的声音,或者是嘶哑声的拟声语。所谓"甈嗄之器"是破碎之器。这是肉体的比喻。

(17) 有一般瞎秃子,饱吃饭了,便坐禅观行,把捉念漏,不令放起,厌喧求静,是外道法。祖师云:"你若住明版《四家语录》作"著"心看静,举心外照,摄《四家语录》作"彻"心内澄,凝心入定,如是之流,皆是造作。"(《四家录》卷下,42b,"示众"第8段)

【校】 作为祖师(神会)之语所引用的四句,《天圣广灯录》《续开古尊宿语要》《古尊宿语录》以及单行本全部相同。明版《四家语录》误作为"著心看静"、"彻心内澄"。"住心看静"的"静",在神会《坛语》《定是非论》的写本中,"静"(上声)、"净"(去声)两字都有,是通用的。所谓北宗禅,由于特意要区分染心与净心,进而对净心的观察,所以作"净"字是正确的。在这里,因为与上文所说的"厌喧求静"(宝志《大乘赞》之语)当作相同趣旨而被引用的缘故,所以不必再改为"净"。"举心外照"的"举"(遇摄)与"起"(止摄)通用,根据后者的意思,这里应该改为"起"。"摄心内澄"也是,《神会语录》的写本中"澄"、"证"两字都有,形似而且近音,两者通用。但是这里说坐禅的方法"通过精神统一而达到心的澄静",所以作"澄"字是正确的。

(18) 约山僧见处,无如许多般。祇是平常,著衣吃饭,无事过时。你诸方来者,皆是有心求佛、求法、求解脱、求出离三界。痴人!你要出古尊宿系有"三界",什么处去?三界古尊宿系无、佛祖是赏系底名句。(《四家录》卷下,47b,"示众"第12段)

【校】 "你要出,什么处去?三界、佛祖是赏系底名句",《天圣广灯录》与此相同。《联灯会要》卷9、明版《四家语录》、《续开古尊宿语要》、《古尊宿语录》以及单行本等在"你要出"

《联灯会要》"出"作"出离")的后面有"三界"两字,"什么处去?"的后面没有"三界"。"你要出"的后面的"三界",由于前面是说"求出离三界",这里即使没有"三界"两字,意思也很明了。但如果没有"什么处去"之后的"三界"两字的话,那接下来对应"赏"的"佛"与对应"系"的"三界"之中,就缺少了相对应的"三界",那么,"赏系"之语的意思也就变得难以理解。语序是相互交叉的,"赏"是指人们赞赏、希求的"佛祖",而"系"是指系缚人们的"三界"。然后,无论是"佛祖"还是"三界"终归只不过是佛教术语这一文脉。"赏系"(赏与系)在其他地方很难看到有类似相同的用例,这大概是临济的造语吧。作为文本,本书与《天圣广灯录》是最善的。

通过以上的文字校勘,诸本的关系大体上已甚明了。保存最古的形态是《天圣广灯录》,其次是《四家录》。到了《续开古尊宿语要》《古尊宿语录》时,即便是宋版(或者说,正因为是宋版),在文字表达上,也经过了相当多的规范化处理。《四家录》、明版《四家语录》的排列与《天圣广灯录》相同,但在文字上,却受到《续开古尊宿语要》《古尊宿语录》的影响,诸如此类的例子很多。单行本,无论是排列还是本文,都与《古尊宿语录》相同。基于此,对《临济录》的版本问题做如下整理。

(1)《临济录》的本文,作为丛书收录本流传至今。从排列来看,丛书收录本大致可分为两个系统:第一,《天圣广灯录》所收本、南京图书馆藏明刊《四家录》、明版《四家语录》所收本;第二,《续开古尊宿语要》《古尊宿语录》所收本。单行本(五山版)是将《古尊宿语录》所收本单独刊行的,属于第二个系统。

(2)如果尝试着从对本文文字表达的探讨来看,《天圣广灯录》所收本是目前现存诸本中,保存最古形态的版本。南京图书馆藏明版《四家录》本虽继承了其中的一部分,但已替换为古尊宿系文本的本文,这大概是由于《古尊宿语录》的影响较大的缘故。古尊宿系文本(《续开古尊宿语要》《古尊宿语录》所收本、单行本、明版《四家语录》)的本文基本上是一致的。

（3）从被称为"宗演重开"这一历史事情来推测其真实情况，首先是将黄龙慧南所校订《四家录》的杂乱无章的排列，整理为"上堂"、"示众"、"勘辨"、"行录"；其次是设法在文字表述上的规范化；再次是增补了若干则。这被后来的《续开古尊宿语要》《古尊宿语录》所继承，尤其是由于《古尊宿语录》完成了完整的形态而被广泛流传，其结果是将《临济录》部分作为单行本另行流通。另外，也可以看到《四家录》的本文已经从《天圣广灯录》中逐渐脱离而进行大幅度的改变。

还有留下一个《天圣广灯录》的版本问题。南京图书馆藏《四家录》，有椎名宏雄先生的解题(《禅学典籍丛刊》别卷)，先生在文中提示说《天圣广灯录》以往所使用的福州开元寺版(绍兴戊辰[1148]刊刻)之外，还有近年北京版《中华大藏经》所收录的金藏本(天眷二年[1139]—大定十三年[1173]刊刻)[1]，两者之间在文字上存在相当多的差异。因此，暂且尝试着把收录《四家录》的金藏本《天圣广灯录》卷8—10(相当于《临济章》后半部分的卷11是缺卷的)与开元寺版进行了校对。其结果正如椎名先生所指出，能够认定为有相当多的差异，金藏本是保存了忠实于《开宝藏》的古老形态的本子，而开元寺版在校订时，可以确认其中存在相当程度的增补。关于两本的关系，可以认为有如下几点：

（1）金藏本的本文是存在诸多错漏的粗劣文本。而开元寺版具有非常周密的校订的文本。两本都有"皇宋景祐三年丙子岁"(1036)的纪年，刊刻时期大致是同时期的，但内容上能够看到金藏本相对比较古老，而开元寺版是比较新的。两本之间由

---

[1] 李际宁《〈金藏〉新资料考》，《藏外佛教文献》第3辑，1997年。

于存在差异的地方过多，所以能够认为开元寺版并不是校订了金藏本，而是使用了《四家录》以外的文本。那么，那就是黄龙慧南的校订文本（1085）了。因为黄龙慧南的《四家录》校订，由于有杨杰序中说"古人虽往，公案尚存。积翠南老，从头点检，字字审的，句句不差"，就是黄龙住江西黄檗积翠庵的时候（1066年前后）。唐宋时代江西—福建之间的禅僧往来相当频繁，自然也会迅速地传到福州。另一方面，金藏是山西潞州的崔法珍发愿刻成6 980卷（1173），搬送到京师（大兴府）之后，经过通经沙门五位的校正（据李际宁论文）。但是，他们校正《天圣广灯录》时，无论是福州开元寺版，或者黄龙校订《四家录》，应该都没有条件能看到。

（2）黄檗《传心法要》与《宛陵录》的两篇语录收在开元寺版《天圣广灯录》的开头（目录的前面）是异例的体裁。金藏本将《宛陵录》不完整的文本收录在《黄檗章》中，而开元寺版由于把完整的文本放置在开头，所以也简化了《黄檗章》，而且把不完整的文本删去了。与此相应地，收录了相当长的另外一则上堂语。因为得到《传心法要》与《宛陵录》的完本，开元寺版在开版之际，没有将此两篇编入《天圣广灯录·黄檗章》的本文中，而特别放置在开头，而且在《黄檗章》中，收录了一些经过整理增补的内容。

（3）卷8《南岳章》《马祖章》《百丈章》《黄檗章》，开元寺版相比于金藏本，收录的内容相对要多。不过，卷9《百丈广录》和卷10《临济章》并无增减。值得关注的是，金藏本《马祖章》的末尾记有卒年"师于犯御名观元年"（开元寺版作"贞元四年"［788］。作贞观元年［627］当然是误写），这是保留了避仁宗的讳（祯）的形式。在开元寺版中《宛陵录》本文的"贞"字有缺少末划之处（此处的金藏本与本文有差异）。

（4）在卷10《临济章》中，两本之间的差异也相当多，但金藏本的异文对我们在解释上也可作参考,对研究语录文献的润色过程具有一定的价值。

关于唐末时期的临济语言《临济录》校订的底本,应该使用保存古形的《天圣广灯录》(也就是采录黄龙慧南校订本的福州开元寺版),进而再根据对底本的错漏进行规范化了的南京图书馆藏《四家录》以及古尊宿系文本(《续开古尊宿语要》《古尊宿语录》以及单行本等)而进行校订,这是本文通过校勘而得出的结论。剩下的"勘辨"、"行录"(古尊宿系的分类)的校订,由于涉及唐末五代时期《临济录》的形成这一大问题,留待下次进行探讨。

[附记]本文执笔之际,承蒙绪方香州先生、椎名宏雄先生的资料提供,并提出宝贵建议,在此一并表达我的感谢之意。

(戒法译。原刊于《东洋文化研究所纪要》第162号,2012年)

《临济录》的形成

一

现存的《临济录》版本,大体可分为两个系统。以形成于北宋初期的单行本(现已失传)为原点:(一)《四家录》所收本,后收录于《天圣广灯录》、南京图书馆本《四家录》、明版《四家语录》中所流传的系统;(二) 黄龙慧南校订的《四家录》,经过圆觉宗演的重新编排、流通,后收录于《续开古尊宿语要》《古尊宿语录》的系统。元代以后的单行本,是从《古尊宿语录》中单独抽出进行流通的文本(如下系统图所示):

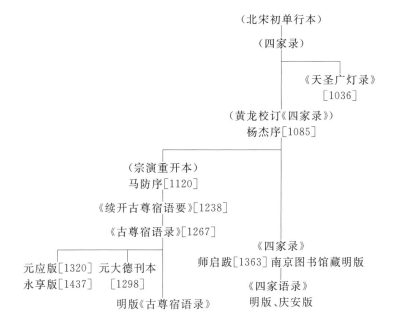

因此,《临济录》的文本问题,有必要对以下两个课题进行研究:一、对属于两个系统的诸本之间有文字差异的部分该如何校订? 二、北宋时期完成定型化的临济语录在唐末五代时期是如何形成的?

关于第一个课题,笔者在前一篇论文(《〈临济录〉文本的系谱》)中,已试作了《临济录》版本系统图并以《四家录》为底本进行了校读("示众"部分为止)。上图是《临济录》版本的系统图(括号内是已失传的文本)。

围绕《临济录》文本的第二个课题,是《临济录》形成的问题。读过《临济录》之后,我们对于详细记录临济义玄禅师说法的"示众"部分,与棒喝交驰、充满杀气的"行录"、"勘辨"、"上堂"部分之间的悬殊差异,感到震惊。不过,示众说法与问答商量之间存在本质上的差异,要说是理所当然,也确实如此。例如百丈怀海的长篇说法(《天圣广灯录》卷9所收的《百丈广录》),详细讲述了可称之为禅之逻辑的"三句"理论,但这与他的问答商量的语录(《天圣广灯录》卷8)之间是分别进行整理的。然后,我们发现可以将此两者再串起来的记录。

师有时说法竟,大众下堂,乃召之。大众回首,师云:"是什么!"(《景德传灯录》卷6《百丈章》)

这大概是百丈在定期说法中,恳切地教导禅理之后,大众领会:"原来如此,禅是这样的啊!"百丈在大众正准备从法堂下去的瞬间,叫住大众,正当大众回过头来看时,百丈迎头问道:"是什么!"百丈通过这种方法,演示了关于直接唤醒每个人自己本源(本性;本来的自己;佛性)的禅的策略[①]。据说药山和尚听了此事,赞叹道:"海兄犹在!"(那才是海师兄啊!)(《祖堂集》卷4《药

---

① 铃木大拙《呼之即应》;小川隆《是什么》,《语录的语言——唐代的禅》,禅文化研究所,2007年。

山章》）

不过，从这个语录可看出百丈怀海的家风，对参问者的提问，能恳切地回答，说教的态度似乎也一贯如此。但临济的情况，其"示众"与"行录"、"勘辨"、"上堂"部分之间存在着非常明显的落差。"示众"与其之外的部分，它们之间缺少调和的统一，让我们可以预想到，那是各自成立的时期以及背景相异的缘故。在此，关于《临济录》形成的问题呈现了出来。

关于《临济录》形成的问题，柳田圣山先生在以下一系列的论文中，通过考察临济后人的动向，已尝试着阐明了这一问题。

（一）《兴化存奖的史传及其语录——关于中国临济禅草创时代的文献资料的综合整理，笔记之一》（《禅学研究》第 48 号，1958）

（二）《南院慧颙——关于中国临济禅草创时代的文献资料的综合整理，笔记之二》（《禅学研究》第 50 号，1960）

（三）《"临济栽松"故事与风穴延沼的出现——关于中国临济禅草创时代的文献资料的综合整理，笔记之三》（《禅学研究》第 51 号，1961）

（四）《〈临济录〉笔记——关于中国临济禅草创时代的文献资料的综合整理，笔记之四》（《禅学研究》第 52 号，1962）

（五）《〈临济录〉笔记（续）——关于中国临济禅草创时代的文献资料的综合整理，笔记之五》（《禅学研究》第 56 号，1968）

这些论文都写于迄今为止半个世纪以前，是先生年轻时期的力作，至今依然未发现有超越这些论文的研究。但是，柳田先生的《临济录》形成史的研究重点在于追溯临济义玄（？—866）以后的临济宗派的历史动向，并未对现行本《临济录》的各条所对应着什么样的历史背景下形成的问题进行研究。因此在本文中,笔者基于以上先行研究,对《临济录》形成的问题,尝试进行更为具体的探讨。

二

首先,关于"示众"部分的成立,柳田先生在上述论文(四)中,如下所述:

> 今日要想知道最初《临济录》的原型以及书的名称是相当地困难。正如常说的那样,首先,作为母体,基于镇州说法之"上堂"、"示众"的部分成立之后,添加了"勘辨"、"行录",最后再对整体的内容进行整理的痕迹很明显。事实上,较古的《祖堂集》《宗镜录》《景德传灯录》等所引用的"示众",与《天圣广灯录》以及现今流通的《临济录》的相关部分进行比较的话,两者之间,在文本和思想上明显存在差异。这表明了现今的《临济录》,很大程度上是受到后代整理的影响。现今流通的《临济录》,至少是宋代以后的版本,并非原先的唐末那个时代说法的形态。(第60页)

所谓"现今的《临济录》,很大程度上是受到后代整理的影响",这是以单行本《临济录》(元刊本以及元代以后的版本)为考察对象而说的。但是,由于那是将宋版《古尊宿语录》的《临济录》部分单独刊行以后的文本,柳田先生的说法也是理所当然的。然而形成的问题必须基于保存其最古老形态的《天圣广灯录》来进行考察。

关于"示众",柳田先生说道:"较古的《祖堂集》《宗镜录》《景德传灯录》等所引用的示众,和《天圣广灯录》以及现今流通的《临济录》的相关部分进行比较的话,两者之间,在文章和思想上明显存在差异。"但是,如今重新将"示众"与早期引用的资料,做以下对照比较的话，可以发现与其说明显存在差异，毋宁说相一致的部分占大多数，应当视之为"祖本只有一个，只是存在异文"。

作为记录临济说法（"示众"）的古老资料，在《祖堂集》卷19《临济和尚章》和《宗镜录》卷98中，有一些片断性的引用；至《景德传灯录》卷28《诸方广语》中，稍有完整的"示众"。《宗镜录》是永明延寿（904—976）所撰，成书于北宋建隆二年（961）。《祖堂集》的《临济章》属于在五代南唐保大十年（952）一卷本的序写成之后，大约50—100年之间进行增广的部分①。《景德传灯录》经过杨亿等人的刊削改订，于大中祥符二年（1009）宣布刊刻。将这些较早的记录（临济去世100年后的资料）和《天圣广灯录》（成书于1036年）卷11"示众"部分试着进行对照的话，应该可以明确其各自的位置关系。

宗镜录（卷98）	景德传灯录（卷28）	天圣广灯录（卷11）
1. 如今诸人与古圣何别？ 尔且欠少什么？ 六道神光未曾间歇。 若能如是，祇是个一生无事人。	如今诸人与古圣何别？ 汝且欠少什么？ 六道神光未曾间歇。 若能如此见，是一生无事人。	道流，约山僧见处，与释迦不别。 今日多般用处，欠少什么？ 六道神光未曾间歇。 若能如是见得，只是一生无事人。
2. 欲得与祖佛不别，但莫向外驰求。尔一念清净光是尔屋里法身佛，尔一念无分别光是尔屋里报身佛，尔一念［无］差别光是尔	一念净光是汝屋里法身佛，一念无分别光是汝报身佛，一念无差别光是汝化身佛。	你要与祖佛不别，但莫外求。一念心上清净光是你屋里法身佛，你一念心上无分别光是你屋里报身佛，你一念心上无差别光是你屋里化身佛。

---

① 参本书所收《〈泉州千佛新著诸祖师颂〉与〈祖堂集〉》《〈祖堂集〉的基础方言》《〈祖堂集〉的校理》。

(续表)

宗镜录(卷98)	景德传灯录(卷28)	天圣广灯录(卷11)
屋里化身佛。此三种身即是今日目前听法底人。此三种是名言,明知是光影。	此三身即是今日目前听法底人。为不向外求,有此三种功用。据教,三种名为极则,约山僧道,三种是名言。故云身依义而立,土据体而论,法性身、法性土,明知是光影。	此三种身是你[即]今目前听法底人。祇为不向外驰求,有此功用。据经论家,取三种身为极则,约山僧见处不然,此三种身是名言,亦三种衣。古人云:身依义立,土据体论,法性身、法性土,明知是光影。
3. 大德,且要识取弄光影底人是诸佛本源,是一切道流归舍处。	大德,且要识取弄光影人是诸佛本源,是一切道流归舍处。	大德,你且要识取弄[光]影底人是诸佛本源,一切处是道流归舍处(案:当作"是一切道流归舍处")。
4. 尔四大六根及虚空不解听法说法。是个什么物? 历历地孤明,勿个形段,是这个解说法听法。	大德四大身不解说法听法。虚空不解说法听法。是汝目前历历孤明勿形段,者[个]解说法听法。	是你四大色身不解说法听法,脾胃肝胆不解说法听法,虚空不解说法听法。是什么解说法听法? 是你目前历历底物[勿]一[形]段孤明,是者个解说法听法。
5. 所以向尔道:向五阴身田内有无位真人,堂堂显露,无丝发许间隔。何不识取?	所以山僧向汝道:五蕴身田内有无位真人,堂堂显露,无丝发许间隔。何不识取?	

（续表）

宗镜录（卷98）	景德传灯录（卷28）	天圣广灯录（卷11）
6. 大德,心法无形,通贯十方,在眼曰见,在耳曰闻,本是一精明,分成六和合。心若不生,随处解脱。	心法无形,通贯十方,在眼曰见,在耳曰闻,在手执捉,在足运奔。心若不在［生］,随处解脱。 山僧见处,坐断报化佛顶,十地满心,犹如客作儿,等妙二觉,如担枷带锁,罗汉辟支,犹如粪土,菩提涅槃,系驴马橛。何以如斯? 盖为不达三只劫空,有此障隔。若是真道流,尽不如此。	道流,心法无形,通贯十方,在眼曰见,在耳曰闻,在鼻齅香,在口谈论,在手执捉,在足云［运］奔。本是一精明,分为六和合。一心既无,随处解脱。山僧恁么说,意在什么处? 祇为道流一切驰求心不能歇,上他闲机境。道流,取山僧见处,坐断报化佛头,十地满心,犹如客作儿,等妙二觉,担枷负锁汉,罗汉辟支,犹如厕秽,菩提涅槃,如系驴橛。何以如此? 只道流为不达三只劫空,所以有此障碍。若是真正道人,终不如是。

如上对照,乍一看似乎是从《宗镜录》至《景德传灯录》《天圣广灯录》,文段叙述由简至繁,分量有不断增补的痕迹,但仔细看却并非如此。可以判明《宗镜录》和《景德传灯录》是节选自《天圣广灯录》,并将之简略化,并且在叙述上修改成较为文言化的形式。也就是说,《宗镜录》和《景德传灯录》根据于《天圣广灯录》所依的《四家录》中的《临济录》部分的同时,也遵照了其书的特性:《宗镜录》是部分性地将文段抄录出来,再进行汇编;《景德传灯录》按照"示众"形式的原样,为了将文段叙述简约化,省去了重复,修改了秽语(例如6的"厕秽"改为"粪土"),试图将文段作为适合于士大夫阅读的文章而进行规范化。另外,

以上对照的《天圣广灯录》与明版《四家录》基本上相同（如果试举其中细微异同的话，如《四家录》除了写成"你一念心上清净光"、"三种依"、"身依义立，据体论"（脱"土"）以外，连有误的地方也一样，如"你且识取弄影底人"（脱"光"）、"一切处是道流归舍处"["是一切道流归舍处"的误写]）。

其次，将以上 6 中所对照的《天圣广灯录》部分，与以下《祖堂集》卷 19《临济章》进行比较如下：

祖堂集（卷 19）	天圣广灯录（卷 11）
有时谓众云：但一切时中，更莫间断，触目皆是，因何不会？只为情生智隔，想变体殊，所以三界轮回，受种种苦。大德，心法无形，通贯十方，在眼曰见，在耳曰闻，在手执捉，在足云[运]奔。本是一精明，分成六和合。心若不生，随处解脱。大德，欲得山僧见处，坐断报化佛头，十地满心，犹如客作儿。何以如此？盖为不达三只劫空，所以有此障。若是真正道流，尽不如此。	但一切时中，更莫间断，触目皆是。祇为情生智隔，想变体殊，所以轮回三界，受种种苦。<u>约山僧见处，无不甚深，无不解脱</u>。道流，心法无形，通贯十方，在眼曰见，在耳曰闻，<u>在鼻齅香，在口谈论</u>，在手执捉，在足云[运]奔。本是一精明，分为六和合。一心既无，随处解脱。<u>山僧恁么说，意在什么处？</u>祇为道流一切驰求心不能歇，<u>上他闲机境</u>。道流，取山僧见处，坐断报化佛头，十地满心，犹如客作儿。<u>等妙二觉，担枷负锁汉，罗汉辟支，犹如厕秽，菩提涅盘，如系驴橛</u>。何以如此？只道流为不达三只劫空，所以有此障碍。若是真正道人，终不如是。

此处也可以了解到，《祖堂集》与前述的《景德传灯录》用同样的节选手法进行引用的（下划线是被省略的部分）。因此，可以认为，随后被编入《天圣广灯录》的《临济录》之"示众"部分，在编纂《宗镜录》的 961 年左右，就已经定型了。这部分应该就是《祖堂集》卷 19《临济和尚章》末尾所记载的"自余应机对答，广彰别录"中所说的"别录"所收录的"示众"。

以上第 5 段中,《天圣广灯录》缺少对照的部分,这是由于与卷 10"上堂"相同主题的部分被独立出来,"示众"中原有的一节,在《四家录》编纂时,被视为重复的内容被删除了(现今明版《四家录》里也没有)。

再者,将《祖堂集》与《景德传灯录》卷 12《临济章》,以及《天圣广灯录》卷 10 的共通部分进行对照。

祖堂集(卷19)	景德传灯录(卷12)	天圣广灯录(卷10)
师有时谓众云:"山僧分明向你道:五阴身田内有无位真人,堂堂露现,无毫发许间隔。何不识取?"时有僧问:"如何是无位真人?"师便打之,云:"无位真人是什摩不净之物!" 雪峰闻举,云:"林际太似好手!"	一日上堂曰:"汝等诸人赤肉团上有一无位真人,常向汝诸人面门出入。未证据者看看!"时有僧问:"如何是无位真人?"师下禅床把住云:"道道!"僧拟议,师托开云:"无位真人是什么干屎橛!"便归方丈。	上堂云:"赤肉团上有一无位真人,常从汝等人面门出入。未证据者看看!"时有僧出问:"如何是无位真人?"师下禅床把住云"道道!"僧拟议,师拓开云:"无位真人是什么干屎橛!"便归方丈。

《景德传灯录》与《天圣广灯录》大体上相同,《祖堂集》在用词上稍微有些不同,但可以视为同一个上堂之不同的记录(异传)。上述的《景德传灯录》是北宋本(东禅寺版)。在南宋本(《四部丛刊》)中,"赤肉团上"改为"肉团心上","未证据者看看"改为"汝若不识,但问老僧",雪峰的话改为"临济大似白拈贼"(北宋末的睦庵善卿《祖庭事苑》卷 2"白拈贼"一项中引用了这些)。这里的《祖堂集》中"谓众"部分,与刚才对照部分的《宗镜录》以及《景德传灯录》卷 28 的"示众"相同,由此可知,其果然保留了古老的形态。这一部分,最早在南方广为流传,并享有盛名。《景德传灯录》卷 12 和《天圣广灯录》卷 10 所收的内容与此相同,同样的"上堂",只是不同的记录,毕竟还是可以认

定为基于唐末传承的资料。换言之,"示众"部分在更早时期就已经编辑定型了。

三

其次,探讨"行录"、"勘辨"、"上堂"的部分。这样的分类是根据圆觉宗演重新开版《临济录》(1120)之际编成的,为了讨论上的方便也沿用这样的项目分类。"行录"是在诸方行脚时的机缘问答;"勘辨"是成为临济院住持之后,与来参者相互间的对机问答;"上堂"是在临济院中的简短的上堂说法以及说法后的问答,但在已收录的宗演重开本《临济录》的《续开古尊宿语要》(1238)中,不存在"上堂"这个词,至《古尊宿语录》(1267)收录时有所增加(但两本书里都没有将"上堂"立为项目分类)。

圆觉宗演在重新刊行《临济录》的同时,也重新刊行了《云门广录》。由于云门文偃(864—949)是雪峰义存(822—908)的弟子,宗演所住持的福州鼓山中似乎存在浩瀚的记录。其中,卷上有"对机三百二十则";卷中有"室中语要百八十五则"、"垂示(包含"上堂")代语二百九十则";卷下有"勘辨一百六十五则"、"游方遗录三十一则"、"遗表"、"遗诫"、"行录并请疏"等,具备相当可观的构成。"行录"是由"集贤殿雷岳"撰述,是一篇归纳很周全的传记体文章。

另一方面,临济的"上堂"、"行录"、"勘辨"相比较于《云门广录》,其分量明显相当的少。已收录宗演重开本《临济录》的《续开古尊宿语要》的构成为:开头部分有"上堂"9则(由"府主王常侍"的邀请等);随后是"晚参示众"1则、"示众"20则(但是,"上堂"、"晚参示众"、"示众"并没有各自立为项目);其后,在"勘辨"项目以下有23则;最后,叙述传记的"行录"项目以下有22则。但更为古老的《天圣广灯录》《四家录》中,并没有设立任何的项目分类。其构成,首先是相当于"行录"、"勘辨"、

"上堂"的几则错综并立,最后有即将迁化的上堂(《天圣广灯录》卷10,参照下文)。然后,中间有很长的"示众"部分,最后列了相当于"行录"的补遗11则(《天圣广灯录》卷11)。

宗演在重开之际,对《四家录》里的《临济录》进行了再编,除增补了若干则之外,还设立了"行录"和"勘辨"的项目进行分类。但是,与《云门广录》的情况不同,在《临济录》中,关于临济的传记资料相当少。因此,在"行录"的末尾添加了临济的小传("住镇州保寿嗣法小师 延沼 谨书")①。关于此,相比较于临济的语录"示众"在很早就已完成定型而言,相当于"行录"、"勘辨"的传记资料尚未完成统一的文本,个别散落的资料,应该是后来被收集起来,形成了"行录"和"勘辨"。因此,有必要对每一则的来历进行个别的考察。因此,首先举出柳田圣山先生的研究,可以明确证实的两个例子:(1)"临济栽松话";(2)"胡喝乱喝"。

(1)"临济栽松话"

将《天圣广灯录》《四家录》的系统与《续开古尊宿语要》、宋版《古尊宿语录》、单行本的系统相比较,体裁尚未完备的前者还保留着古老的形态(即宗演再编以前)。前者的开头9则和末尾2则附加了沩山(灵祐,771—853)、仰山(慧寂,807—883)的拈提(评语),并形成一个整体结构,这几则很明显是与沩仰的传承有关。众所周知,在临济的时代,沩仰的门下作为在江南禅宗中具有一定代表性的禅僧,极其隆盛,已经形成了所谓"沩仰宗"的宗派。

> 其徒……以至于千有余人,……数十年言佛者,天下以为称首。(郑愚《潭州大沩山同庆寺大圆禅师碑铭并

---

① 明版《古尊宿语录》中,增加了题为《临济慧照禅师塔记》的小传,放在了卷5《兴化禅师语录》的末尾;再添加了"住大名府兴化嗣法小师存奖校勘"一行。

序》,《文苑英华》卷 63)

洞山到沩山。沩山即大圆,当时郢匠,集徒千众,振化三湘。(《祖堂集》卷 5《云岩章》)

唐末时期居住在湖南长沙大沩山的灵祐禅师门下,聚集了来自全国超过千人(《景德传灯录》卷 9《沩山章》,单行本《临济录》中作"千五百众")的修行者,形成了大丛林。云集在那里的修行者们同时也带来了各地禅师的各种信息,在此共同商讨,然后被记录下来。其弟子仰山慧寂,在沩山去世后,带领众人移至江西袁州的仰山。那里被视为是江南禅宗的中心地,被誉为"接机利物,为禅宗标准"(《景德传灯录》卷 11《仰山章》)。换言之,其作为沩仰的传承一事,应该是对沩仰宗具有攀龙附凤的意义。作为沩仰所传承的几则中,明确知其来历的,是所谓"临济栽松话"。

师又栽松次,(黄)檗问:"深山里栽许多松,作什么?"师云:"一与山门作标致,二与后人作标榜。"道了,将镢头打地一两下。檗云:"虽然如是,子已吃我三十棒了也。"师又以镢头打地两下:"嘘,嘘!"檗云:"吾宗到汝,大兴于世。"

沩山举前因缘,问仰山:"黄檗当时祇嘱临济一人,更有人在?"仰云:"有。祇是年代深远,不欲举似和尚。"沩云:"虽然如是,吾且要知。汝但举看!"仰山云:"一人指南,吴越令行,遇大风即止。谶风穴。"(《天圣广灯录》卷 10 第 2 段)

这一叙事,前半是由临济义玄与黄檗希运之间的对话,后半是由沩山灵祐与仰山慧寂之间的对话所构成,但后半部分无论如何都是很奇怪的问答。这一则通常被称为"临济栽松话",但在较古的《景德传灯录》中,不称"栽松"而称"栽杉"。至《宗门统要集》(绍兴三年[1133]序),则变成了"栽杉松",大约是杉→杉松→松的样子,叙事上也有发展变化的痕迹。松的特征是,哪怕在冬季也不凋零、不衰微。作为暗示着法统的绵延不断,在《天圣广灯录》中固定了下来。所谓"一与山门作景致",是指美化黄檗山;所谓"二与后人作标榜"是指成了后人的标杆。通过这两句,表明了黄檗山是作为临济禅的发源地。如此构成了"打地一两下"一句明确表示"这才是其发源地","嘘,嘘!"一句是向黄檗展示了超越师祖的气概。在沩仰的对话中,对于黄檗的"吾宗到汝,大兴于世"一句,沩山的"黄檗当时祗嘱临济一人,更有人在?"等推测,其意图显而易见,黄檗的宗教在临济时代尚未广为人知,将课题留给了后代,也就是根据临济下第四世风穴延沼而得以实现。

"栽松话"本身与禅的思想并不存在有任何的关系,但是,这主要关系到记载这一叙事的"行录"的成立问题。总的来说,像"谶"这种东西如同谜一样的预言。谜(这种情况是指仰山所说的"一人指南,吴越令行,遇大风即止")和解谜(作为答案的"谶风穴"),是在同一时间由同一个人制作的。也就是说沩山灵祐(771—853)的提问,是在知道风穴(896—973)的存在下而展开的。这些明显存在时代上的错误,是不可能的事情。这则"栽松话"整体可以认为是风穴乃至风穴以后的创作。风穴延沼是临济之后的第四代。

"栽松话"是采用了与临济同时代的沩山和仰山的传承形式。实际上是风穴以后的人创作的这个问题,柳田先生在第三论文《"临济栽松"故事和风穴延沼的出生》(1961年)中早已阐明,即《景德传灯录》(卷11《临济章》)中存在着最古老的形态:

> 沩山举问仰山:"且道,黄檗后语,但嘱临济,为复别有意旨?"仰山云:"亦嘱临济,亦记向后。"沩山云:"向后作么生?"仰山云:"一人指南,吴越令行。"南塔和尚注云:"独坐震威,

>此记方出。"亦云:"若遇大风,此记亦出。"沩山云:"如是,如是。"

也就是说,仰山的预言仅仅是"一人指南,吴越令行"。他的弟子南塔光涌(850—938)给"一人指南,吴越令行"这句话添加了注释。即南塔的预言说"独坐震威",临济声名鹊起,临济禅转移南方传播,"若遇大风",趁着动乱期,盛行于吴越之地。但风穴的名字尚未在此处出现,直到《天圣广灯录》里才明确提出来。即在仰山的那句"一人指南,吴越令行"的后面,修改加入了原来作为南塔的这句"遇大风即止",在其后面用小字表示是"谶风穴"及其含义,表明此"大风"即是预言风穴延沼的出现。因此,从《景德传灯录》(1009)至《天圣广灯录》(1036)之间,完成了这一最终的形态。其中,关系到从唐末至五代、宋初时期的临济下的系谱:兴化存奖(830—888)——南院慧颙(推定860—930)——风穴延沼(896—973)——首山省念(926—993)——汾阳善昭(946—1023)——石霜楚圆(986—1039)等。通过这些人的活动,从这进行追溯,作为临济禅振兴的预言创作了"栽松话"。归根结底,所谓"临济栽松话",正是临济下四世以后的人创作了假托沩仰的预言,并将其加入了《临济录》中。如果是这样的话,便可以理解,为何这个与禅的思想无关的故事存在于《临济录》中。

(2)"胡喝乱喝"

还有一个事例,柳田先生的第二篇论文《南院慧颙》(1960)中早已提出来:

>《天圣广灯录》卷10《临济章》 上堂。有僧出礼拜,师便喝。僧云:"老和尚,莫探头好!"师云:"你道,落在什么处?"师便喝。又僧问:"如何是佛法大意?"师便喝。僧礼拜。师云:"你道,好喝也无?"僧云:"草贼大败。"师云:"过在什么处?"僧云:"再犯不容。"师云:"大众,要会临济宾主

句,问取堂中二禅客。"便下座。

《古尊宿语要·汝州南院颙和尚语要》 问:"如何是佛法大意?"师便喝。僧云:"老和尚,莫探头好!"师又喝。僧便礼拜。师云:"放过即不可。"便打。问:"如何是佛法大意?"师便喝。僧便礼拜。师云:"今夜两个俱是作家禅客,与宝应老称提临际正法眼藏。若要一喝下辨宾主,问取二禅客。"

《古尊宿语要·汝州首山念和尚语录 次住宝应语录》 师复云:"诸上座,不见兴化老人道:'直饶汝喝得兴化向虚空里扑下来,一点气也无,忽然苏息,却向汝道:"未在!"何故?我未向紫罗帐里撒真珠与你诸人。胡喝乱喝作么!'"师云:"实为如斯。今时,兄弟只管横喝竖喝,及至穷着,并无言说。看他临济会下,有僧出来礼拜,临济便喝。僧云:'老汉,莫探头好!'济云:'汝道,落在什么处?'僧便喝。又有僧问:'如何是佛法大意?'济便喝。僧礼拜。济乃召众云:'你道,适来这一喝好喝也无?'僧云:'草贼大败。'济云:'过在什么处?'僧云:'再犯不容。'济云:'要识临济宾主话,问取堂中二禅客。'"

这三则的叙事几乎是一样的。临济与徒孙南院,共同开展如此雷同的问答,是极其不自然的。如以上所推测的那样,收录于《天圣广灯录》里的"示众"以外的叙事,是由临济之后第三世南院慧颙(推定 860—930)——第四世风穴延沼(896—973)——第五世首山省念(926—993)依次往后推(10 世纪)的过程中,作为个别汇集形成的话,这三则成立的顺序是:首先是南院(也称为宝应)自身的问答;其次是首山时代,临济宗内部产生了以"喝"为临济的宗风,并陷入了"胡喝乱喝"的倾向时,可以推测,以作为警诫这种弊害的叙事投影在了宗祖临济身上,作为临济的问答传承下来。

自临济的唐末时代,经过了一个世纪,至宋初时期,形成了所谓临济宗的宗派。伴随于此,所谓"喝"的分类、"四照用"、"四宾主"、"三玄三要"等纲要性思想成为宗派形成过程中的必要内容。可以说是产生了一种禅宗教理化(禅宗的法数学)的倾向,附加在《临济录》中。总之,《临济录》的形成问题与临济后代人的问题意识有着密切的关系。通过将他们的语录中的记录与《临济录》进行比较研究,可以了解到《临济录》文本的形成过程。

四

《天圣广灯录》卷10的段落结构,如下所示(附加＊标记的是本文所讨论的段落):

Ⅰ.于江西黄檗山大悟
　【一】大悟
＊【二】栽松
　【三】普请
　【四】闭目坐睡
　【五】锹
　【六】饭头
　【七】驰书
　【八】相送
　【九】超师

Ⅱ.河北临济院(一)
　【一〇】上堂(一)无位真人
　【一一】什么处来
　【一二】竖起拂子(一)
　【一三】上堂(二)喝

Ⅲ. 河北临济院（二）普化

　　【一四】普化（一）赴斋

　　【一五】普化（二）掣风掣颠

　　【一六】普化（三）驴鸣

　　【一七】普化（四）摇铃

　＊【一八】普化（五）全身脱去

Ⅳ. 河北临济院（三）

　　【一九】一老宿

　　【二〇】晚参示众　四料简

　　【二一】露柱

　　【二二】粜米

　　【二三】座主

　　【二四】德山三十棒

Ⅴ. 河阳府王常侍请升座

　　【二五】大悲千手眼

　＊【二六】金屑

　　【二七】升座（一）称扬大事

　＊【二八】升座（二）师承

　　【二九】升座（三）佛性

Ⅵ. 增补（一）

　＊【三〇】初祖塔

　　【三一】竖起拂子（二）

　　【三二】上堂（三）更思得一顿

　　【三三】剑刃上事

　＊【三四】石室行者

　　【三五】杏山

　＊【三六】赵州

　＊【三七】龙牙

＊【三八】径山

　　＊【三九】上堂（四）与么与不与么

　　＊【四〇】上堂（五）孤峰顶上与十字街头

　　＊【四一】上堂（六）途中与家舍

　　　【四二】展开两手

　Ⅶ．迁化

　　＊【四三】迁化时上堂

《天圣广灯录》是以Ⅰ"于江西黄檗山大悟"之后，将河北的活动分为：Ⅱ"河北临济院（一）"、Ⅲ"河北临济院（二）普化"、Ⅳ"河北临济院（三）"、Ⅴ"河阳府王常侍请升座"等编排结构，与Ⅶ"迁化"之间，增补了Ⅵ"增补（一）"的若干事迹以及上堂、问答等部分所构成的。

　　另外《天圣广灯录》卷11"示众"之后，"师行脚时"以下附加了11段，明显是后来被收集进去，作为第二次的补遗部分（"增补（二）"）。从最后添加的两段沩山与仰山的问答来看，可以认为是以江西仰山为发源地所补入的段落。

　　这里所收集的各段落，柳田先生已指出的上述(1)临济栽松话的虚构(【二】"栽松")、(2)对胡喝乱喝的警戒(【一三】"喝")①之外，还有临济以后的问题意识所投影而补充的段落。中唐时期的马祖以后，至晚唐五代期，禅宗内部集中关注对马祖禅的再检讨的缘故，作为呼应对这种思想的关注，在临济语录中可以发现(3)"无事禅批评"以及(4)"与药山系思想的折衷"。

(3)"无事禅批评"

　　从"示众"中可以了解到临济的基本思想完全是"无事"的

---

　　① 在第23段中也有临济对乐普的"喝"进行过警诫，这可以看成是临济自身从很早就对"胡喝乱喝"进行警诫的一连串问答之一。另外，第38段"径山"一项中，把"喝"径山的临济判断为是从黄檗而来，将黄檗的特色看成是"喝"，这又是把临济的"喝"进一步追溯到黄檗而构成的。

思想,但在【一九】"一老宿"、【二六】"金屑"中,作为临济本人的语言对其思想进行了批评。

【一九】"一老宿"

有一老宿参师,未曾人事,便问:"礼即是,不礼即是?"师便喝。老宿便礼拜。师云:"好个草贼!"老宿云"贼!贼!"便出去。师云:"莫道无事好!"首座侍立次,师云:"还有过也无?"首座云:"有。"师云:"宾家有过,主家有过?"首座云:"二俱有过。"师云:"过在什么处?"首座便出去。师云:"莫道无事好!"后有僧举似南泉,南泉云:"官马相踏。"

所谓"无事",既然自心就是佛,那么关于寻求开悟,看经、坐禅等修行事项就完全不需要。与其说无修无证,索性就是将生起作佛的意念反倒看成污染清净心,这是中唐以后新兴起来的马祖禅的基调思想,再由大珠慧海、黄檗希运等禅匠所极力倡导。义玄基本上也是遵从那样的思想,在《临济录》中除了以上一条就有 15 次提到"无事",如"无事是贵人"、"佛与祖师是无事人"、"约山僧见处,无如许多般。只是平常著衣吃饭,无事过时"等。但是,只有这二例是对"无事"持否定性的,将老宿与首座的态度看成是"无事禅"的批评。对"无事禅"批评的兴盛是从北宋初开始的,可以认为此一段落是被后世所投影的部分。当"无事"的思想被提高至理想状态的同时,在禅宗大众化的背景下,理解上容易被庸俗化。早在从马祖的弟子时代就开始对这种庸俗化的弊害有过警告,例如,"无为无事人,犹是金锁难"(《祖堂集·盘山章》卷 15)。

【二六】"金屑"

常侍一日访师,同师于僧堂内,乃问:"者一堂僧还看经么?"师云:"不看经。"侍云:"还学禅么?"师云:"不学禅。"侍云:"经又不看,禅又不学,毕竟作个什么?"师云:"捴教伊成佛作祖去。"侍云:"金屑虽贵,落眼成翳,又作么生?"师云:"将为你是个俗汉。"

此则体现了王常侍作为居士具有高度的禅宗见识。但在较早的《祖堂集·雪峰和尚章》(卷7),以及《景德传灯录·雪峰义存禅师章》(卷16)中,其中雪峰与镜清道怤的对话,作为有一老宿与俗官之间的机锋对答所引用,内容上也有一些出入。《祖堂集》云:"师(雪峰)举:'古来老宿引俗官巡堂云:这里有二三百师僧,尽是学佛法僧。'官云:'古人道:金屑虽贵,又作摩生?'(老宿)无对。师拈问镜清,镜清代云:'比来抛砖引玉。'"这里的老宿是拥有两三百修行僧的大寺院的长老,正以"学佛法"来迎合庇护者俗官之时,却被俗官驳倒说"禅宗应该不是这样"。本段中进一步警戒"禅宗的教条化"的主题,也就是说,对"无事禅"的批评为主题,是一个新时代的问题意识。另外,对于所谓"捴教伊成佛作祖去"之"成佛作祖"的意愿,与临济在"示众"说法中反复所强调的对"求佛求祖"的否定以及"佛无可求,道无可成,法无可得"、"你欲与祖佛不别,但莫外求"等"无事"思想的主张是背道而驰的。

(4) 与药山系思想的折衷

"示众"说法所体现的临济的禅思想自始至终贯穿着马祖系的"即心是佛"、"作用即性"、"无事"的主张,继承了其师黄檗的思想,并没有发现对马祖禅持有怀疑态度的石头、药山系思想。但【增补(一)】所收录的【三九】上堂(四)"与么与不与么"、【四〇】上堂(五)"孤峰顶上与十字街头"、【四一】上堂(六)"途中与家舍"的三段在这点上存在本质上的差异。

【三九】上堂(四)"与么与不与么"

上堂云:"但有来者,不亏欠伊,捴识伊来处。与么来,恰似失却；不与么来，无绳自缚。一切时中，莫乱斟酌。会与不会，都来是错。分明与么道，一任天下人贬剥。久立，珍重！"

所谓"识来处"，是看穿参问者的意图，在相见之际，首先根据询问"近离什么处?"、"从甚处来?"等能够知道参问者的问题意识。对于参问者的各种各样的根机、境位该如何应对？师徒间往反问答中确认真理，正是这一时代的禅宗办法，临济在"示众"中也屡次涉及那种主客应对的情形。那么，所谓"与么来"（这样的来），在当时禅林的行语中，暗示着现实中的自己正是本来具有的佛性（本来的自己）而不需要外求"本来的自己"，这就是马祖禅主张的立场。在区分现实的自己与本来的自己之后再说两者完全一致，"那实际上等于失去了真正的自己"。所谓"不与么来"（不这样的来），对以上持反对的立场，将现实的自己不轻易地等同于本来性，"实际上，那也是用看不见的绳子来束缚自己"，"现实性也好，本来性也罢，不应随意将自己限定在这里那里当中"。这里所论述的，就是反对马祖禅与药山系禅（也就是后来的临济禅与曹洞禅）之间的思想对立。如云岩昙晟与尼僧的对话中说：

师问尼众曰："汝娴爷还在也无?"对曰："在。"师曰："年多少?"对曰："年八十。"师云："有个爷年非八十，汝还知也无?"对曰："莫是与摩来底是不?"师曰："这个犹是儿子。"洞山云："直饶[与摩]不来，也是儿子。"（《祖堂集》卷5《云岩章》）

这里的"非年八十的爷"是指自己依据的本来性的自己。尼僧所说的"与么来底"是基于现今现实的自己，而不是"本来的自己"。这应该是以马祖禅的见解作为依据，但云岩对此是持批判的态度，洞山良价对其两者站在相对性的二项对立的立场是不认可的。这一构造正如以下对话所表示：

> 药山和尚初参石头。问石头云："三乘十二分教，某甲粗亦研穷。曾闻南方有'直指人心，见性成佛'，实未明了，乞师指示。"石头云："恁么也不得，不恁么也不得，恁么不恁么总不得。"药山不契。石头云："尔往江西，问取马大师去。"药山依教到马大师处，如前问。马大师曰："有时教伊扬眉瞬目，有时不教伊扬眉瞬目，有时教伊扬眉瞬目者是，有时教伊扬眉瞬目者不是。"药山于言下大悟，更无伎俩可呈，但低头礼拜而已。马大师曰："子见个甚么道理便礼拜？"山曰："某在石头和尚处，如蚊子上铁牛相似。"马大师然之。（《大慧语录》卷22法语"示永宁郡夫人"，T.47，904上）

以上相继出现了石头希迁、药山惟俨、马祖道一，而药山变成了在马祖下开悟的叙述。但这三者，无论是哪个，都已经从原来的思想中，经过修改，变成了折衷性的思想。具有这样图式性结构的故事，是相当于北宋的五祖法演（？—1104)、圆悟克勤（1063—1135）、大慧宗杲（1089—1163）时期的出现。"会与不会，都来是错"（认为明白了，或不明白，全是错），明白什么？隐藏着这样的问题，这里的文意是"什么是自己？"探究的结果如果"什么是自己？"明白了，只不过是现今自己以外再创造出第二个自己而已；如果不明白的话，也不外乎还在寻求除了现今的自己以外的自己。如晦堂祖心（1025—1100）的语录中说："若言会与不会，尽是三首二头。"（《宝觉祖心禅师语录》上堂）再如偃溪广闻（1189—1263）说："思而知之，不思而知，总是二头三首。"（《偃溪广闻禅师语录》卷下）"二头三首"是比喻第二、第三的自己。

【四〇】上堂（五）"孤峰顶上与十字街头"

上堂云："一人在孤峰顶上，无出身之路；一人在十字街头,亦无向背。那个在前,那个在后?不作维摩诘,不作傅大士。久立,珍重!"

前者是指孤高激切的禅者德山宣鉴。德山在龙潭崇信下开悟,龙潭对他的评价说:"可中有一个汉,牙如剑树,口似血盆,一棒打不回头。他时向孤峰顶上立吾道在。"(《景德传灯录》卷15)后来与沩山灵祐(771—853)相遇,通过问答之后,沩山评价说:"此子已后,向孤峰顶上盘结草庵,呵佛骂祖去在。"(《联灯会要》卷20)德山的法嗣岩头全豁(828—887)评价说:"雪峰问:'从上宗风,以何法示人?'师曰:'我宗无语句,实无一法与人。'岩头闻之曰:'德山老人一条脊梁骨硬似铁,拗不折。然虽如此,于唱教门中犹较些子。'"(《景德传灯录》卷15《德山章》)"实无一法与人",为了此事,德山用棒子打所有的来参求法的僧人把他们赶走。称之为"德山棒"。后者的"十字街头"是街中的十字路。如雪峰义存说:"某甲十字路头起院,如法供养师僧。"(《祖堂集》卷7《雪峰章》)再如香严智闲的问答中说:"师与乐普同行。欲得相别时,乐普云:'同行什摩处去?'师云:'去东京。'普曰:'去作什摩?'师云:'十字路头卓庵去。'普曰:'卓庵作什摩?'师云:'为人。'普曰:'作摩生为人?'师便举起拂子。……"(《祖堂集》卷19)"向背"是朝向正面与让人看背面。从这一点引申为迎合与背弃、拥护与反对、服从与背叛等义。"无向背"正与"无出身之路"构成对句,义为不管参问者的根机优劣,谁都可以作为教化的对象。禅宗的教化通常是在很多修行者中只选择上根机者,然后考虑对他进行引导开悟的对策(如夹山善会所说的"闹市里识取天子")。但在这里,则无选择地面向所有的根机作为教化的对象。相对于德山,在这里要说指谁的话,应该就是义玄自身在表明自己的立场,"不作维摩诘,不作傅大士"。"孤峰顶上"的人指维摩诘,"十字街头"的人指傅大士的搭配,但那是古人的模型,哪一方都不赞成的临济展示了自身的立场。但是临济的实际立场应属后者,正如前段所说的"但有来者,不亏欠伊,总识伊来处"。

【四一】上堂(六)"途中与家舍"

> 上堂云:"有一人论劫在途中,不离家舍;有一人离家舍,不在途中。那个合受人天供养?"便下座。

"途中"与"家舍","途中"是旅行的途中,"家舍"应是回归的家。旅行者在以家乡为目标的旅途中,这是通常的位置关系。依据以"家舍"为本来的家乡(作为法身的存在;本来性),以"途中"为现实的存在(作为肉身的存在;现实性)的比喻的图式来看,通过修行达到开悟,以"家舍"为目标,走在路途中,这样的见解在这里从初就被否定了。据马祖禅的见解,由于人本来就生存在开悟的世界,从日常的言语动作中,也就是说不离"家舍",却常在"途中"行走。那么,既是离开"家舍",并且又不在"途中",是怎样的情况呢? 这是对有"家舍",并在朝向家舍的"途中"的见解进行了否定。药山惟俨说:"渠(法身;本来人)不似我(肉身;现实的我),我不似渠。"《祖堂集》卷4《药山章》)洞山良价在过溪水时,看到水中映现自己的影子,瞬间认识到无常的自身(我),才意识到那样的所见到的正是真正的自己(渠)。将此说为"渠今正是我,我今不是渠"(同,卷5《云岩章》),关于法身与肉身的关系,也只是说"我常于此切"(同,卷6《洞山章》)。对马祖禅的见解持批评态度的药山系的人们不属于"家舍"与"途中"的图式。本段只是上堂、提问就结束了,列举了两种类型,并暗示后者以为正确。在大慧宗杲(1089—1163)的《正法眼藏》卷中,引用了这一上堂语,并评价说"贼身已露"(意图已显而易见),这是指北宋时期所形成的代表两种类型的教团(即是后来的临济宗与曹洞宗),将前者思想(的庸俗化的理解),再由后者来修正的动向。本段作为"家舍"与"途中"的关系来说明禅的理论,大概是从北宋时期开始引用出现的。总之,是从那一时代的问题意识所产生的。

在临济的传记中,甚至连出身的家谱、授业师、受戒地、年寿也无法得知,从后世影响力来看这种现象是难以想象的。他迁化后的儿孙时代所收集的传记资料中也有如下情况:(5)应属于历史真实性的可疑、虚构的段落(【二八】升座(二)"师承"、【三〇】"初祖塔"、【三五】"杏山"、【三六】"赵州"、【四三】"迁化时上堂")、以及(6)从用字法来看可以推测为后世成立的段落(【一八】普化(五)"全身脱去"、【三四】"石室行者")。

(5) 虚构

【二八】升座(二)"师承"

问:"师唱谁家曲?宗风嗣阿谁?"师云:"我在黄檗处,三度发问,三度被打。"僧拟议,师便喝,随后打云:"不可向虚空里钉橛去也!"

"师唱谁家曲?宗风嗣阿谁?"(和尚在唱哪家的曲?继承哪一宗风呢?)这种询问师承的定型句,在《祖堂集》中是看不到的,它是在《景德传灯录》临济下第四世风穴延沼(896—973)及其弟子第五世首山省念开始的(卷13)。这样的设问,在临济的时代还未出现,应该是从五代末至宋初开始的①,成为宋代以后的禅院在开堂之时所举行的礼仪性的提问模式。

【三〇】"初祖塔"

师到初祖塔头。塔主云:"长老先礼佛,先礼祖?"师云:"佛祖俱不礼。"塔主云:"佛祖与长老是什么冤家?"师便拂袖而出。

在《临济录》中,这一段是临济离开黄檗山,在回家乡之前,暂且

---

① 贾晋华《古典禅研究》(修订版),上海人民出版社,2013年,第241页。

行脚参访诸山(称为"观方")时的事情。"初祖塔头"是震旦初祖,也就是中国禅宗的第一代祖师达磨大师的墓塔。菩提达磨大约于南北朝(北魏、齐梁)时期来中国的西域,或为印度僧,在《洛阳伽蓝记》永宁寺、修梵寺条(卷1)中,能够知道其片断资料,其传记被明确下来是始于唐代。在道宣的《续高僧传·习禅篇》、《神会语录》、《传法宝纪》、《历代法宝记》中,有其传记,《二入四行论》记录了其对话,至唐中期的《宝林传》,将其全部总括编入。根据以上的资料,《续高僧传·达摩传》中所载:"自言年一百五十余岁。游化为务,不测于终。"又同书《慧可传》中说:"达摩灭化洛滨,可亦埋形河涘(黄河边)。"《神会语录》中是"葬于嵩山"。《历代法宝记》中是"葬于洛州熊耳山"。然后,至《宝林传》时,将其卒年记为北魏太和十九年(495),"葬于洛州熊耳山",乃至梁昭明太子所作的祭文、梁武帝所作的塔铭也被收入其中,已经极其传说化,甚至卒年也出现了各种不同的说法。参拜达磨塔的记录,实际上是《临济录》的本段最初出现的。五代后唐时代的《诸山名迹志》(拟题,S.529)中有关于四祖塔、五祖塔、六祖塔游历的记录,但还未出现有初祖塔。由于熊耳山空相寺住持的名字是从宋代碑刻开始出现,因此,初祖塔建于熊耳山应该是宋代。唐末时代的达磨其人,正如马祖所说的那样:"汝今各信自心是佛,此心即是佛心。是故达摩大师从南天竺国来,传上乘一心之法,令汝开悟。"(《祖堂集》卷14《江西马祖章》)临济也在"示众"中只说:"自达磨大师从西土来,秖是觅个不受人惑底人。"现今在河南省陕县(洛阳以西,三门峡市以东59公里)存有达磨塔和空相寺。

【三五】"杏山"、【三六】"赵州"

师到杏山,问:"如何是露地白牛?"山云:"吽吽!"师云:"哑那?"山云:"长老作么生?"师云:"者畜生!"

赵州行脚时参师,遇师洗脚次,州便问:"如何是祖师西来意?"师云:"恰值老僧洗脚。"州近前作听势。师云:"更要第二杓恶水泼在!"州便下去。

这两段,在《赵州录》中都能看到相同的故事。赵州从谂(778—897)与义玄是同时代的人,而且从谂所住的赵州柏林寺观音院(《宋高僧传》称"东院")是在隔着滹沱河以南的赵县,仅仅有50公里左右的距离。(《入唐求法巡礼行记》卷2,开成五年4月19、20、21日。北宋赵彦卫《云麓漫钞》卷8:"赵州平棘驿,一百里至真定驿。")两者的出身地也相近,《景德传灯录》卷10记载同样都是曹州的郝乡(现河北省泊头市郝村镇。但在《行状》、《宋高僧传》卷11、《祖堂集》卷18中记为青州临淄[山东省淄博市]人)。为南泉普愿(747—834)的弟子。据说"赵州八十行脚"(《虚堂录》卷10),一生以行脚的生活方式度过。至晚年时,入住赵州观音院,接受镇州成德军节度使王镕(872—921)的归依,一直活到120岁。赵州的巧妙问答,被称为是"口唇皮禅",是广为人知的,被称赞为"赵州古佛",最能体现唐末五代的禅宗精神。其问答与传记汇集在《赵州真际禅师语录》3卷(《古尊宿语要》《古尊宿语录》)留传至今。【三六】一则故事是有其根据的,就是投子大同(819—914)与其师翠微无学(生卒年未详,僖宗朝[873—888]时期入内说法)的对话:"又因一日,翠微在法堂行道次,师而近前接礼,问曰:'西来密旨,和尚如何指示于人?'翠微驻步须臾。师又进曰:'请和尚指示!'翠微答曰:'不可。事须要第二杓恶水浆泼作摩?'师于言下承旨,礼谢而退。"(《祖堂集》卷6《投子和尚章》)临济与赵州相遇的本段,与此的趣旨完全相同。因此让人怀疑后人将投子与翠微的故事作为基础,创作了让两位禅匠的相遇得以实现。本段也收录在《赵州录》中,除了主客上刚好相反,内容稍有出入,对话也不自然。将从谂作为主人公的这一故事,在与《赵州语录》被收录在《古尊宿语要》中(南宋绍兴八—九年[1138—1139])的同时,也能看到在雪峰慧空（1096—1158）、瞎堂慧远（1103—1176）、松源崇岳（1132—1202）的语录中。

【四三】"迁化时的上堂"

师临迁化时，上堂云："吾灭后，不得灭却吾正法眼藏。"三圣出云："争敢灭却和尚正法眼藏！"师云："已后有人问，汝向他道什么？"三圣便喝。师云："谁知吾正法眼藏向者瞎驴边灭却！"乃有颂曰："沿流不止问如何，真照无偏说似他。离相离名人不禀，吹毛用了急还磨。"言讫，于法座上端然示寂。时咸通七年丙戌四月初十日。敕谥慧照禅师，塔号澄灵。（开元寺版《天圣广灯录》卷10）

"正法眼藏"是藏有真正的法的眼目，是核心真理的所在，也就是指心。中唐的《宝林传》（801年）所叙述的西国二十八代、东土六代的传法说中，以"如来以大法眼，付嘱迦叶。展转相传，今至于我。我今将此正法眼藏，付嘱于汝。汝当护持，无令断绝"（卷3《第九祖伏驮密多章》）的形式流传。临济继承这一形式，遗嘱说："吾灭后，不得灭却吾正法眼藏。"当被临济问到"正法眼藏"是什么时，其弟子三圣慧然便以"喝"的作用来表示。于是，感到失望的临济以偈颂给予最后的教诲。

本段是上堂语以及与三圣的问答和一首颂构成的，但成立上有问题。（1）原来临济说"山僧无一法与人，只是治病解缚"（"示众"），临死时却说"不得灭却吾正法眼藏"，是难以理解的。这种不自然，在临济下第三世、第四世的南院慧颙（推定860—930）和风穴延沼（896—973）也作为问题进行了讨论、辩护。如："（南院）问曰：'汝闻临济将终时语不？'（风穴）曰：'闻之。'曰：'临济曰，谁知吾正法眼藏，向这瞎驴边灭却。渠平生如师子，见即杀人，及其将死，何故屈膝妥尾如此？'对曰：'密付将终，全主即灭。'又问：'三圣如何亦无语乎？'对曰：'亲承入室之真子,不同门外之游人。'南院颔之。"(《禅林僧宝传》卷3《风穴传》)这无论如何都是以法系为前提的护教性的结论。(2)弟子将临济禅的特征看为"喝",临济对此所作的批评,是上文所论述的警戒"胡喝乱喝"的主题。

从文本的成立论来看,《景德传灯录》南宋版(《四部丛刊》三编所收)以及金版(金藏广胜寺本,《中华大藏经》所收)中,上堂语以及与三圣的问答是没有的,只有颂作为"传法偈"被收录其中。上堂语以及与三圣的问答和颂是《景德传灯录》北宋版(东禅寺版《大藏经》,刊刻较早,但本文内容是新的)、开元寺版《天圣广灯录》(1036年)时期进行了综合被收录其中。如果上堂语以及与三圣的问答没有的话,那么也就无法理解"传法偈"是对谁"传法"的了,内容也与"传法偈"不相称。另一方面,保存在《天圣广灯录》古本形式的金版中没有颂("传法偈")。换言之,颂是后来被加入的。上堂语以及与三圣的问答,是表明对三圣的绝望,但根据后面所放置的"颂"来看,这种绝望明显被缓和,而对三圣进行了最后的教诲,即是三圣成了临济临终时传法的弟子,以上应该是这样的构成。

关于临济迁化地,根据大觉(兴化)存奖的塔铭《魏府州故禅大德奖公塔碑》(公乘亿撰),得知临济离开镇州赴蒲州蒋公之请的消息后,存奖从滞留在江西仰山急忙返回,在途中与临济相遇,随侍渡过白马时,由魏博节度使何弘敬派遣专使迎请至魏府观音寺江西禅院,临济在此不经一年后迁化,存奖履行茶毗之礼,于魏府以南的贵乡县薰风里建塔①。《续开古尊宿语要》以后的古尊宿系文本所附的《塔记》中,临济移往镇州城内临济院之后,"住未几,即来大名府兴化寺,居于东堂。师无疾,忽一日摄衣据坐,与三圣问答毕,寂然而逝",将临济迁化之处

---

① 见《文苑英华》卷868,校录见柳田圣山《兴化存奖的史传及其语录》所收塔碑。

所,记为大名府兴化寺①。这一《塔记》应该是折衷了三圣系的传承与兴化的传承。

(6) 用字法

【一八】普化(五)"全身脱去"

普化一日于街市中就人乞直裰,人皆与之,普化俱不要。师令院主买棺一具。普化归来,师云:"我与汝做得个直裰了也。"普化便担出绕街市,叫云:"临济与我做直裰了也。我往东门迁化去。"市人竞随看之,普化云:"我今日未。来日往南门迁化去。"如是三日,人已不信。至第四日,无人随看,独出城外,自入棺内,倩路行人钉之。即时传布,市人竞往,开棺,乃见全身脱去也。

"我与汝做得个直裰了也"(我为你已经制作了衣服)的"做"(子贺切,去声)是"作"(则落切,入声)的后起俗字。由于这个字是在正史《旧五代史·周书世宗纪》显德六年(959)的一条中最初出现的,大概可以推测是从五代时期开始被使用。这个字在《祖堂集》《景德传灯录》中没看到,因此,这里叙述所根据的资料应该是临济时代以后的宋代出现的。

【三四】"石室行者"

问:"秖如石室行者踏碓,忘却移脚,向什么处去?"师云:"没溺深泉。"

"没溺深泉"的"深泉"是"深渊"的避讳(将唐高祖李渊之讳"渊"字改为"泉")。所谓"深渊",在"示众"第15段中说:"是你若取不动清净境为是,你即认他无明为郎主。古人云'湛湛黑暗深

---

① 依《祖庭事苑》卷2、《禅门拈颂集》卷16记载,当时的三圣慧照已是院主。大名府是唐建中三年(782)由节度使田悦称魏王,改名魏州以后开始的(今河北省大名县)。

坑,实可怖畏',此之是也。"所谓古人,指的是百丈怀海(749—814)。正如其所言:"解脱深坑可畏之处。"(《百丈广录》)"没溺"指溺水而死。这是以执着于禅定、三昧者为禅病而进行警诫之意。如《维摩经·文殊师利问疾品》中说:"贪着禅味,是菩萨缚。"在这一问答中,对于石室行者的三昧,问说"向什么处去?"意思正如《真歇清了语录》中所引用的"什么处去来",因此,"没溺深泉"这一回答正如所推想的,读起来相当不自然。另外,"渊"改为"泉",初看这段像是显示作为唐代的资料,但从本书中并没有看到唐代避讳的例子(如"虎"、"世"、"治"、"显"等)来推测,应该是本段的作者(或书写者)企图将这一段故意提示为唐代的记录。

(戒法译。原刊于《〈临济录〉研究的现在——临济禅师1150年远讳纪念国际学会论文集》,禅文化研究所,2017年)

竹篦子话
——禅宗的语言论

> 名称真能担任人与事物之间的互相交涉的堆积吗？我们真能通过名称了解世界吗？
>
> 名称岂不是用自明性的厚膜将事物包进去？对一切事物打问号，打破名称的如此存在状态时，他们（达达派艺术家）认为此处会出现新鲜的混沌。
>
> ——市村弘正《"命名"的精神史》

一

日本入元禅僧愚中周及（1323—1409）在镇江龙游禅寺开悟的机缘是他的师父即休契了禅师（1269—1351）所举的大慧宗杲（1089—1163）的"竹篦子话"[①]。一笑禅庆撰《佛德大通禅师愚中和尚年谱》至正七年（1347，愚中25岁）谓：

> 一日休谓师曰："昔大慧在梅阳入室，时鼓山长老潜混众底。慧举竹篦曰：'唤作竹篦则触，不唤作竹篦则背。唤作什么？'山出夺取竹篦。慧敲卓子曰：'唤作卓子则触，不唤作卓子则背，唤作什么？'山踢倒卓子。慧指虚空曰：'唤作虚空则触，不唤作虚空则背，唤作什么？'山打筋斗出。"言未了，师脱然契会，即呈颂曰："不知禅者非禅者，二十余年只一疑。打破鼓山涂毒鼓，普天匝地尽弥弥。"[②]

[①] "竹篦"削竹成弓形，弓背上卷藤蔓，用此打掌上。原是一种刑具，禅林中和警策一样使用。大慧爱用此示法。

[②] 《佛德大通禅师愚中和尚语录》卷6《年谱》，《大正藏》第80册。

愚中悟了什么？为了解决这个问题，我们首先需要了解"竹篦子话"的一些背景。

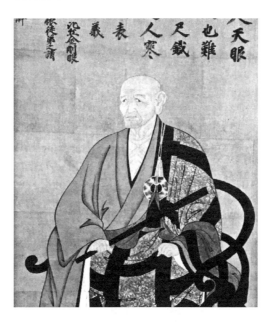

竹篦图（无关普门［1212—1291］顶相，《临济禅师1150年远讳纪念——禅》，日本经济新闻社，2016年）

大慧宗杲当时的情况是，南宋绍兴十一年（1141），对金的主战派张九成和岳飞等被罢免时，他也被怀疑，就被剥夺了僧人身份，贬谪衡州（湖南）。绍兴二十年（1150），他又被迁移到更远的梅州（广东），到绍兴二十六年（1156）复归以前，一直在梅阳（《大慧普觉禅师年谱》）。即休禅师介绍的一则大慧的商量就是在此期间的，但此条商量记录未收于现存的《大慧语录》。

其实"竹篦子话"来源于首山省念（926—993）和叶县归省的机缘问答：

汝州叶县广教院赐紫归省禅师，冀州人也，姓贾氏。

年弱冠,易州保寿院出家受具。后游南方,参见汝州省念禅师。师见来,竖起竹篦子云:"不得唤作竹篦子,唤作竹篦子即触;不唤作竹篦子即背。唤作什么?"师近前掣得,掷向阶下云:"在什么处?"念云:"瞎!"师言下大悟,不离左右,执侍巾瓶,经于数载。(《天圣广灯录》卷16)

此则问答后来被叫做"背触关"而有名(《从容录》第65则《首山新妇》评唱),但存在着重要的异传:

> 首山举竹篦,问师云:"唤作竹篦即触,不唤作竹篦即背,合唤作甚么即得?"师于言下大悟,遂掣竹篦,拗作两截,掷于阶下,却云:"是甚么!"首山云:"瞎!"师便作礼。(《联灯会要》卷12《汝州叶县归省禅师章》)

《联灯会要》的引文中,归省听到了首山的提问,言下就大悟,折断了竹篦。但与归省同在首山门下的广慧元琏(951—1036)也在此目击而留下了证言。据此,与《天圣广灯录》所录一样,归省受到首山的"瞎!"声的责骂而开悟了:

> 尝谓众曰:"我在先师会中,见举竹篦子问省驴汉,曰:'唤作篦子即触,不唤作篦子即背。作么生?'省近前掣得,掷地上云:'是什么!'先师云:'瞎!'省从此悟入。我道,省驴汉悟即大杀悟,要且未尽先师意旨。遮个说话,须是到此田地,方相委悉。情见未忘者,岂免疑谤?"(《禅林僧宝传》卷16《广慧元琏传》)

他所说应该是正确的顺序。面对此种难题,就用抢夺竹篦子而折断的粗暴行为来粉碎所提的问题本身,这本来是一个模式。归省只不过是利用此种手段来应付的,反而受到首山"瞎!"声的责骂,才发觉了首山提出的问题的核心内容。说"瞎!"一声是责骂有视力的人的手段,即对看不出问题本质的叱责。元琏断定了归省"只发觉了首山提出的问题的核心,但还未悟出先师的意图所在"。元琏本因怀疑归省的开悟本身,轻侮归省叫做"省驴汉"。

这个"竹篦子话"公案也有它的先例。唐末百丈山(江西)怀海禅师(749—814)在他的弟子中选拔出沩山(湖南)的住持。

> 时司马头陀自湖南来。百丈谓之曰:"老僧欲往沩山,可乎?"(司马头陀参禅外,蕴人伦之鉴,兼穷地理。诸方创院,多取决焉。)对云:"沩山奇绝,可聚千五百众。然非和尚所住。"百丈云:"何也?"对云:"和尚是骨人,彼是肉山。设居之,徒不盈千。"百丈云:"吾众中莫有人住得否?"对云:"待历观之。"百丈乃令侍者唤第一坐来(即华林和尚也)。问云:"此人如何?"头陀令謦欬一声行数步,对云:"此人不可。"又令唤典坐来(即祐师也)。头陀云:"此正是沩山主也。"百丈是夜召师入室。嘱云:"吾化缘在此。沩山胜境,汝当居之,嗣续吾宗,广度后学。"时华林闻之曰:"某甲忝居上首。祐公何得住持?"百丈云:"若能对众下得一语出格,当与住持。"即指净瓶问云:"不得唤作净瓶。汝唤作什么?"华林云:"不可唤作木㮲也。"百丈不肯,乃问师,师蹋倒净瓶。百丈笑云:"第一坐输却山子也。"遂遣师往沩山。(《景德传灯录》卷9《沩山灵祐章》)

百丈首先阻止"不得唤作净瓶",再问:"汝唤作什么?"灵祐(771—853)就把净瓶踢了一脚,得到百丈的赞赏,被提拔为沩山的住持。灵祐打破百丈所设的陷阱而得到了他的"大器大用"的赞赏。这就是说,对沩山这种大丛林的经营需要不拘规定的力量。然而后来这种"大器大用"的行为作为对"背触关"公案的正确答案,轻易地被模仿了下来。叶县归省抢夺首山的竹篦子而折断两片,就是其例。可是他受到首山的"瞎!"声的责骂,竟然因此得以悟入。这里已经不是以"打破陷阱,表示大器大用"为正确答案。可能从唐末到宋代的两百年间,禅宗界经过了大众化的时期,增加了表面的模仿者,"大器大用"的行为只是庸俗化成一个粗暴的单纯行为罢了。

二

"背触关"的提问,除了净瓶(百丈)、竹篦子(首山、大慧)以外还有:赵州从谂(771—897)指"火"、"拳",法眼文益(885—958)则指"香匙"①,大慧宗杲也指"拄杖"提出了同样的问题:

> 师见僧来,挟火示之云:"会么?"僧云:"不会。"师云:"你不得唤作火。老僧道了也。"师挟起火云:"会么?"云:"不会。"(《赵州录》卷下)

> 师敲火问僧云:"老僧唤作火,汝唤作什么?"僧无语。师云:"不识玄旨,徒劳念静。"(《景德传灯录》卷10《赵州章》)

> 师有时屈指云:"老僧唤作拳。你诸人唤作什么?"僧云:"和尚何得将境示人!"师云:"我不将境示人。若将境示阇黎,即埋没阇黎去也。"(《赵州录》卷中)

僧人所云"和尚何得将境示人!"和有名的"庭前柏树子"话中被问"祖师西来意"的赵州回答"庭前柏树子",提问的僧人反驳说"莫将境示人!"的情况一样,僧人把"拳"看作某种事物的譬喻或象征。下面是法眼文益和大慧宗杲的例子:

> 师与悟空禅师向火,拈起香匙,问悟空云:"不得唤作香匙。兄唤作什么?"悟空云:"香匙。"师不肯。悟空却后二十余日,方明此语。(《景德传灯录》卷2《清凉文益章》)

---

① "香匙"是一种在火炉中整顿木炭和灰时用的杓子形工具。

上堂:"古者道:'了得一,万事毕。'今朝是九月一,诸人作么生了?"蓦拈拄杖云:"不得唤作拄杖子,便了取好。既不唤作柱杖子,作么生了?"掷下云:"差之毫厘,失之千里。"(《大慧语录》卷2)

三

大慧指竹篦问:"不得唤作竹篦,汝唤作什么?"对如此诡计性的问题,他有什么意图?大慧自己说明如下:

所以妙喜室中常问禅和子:"唤作竹篦则触,不唤作竹篦则背。不得下语,不得无语;不得思量,不得卜度;不得拂袖便行,一切总不得。尔便夺却竹篦,我且许尔夺却。我唤作拳头则触,不唤作拳头则背。尔又如何夺?更饶尔道个请和尚放下着,我且放下着。我唤作露柱则触,不唤作露柱则背。尔又如何夺?我唤作山河大地则触,不唤作山河大地则背。尔又如何夺?"有个舟峰长老云:"某看和尚竹篦子话,如籍没却人家财产了,更要人纳物事。"妙喜曰:"尔譬喻得极妙。我真个要尔纳物事。尔无从所出,便须讨死路去也。或投河赴火,拼得命方始死。得死了,却缓缓地再活起来。唤尔作菩萨便欢喜,唤尔作贼汉便恶发,依前只是旧时人。所以古人道'悬崖撒手,自肯承当。绝后再苏,欺君不得'。到这里始契得竹篦子话。"复说偈云:"佛之一字尚不喜,有何生死可相关?当机觌面难回互,说甚《楞严》义八还?"(《大慧语录》卷16《傅经干请普说》)

正如他自己说得很明白,"竹篦子话"是大慧追逼学人的语言应对,穷追到死胡同里去的这么一个策略。他用此种手段来打破以人的言语作用为自明之理的观念,使之死灭,然后使他起死回生。这就是大慧所谓的"看话禅"的方法。语言应对的作用原来是马祖禅的"作用即性"说(人具有语言应对的作用便是佛性的发挥)的根据之一,大慧原来是为了批评"作用即性"说而提起"竹篦子话"的(后述)。

他又强使人接受所谓"无义语",赶进困境,死灭情识,从情识穷尽的地点,起出爆发般的愤志,然后死而后苏。这就是他所谓的"开悟"。① 那么他用这种策略让弟子"悟"了什么?他在上面的《普说》中只说"绝后再苏,欺君不得"(死后苏生,你就成为谁也骗不了的人),没有进一步做详细的说明。因此我们将这个"竹篦子话"当作禅宗的语言问题进行探索。

所谓"唤作竹篦则触"的"触"是"触犯"义,即触讳,命令不得使用。"不唤作竹篦则背"的"背"是"违背"义,违背其为竹篦的事实。这样作为"背触关"的模型提起问题,是宋代之后,之前则只是禁止,说"不得唤作竹篦"。

那么,他为什么禁止?"竹篦"为什么被禁止唤作"竹篦"?不得把"竹篦"唤作"竹篦",不是让人避开其名称而换用别的名称("回互")。如果被禁止把"竹篦"唤作"竹篦",我们只能就哑口无言。问题不止"竹篦",还可以用"桌子"、"拳"、"挂杖子"、"露柱"、"虚空"、"山河大地"等来提问。世界中所有的一切事物都有名称。尽管如此,禅僧要求不使用其名称。如果被禁止使用其名称时,人们只能沉默,乃至此刻,才想到世界中所有的一切事物无一例外的都有相应的名称,而我们生存在名称密密麻麻地覆盖的、以名称的连锁构成的世界中。

---

① 大慧的方法是根据黄龙死心(1043—1114)的"参玄上士,须参活句,直得万仞崖前,腾身扑不碎,始是活句。如不如是,尽是意根下扭捏将来,他时异日,涅槃堂前手脚忙乱"(《黄龙死心禅师语录》)。此法可追溯到唐代长沙景岑(?—868)偈"百尺竿头不动人,虽然得入未为真。百尺竿头须进步,十方世界是全身"(《祖堂集》卷17《岑和尚章》)。

命名是人的创造、生成事物的行为。我们通过命名的行为，才能认识事物。……"世界"被人命名，才成为人的"世界"。人用起个名称的这一行为，断开连续不断、一块成体的世界，划分对象，通过互相分离，生成了事物，再组织各种名称，了解事象。这样通过"命名"的行为，事物就产生了，那么我们可以说，世界作为名称的网眼组织出现在眼前。因此我们得到一个事物的名称的同时，获得到对其存在的认识本身。①

这些词语，我们从小时候就不知不觉间学会而知道了 te（手）、ashi（足）、me（目）、kuchi（口）、sora（空）、ame（雨）等词，绝不会问："为什么这么叫？"如何富于强烈批判精神的革命家也绝不会主张："我们叫做 ashi（足），这个声音 ashi 不合理，换一个名称吧！"②

瑞士人索绪尔（F. Saussure）说：概念和名称的声音之间，原来没有什么必然的关系，只不过是依赖"符号的恣意性"来结合的，这个结合却是具有个功能：不给人们选择的余地，强制他们必须接受。荀子早就管它叫做"约定俗成"：

名无固宜，约之以命，约定俗成，谓之宜。异于约，则谓之不宜。名无固实，约之以命，约定俗成，谓之实。③

（尽管一个东西有它的名称，东西和名称之间没有什么必然性，只是大家一起约定而已。这个约定广被接受而成为习惯的时候，这个命名被认为有必然性。不到约定，随意起名，其名称只不过是恣意。尽管一个东西有它的名称，名称本身不一定有相应的内涵，只是大家一起约定而

---

① 市村弘正《"命名"的精神史》，みすず書房，1987 年。
② 田中克彦《什么是语言学？》岩波新书，1993 年。
③ 《荀子》正名篇。此据杨柳桥《荀子诂译》（齐鲁书社，1985 年）的校订。

已。这个约定广被接受而成为习惯的时候,这个名称被认为有相应的内涵。)

名称本来没有任何必然性,只不过是通过使用中自然成为习惯的。那么不把"竹篦"叫做"竹篦"而叫做别的名称,也没有什么不方便。但是这一定需要经过"约定俗成"。"约定俗成"就是社会的承认。我们使用语言时,必定从属于"约定俗成"的这个习惯化、制度化了的语言体制。出家做沙门的人尽管愿意为方外之客,然他感到自己还是不能不生存在被好多层的习惯和制度围绕的世界中。但与此同时,看破俗世为虚假世界而出家的沙门,一定会想到用语言也得不到的另外一个真实世界的存在。禅僧们提问"不得将竹篦叫做竹篦"的公案首先是为了使人们确认这个道理的。

四

唐代马祖道一(709—784)创始的新兴禅宗门下,禅僧们往往通过讨论注意到语言的限制,而后来成为禅宗思想的底流。

> 师(百丈)上堂云:"并却咽喉唇吻,速道将来!"沩山云:"某甲不道,请和尚道。"师云:"不辞与汝道,久后丧我儿孙。"五峰云:"和尚亦须并却。"师云:"无人处斫额望汝。"云岩云:"某甲有道处,请和尚举。"师云:"并却咽喉唇吻,速道将来!"云岩曰:"师今有也!"师曰:"丧我儿孙。"
> (《景德传灯录》卷6《百丈怀海章》)

百丈怀海究竟要求弟子们说什么?"并却咽喉唇吻,速道将来!"他要求说用语言说不到的事物——"道"。[①]"道"(真理)本

[①] 此问不是要求闭口说什么话,那就是荒谬话。被记录下来的禅宗对话,不管是法堂中的上堂说法还是日常生活中的问答,主题一定是真理或有关真理的问题。

来是用语言表达不到的。因为语言总是有限制的,对完整无缺的"道"本身,无法用语言完整表达。如果要用语言表达,结果只能犯错误。因此,通常仿效维摩诘,用"以心传心"即"沉默"的方法来传法。可是这只有达士相逢的"目击道存"(《庄子·田子方篇》),本来极少见到。而搬用到禅宗大众化了的中唐以后,显然是犯时代错误。百丈禅师预先禁止弟子们逃进这里,强问回答不到的问题。

> 僧问马祖:"请和尚离四句,绝百非,直指某甲西来意。"祖云:"我今日无心情。汝去问取智藏。……"(《景德传灯录》卷7《西堂章》)

"离四句,绝百非",就是"不依靠所有一切的陈述形式"的佛教式说法,和上面所举"并却咽喉唇吻"是一样的制限。而马祖这里向弟子们问"祖师西来意"。("达磨究竟传什么法?"即"什么是禅?")唐代嵩岳慧安(582—709)被问时,就反问:"何不问自己意!"(《景德传灯录》卷4《嵩岳慧安章》)什么是禅?——正确的答案是"探究自己是什么人"(如何自觉到自己本来是个法身,即作为一个具有佛性的人而生活,即是所谓"究明己事"的工夫)。此问用来向别人问,也得不到回答:别人被问,也回答不到。因此被问的马祖道一婉言谢绝,让僧人转到西堂智藏(759—814)处,西堂又让他转到百丈怀海处,如此互相避开回答,将"祖师西来意"的问题给僧人退回,让他陷入一个疑网中,启发他自己省会用语言回答的不可能。

马祖的弟子南泉普愿(748—834)说:禅僧应当在"佛未出世以前",即佛教出现以前、佛教的言说(术语)产生以前的世界中,一个人孤独的修行。

> 师每上堂云:"近日禅师太多生!觅一个痴钝底不可

得。阿你诸人,莫错用心!欲体此事,直须向佛未出世已前,都无一切名字,密用潜通,无人觉知,与摩时体得,方有小分相应。所以道:'祖佛不知有,狸奴白牯却知有。'何以如此?他却无如许多般情量,所以唤作如如,早是变也,直须向异类中行。又如五祖大师下,有五百九十九人尽会佛法,唯有卢行者一人不会佛法,他只会道。直至诸佛出世来,只教人会道,不为别事。江西和尚说'即心即佛',且是一时间语,是止向外驰求病,空拳黄叶,止啼之词。所以言:'不是心,不是佛,不是物。'如今多有人唤心作佛,认智为道,见闻觉知,皆云是佛。若如是者,演若达多将头觅头,设使认得,亦不是汝本来佛。若言'即心即佛',如兔马有角;若言'非心非佛',如牛羊无角。你心若是佛,不用即他;你心若不是佛,亦不用非他。有无相形,如何是道?所以若认心,决定不是佛;若认智,决定不是道。大道无影,真理无对。等空不动,非生死流;三世不摄,非去来今。故明暗自去来,虚空不动摇;万像自去来,明镜何曾鉴?阿你今时尽说'我修行作佛',且作摩生修行?但识取无量劫来不变异性,是真修行。"(《祖堂集》卷16《南泉章》)

读到此场上堂说法,南泉这个人可以说是一个彻底的中国禅僧。说中国人已经不能依据佛教教理被拯救,甚至说猫牛也比印度人佛陀和达磨还好些(因为它们没有情量,自得在道中)。他说的意思是,禅僧与其依据佛教"经律论"的教法进行修行,不如回归于佛陀开始说出教法以前、佛教术语形成以前的世界,作为一个人孤独的修行人,领会到太古以来决不会变易的本性,这就是真正的修行;不要学"佛法"而要体会"大道"。据大慧宗杲的说法,只是这样才能成为谁也不能欺骗的人。换句话说,不被佛教学的术语、高尚的神圣观念等迷惑,成为自立自由的修行人。①

到了百丈法孙临济义玄(？—866)说"语言是风"，主张不要拘于佛教学，要求自主地转换术语的实际内涵("安名")：

> 大德！你莫认衣。衣不能动，人能着衣。有个清净衣，有个无生衣、菩提衣、涅槃衣，有祖衣，有佛衣。大德！但有声名文句，皆悉是衣变。从脐轮气海中鼓激，牙齿敲磕，成其句义。明知是幻化。大德！外发声语业，内表心所法，以思有念，皆悉是衣。你祇么认他着底衣为实解。纵经尘劫，祇是衣通。三界循还，轮回生死，不如无事。"相逢不相识，共语不知名。"(《临济录》"示众")

临济讨论语言的性质时援用的是《大智度论》卷6"十喻释论"，说明"诸法如响"，因为语言只不过是一阵风的声音，被骂也不该发怒。② 然后继续说：

> 道流！是你目前用底，与祖佛不别。祇么不信，更向外求。莫错！向外无法，内亦不可得。你取山僧口里语，不如歇业无事去：已起者莫续，未起者不要放起，便胜你十年行脚。约山僧见处，无如许多般。祇是平常，着衣吃饭，

---

① "香严击竹"公案的主题也是与此相同。香严智闲(？—898)被沩山灵祐要求提示"父母未生以前本来面目"，就回房间去在自己记下来的学习经论的笔记中找答案，也找不到，绝望了就焚烧掉后，离开沩山行脚去，到河南香严山慧忠国师的遗址住下。有一天他扫除把瓦砾扔掉时，听到石头击竹的声音而开悟了(《祖堂集》卷19《香严章》)。所谓"本来面目"(本来的自己)也是不依靠佛教教学而进行探究的结果，偶然看得出来的。他的投机偈"处处无踪迹，声色外威仪"的"感兴之语"中表达出其形象。

② 《大智度论》卷6："如人欲语时，口中风[出]，名忧陀那，[出已]还上至脐，触响出。响出时触七处退，是名语言。如偈说：风名忧檀那，触脐而上去，是风七处触，项及齗齿唇，舌咽及以胸，是中语言生。"(《大正藏》第25册，103a)"脐轮"指脐的圆孔，"入息从鼻孔人至脐，出息从脐至鼻孔出"(《瑜伽论记》卷7)。澄观《华严经疏》卷56："(从腰出仙人出)腰谓脐轮之下。气海之间，是吐故纳新、出仙之故。梵本云那髀曼陀罗，此云脐轮。"(《大正藏》第35册，929a)"气海"是脐下(丹田)，气出入留住的地方，本为道家用的词语。

> 无事过时。你诸方来者，皆是有心求佛、求法、求解脱、求出离三界。痴人！你要出什么处去？三界、佛祖是赏系底名句。你欲识三界么？不离你今听法底心地：你一念心贪是欲界，你一念心嗔是色界，你一念心痴是无色界，是你屋里家具子。三界不自道：我是三界。还是道流目前灵灵地照烛万般，酌度世界底人，与三界安名。（同上）

临济说："三界"、"佛祖"只不过是佛教学作成的名辞术语，尽管如此，人们总是被名辞系缚。上面历观唐宋时代禅僧们有关语言的对话，我们对"竹篦子话"的意义总结如下：禅僧要求不得把"竹篦"叫做"竹篦"这样提问的背后，他们抱有一个意图：我们的世界已经是不容置疑的习惯化、制度化了的被名称覆盖的世界，我们需要构想从这里回归于"名辞以前的世界"，[①]重新自主地转换术语的实际内涵。

五

"不得将竹篦叫做竹篦"这种奇怪的提问，还有出自禅宗史的一个渊源。马祖道一创唱的"见色即见心"（看到事物便知道我心原来就是佛），到了唐末五代在南方作为禅宗的悟道论进行探究。[②] 这就是说，人们接触到外界而被触发，领悟到世界的核心（真理、佛性），这个体验究竟是如何实现的？因为这对禅僧来说是一个最大的关心所在。就马祖来说，人看到对境的这个作用（见色）就是他具有佛性的表现，确认此事（见心）便是开悟。然而后来到唐末五代，对马祖禅的思想加以检讨成为禅宗

[①] 此为日本现代诗人中原中也（1907—1937）用的词。中也的"名辞以前"谓直觉的把握。他受到当时的达达艺术 dadaism 和西田几多郎哲学的影响（未发表稿《芸術論覚之書》,《新编中原中也全集》卷 4；同《解题篇》卷 4，角川书店，2003）但是他没有指出如何从"名辞以前"到语言表达的思路。

[②] 参看拙稿《感兴之语——唐末五代转型期禅宗对悟道论的探究》,《禅宗思想与文献丛考》，复旦大学出版社，2017 年。

的主要课题。五代南唐的云门文偃(864—949)说:

> 师有时云:"我寻常道:'一切声是佛声,一切色是佛色,尽大地是法身。'枉作个佛法中见。如今见拄杖,但唤作拄杖;见屋,但唤屋。"(《云门广录》卷中《室中语要》)

> 师一日拈起拄杖,举:"教云:'凡夫实谓之有,二乘析谓之无;缘觉谓之幻有,菩萨当体即空。'"乃云:"衲僧见拄杖,但唤作拄杖。行但行,坐但坐。总不得动着。"(同上)

> 上堂云:"诸和尚子!莫妄想!天是天,地是地;山是山,水是水;僧是僧,俗是俗。"(《云门广录》卷上)

云门禅师如此屡次述怀,因为他以前接受马祖的"见色即见心"的思想,对弟子们说:"一切声音作佛声来听,一切色作佛色来看,了解世界的所有一切事物里显现了佛陀的法身。此刻便是开悟。"后来认识到其非,他就在大众面前老实地认错。① 所谓的"一切声音作佛声来听,一切色作佛色来看,了解世界的所有一切事物里显现了佛陀的法身",那时候就是"见拄杖即见'我心'(或'佛陀法身')了"。后来将禅宗开悟的过程作为三段模式来说明的青原惟信(生卒年未详,黄龙祖心[1025—1100]法嗣)所说的"见山不是山"就是这个:②

> 上堂曰:"老僧三十年前,未参禅时,见山是山,见水是水。及至后来,亲见知识,有个入处:见山不是山,见水不是水。而今得个休歇处:依前见山只是山,见水只是水。

---

① 入矢义高先生指出:"如此的老实告白,禅僧中极少见到。"《论云门文偃的禅——"向上"》,《增补 自己与超越》,岩波现代文库,2012年。

② 看到禅僧用这种说法讨论重大的问题,我常常想起中岛敦写的小说中的话:"(流河沙)住的一万三千妖怪中也有不少哲学家。但他们使用的词汇极其贫乏,研究最难的大问题时,却也使用最单纯幼稚的词语讨论。"(《悟净出世》)这是禅宗的语言表达的一个特征。他们拒绝佛教教理的术语,尽量使用日常生活用语来讨论问题。

大众！这三般见解,是同是别？有人缁素得出,许汝亲见老僧。"(《嘉泰普灯录》卷6《吉州原惟信禅师章》)

青原惟信把"见山不是山,见水不是水"的阶段作为得到善知识的指导而开悟后的见解。"见山不是山,见水不是水"说明开悟的时候感觉到日常生活世界的秩序崩坏了。宋代的诗人常常把开悟时候的感觉表现为反转现实世界的秩序的形象,就发出像"山上跳鲤鱼,海底舞红尘"等的"感兴之语"。① 开悟简直是一个翻天覆地般的、生活方式有所大变的强烈体验。下一个阶段"而今得个休歇处:依前见山只是山,见水只是水"是依据云门的"山是山,水是水"说的。云门同样说"如今见拄杖,但唤作拄杖"。这是最后的阶段,如实地观看世界,如实地接受世界。为什么呢？一瞬间看到的"山不是山,水不是水"般的彼岸世界,毕竟不是人的生活世界。那么,第三个阶段和第一个阶段有什么不同？还是回到原来的状态吗？这应该弄清楚。我们听一听百丈怀海对沩山灵祐说的话：

百丈慧［怀］海和尚,因拨火示沩山灵祐,因兹顿悟。百丈乃谓曰:"此暂时歧路。经云:'欲见佛性,当观因缘时节。'时节既至,如迷忽悟,似忘忽忆,方省旧道己物不从他得。是故祖师云:'悟了同未悟,无心得无法。'祇是无虚妄凡圣等心。本来心法,元自备足。是汝今既尔,善自护持。"(《宗镜录》卷98)

"时节因缘"如灵云志勤(生卒年未详,沩山灵祐［771—853］法嗣)见桃花盛开而开悟、香严智闲(？—898)听到石头击竹的声音而开悟那样,只有时机成熟时才发生的偶然机会。他们所"悟"的分别是"佛性本来具备在自己"(灵云)、"自己本来的面

---

① 《感兴之语——唐末五代转型期禅宗对悟道论的探究》,《禅宗思想与文献丛考》,复旦大学出版社,2017年。

目"(香严)。其后有什么变化？所谓"悟了同未悟,无心得无法"(天竺第五祖提多迦尊者偈),还是和第一阶段一样。可是所谓"无心得无法",就是说,已经没有自己不足而向外求的心情(无心),认识到自己没有什么不足而不需要从外获得。"祇是无虚妄凡圣等心",已经没有"要脱离三界"、"佛祖是圣人而我是凡夫,需要通过修行,得到圣位"等的错误想法。南泉说："那边会了,却来这边行履,始得自由分。"(《南泉语要》)曹山本寂(840—901)也说："元是旧时人,只是不行旧时路。"(《曹山录》)一个人的外貌没有变化,但他内面,他的想法、生活方式都有所根本变化,成为一个自由的修行人(临济义玄所说的"无依道人"),绝不是回到原来的状态。①

六

以上我们考察了"竹篦子话"的背景以及所提出问题的思想史意义。真正的问题不在"竹篦"等的名称上,命名本来是对事物的认识,名称是得到习惯使用和社会承认而存在,进而构成社会集团的价值体系。禅僧提问"竹篦子话"的意图正是提醒注意此事。禅宗当然是佛教中的一个宗派,它在佛教教理学发达成巨大化、到峰顶的时代,面对它变成僵硬化,就构想出一个佛陀出生以前、佛教形成以前的世界,根据这种"名辞以前的世界"将现实世界相对化,还敢把佛陀、达磨相对化,要求禅僧作为一个自由的修行人(临济义玄所说的"无依道人")而生活。

现在我们根据以上的考察来研究开头所举的愚中周及听到"竹篦子话"而开悟的问题。对大慧宗杲所提"不得将竹篦唤

---

① 《宗镜录》卷15："古人云：'不改旧时人,只改旧时行履处。'"《赵州录》卷上："但改旧时行履处,莫改旧时人。"

作竹篦"、"不得将卓子唤作卓子",鼓山长老就抢夺"竹篦",踢倒"卓子"。这个行为明显是仿效叶县归省的,应该受到首山省念的"瞎!"声叱责。愚中曾经在金山和即休禅师商量过禅宗的古今公案,他应该知道这个公案的归结的。① 鼓山长老抢夺"竹篦",踢倒"卓子",真有朝气,炫耀威力,可是对于"虚空"则没有办法,只能翻了筋斗,沮丧地退出去了。他这样的无谋之勇只不过是粉碎所提出的问题,而没能看出其中有关禅宗对语言问题的重要性。

其后,愚中没有听到即休禅师讲完大慧如何结束话以前,就恍然大悟了。愚中究竟大悟了什么?《年谱》中所记录的愚中"投机颂"就是他当时的表白,谓"不知禅者非禅者,二十余年只一疑。打破鼓山涂毒鼓,普天匝地尽弥弥"。我们解释这首偈难度较高。但幸而一笑禅庆(愚中的晚年弟子)在编辑《年谱》的同时,也编写了对《年谱》的注释《年谱抄》两卷。② 他这里有几条注释,其中引述了愚中自己说明的话。

"不知禅者非禅者,二十余年只一疑"两句谓:"在被禁止用语言表达的场合,禅僧就用身体动作来突破'背触关',一般被认为这是正确的答案,但我二十多年一直抱着怀疑。现在了解到了,这其实是不懂禅的人,不是真正的禅僧。"《年谱抄》对"不知禅者非禅者"做个说明:"此语,唐人之世话也。""世话"意为当时元朝通行的惯用语、俗谚之类。"不知禅者非

---

① 《年谱》至正六年(1346):"师晨夕商量诸家宗师语脉,靡不参决。"
② 《愚中周及年谱抄》,东京大学史料编纂所大正十一年(1922)影写本。上下两卷,本文45叶90页。这是由编辑《年谱》的一笑禅庆自己撰写的抄(注释),本应和《年谱》成一对的文献。《年谱》存有天宁寺藏永亨十三年(1441)刊本、国立国会图书馆藏江户初期正保四年(1647)写本。包括《年谱》在内的《语录》于宽政五年(1793)刊行,而《年谱抄》作为撰者自笔稿本藏在天宁寺。榎本涉先生给我提供了这个影印本,兹表深谢。《年谱抄》有增补本《开山年谱钞》乾坤二册藏在佛通寺塔头正法院。乾册本文50叶、坤册本文53叶。无识语,增补注的撰者、抄写年代均未详。

禅者"是一种可以应用作"不知○者非○者"的警句,它首先以禅者为代表说的,由此得知当时中国存在很多似是而非的禅僧。

"打破鼓山涂毒鼓,普天匝地尽弥弥","涂毒鼓",《年谱抄》引《涅槃经》卷9谓:

> 譬如有人,以杂毒药,用涂大鼓,于大众中,击之发声,虽无心欲闻,闻之皆死,唯除一人不横死者。是大乘典《大涅槃经》亦复如是。众中有闻声者,所有贪欲等皆灭云云。不横死者,一阐提也。

这里愚中所说的"鼓山涂毒鼓",指的是大慧提出的"竹篦子话"。听到大鼓声音的人都要死的"涂毒鼓"就是"背触关"公案:禁止语言,使人沉默,他用此种手段来打破以人的语言作用为自明之理的观念,使之死灭。"打破鼓山涂毒鼓"就是说:鼓山长老针对"背触关"所意图的困境,要用身体动作来突破。愚中明白了这是一种误解。他看出了大慧所提出的"竹篦子话"问题的核心在使人们注意到"名辞以前的世界"。

结句"普天匝地尽弥弥",一笑禅庆向愚中问大慧颂所用的典故,《年谱抄》中记下他师父的答话:

> **尽弥弥** 大慧颂曰:"只任王婆土墼压,阿谁管你啾弥弥?"先师语此颂,予问其故事。师曰:"昔有王氏婆,因屋倒为土墼所压,而不得自救,终叫曰'快去!快去!'路人认作'快活'之声,谓此破屋之下,何快活之有乎?故不敢救也云云。盖唐音同故也。"

这里所引大慧的偈颂,现存语录没有收录,只有这两句颂留下来了。意思是:王婆被压在倒塌的房子底下快压死了,就喊叫"快去!快去!"但谁也没理睬她。其原因是王婆叫"快去!快去!"的声音,被走路的人听作"快活!快活!"所以谁也没去救她。愚中说明其听错的原因是"快去"、"快活"两语"盖唐音同故也"。①

愚中的《投机颂》"打破鼓山涂毒鼓,普天匝地尽弥弥"意思是:打破鼓山长老的涂毒鼓,"快活!快活!"的欢喜声音震天动地。这就是愚中多年来抱有的疑问"什么是禅"一下子彻底消释的时候所发出的"感兴之语"。这两句是从"名辞以前的世界"由感而生的自然的"感兴之语"。

(本文为2018年11月7日香港理工大学孔子学院讲演稿)

---

① 这个王婆的故事作为大慧颂的典故只见于日本的写本文献《年谱抄》。所谓"活"、"去"两个字同音,不知是哪里的方言,或和"活"音入声韵尾[-k]已消失有关,也许是属于单纯的听错。

日中禅宗交流资料中有关汉语史料钩沉
——介绍《五灯会元一山抄》与《愚中周及年谱抄》

一

一般来说，禅宗语录没有注释。因为禅宗语录的口语化程度很高，中国人基本上不会下注释，阅读的人也不需要什么注释。北宋末期睦庵善卿所著《祖庭事苑》是唯一例外（《祖庭事苑》八卷是一部禅语辞典）。① 他发现了当时流行的十七部重要禅籍中文字上有严重的讹误现象，又看到了禅僧不太熟悉禅语的典故、禅林用语，因此用二十年工夫完成了此部禅语辞典。他积累下来的"二千四百余目"的笔记中，诸如标明佛典典故的出处、对禅僧言行的考证，这些对我们解读禅宗语录很有帮助。

中国禅僧会对禅宗语录下注释的另外一个特殊的情况是，在国外需要给外国人解释禅宗语录中难解的词语。元代旅日高僧一山一宁禅师（1247—1317），元大德三年（1299）作为两国通好大使渡航来日后，受到日本天皇和禅宗界的欢迎，担任过镰仓建长寺、圆觉寺、京都南禅寺等大寺院的住持，在日本十八年中留下了两卷语录和不少书法作品。他的偈颂具有禅宗思想的特点，杰出的书法艺术也受到高度的评价，在日本文化史上都有很大的影响。他的文学艺术创作活动主要在日本，因此

---

① 参看拙稿《禅籍的校雠学》。《祖庭事苑》，大观二年（1108）刊，绍兴二十四年（1154）重刊。版本有日本五山版（室町初期［14世纪］复宋本，驹泽大学藏）、江户正保四年（1647）刊和刻本、《续藏》本。本章引文页码依《续藏》本。

中国国内少有所闻。①

日本京都建仁寺两足院保存了一本称作《五灯会元一山抄》的抄本。绪方香州先生的解题谓：

> 抄本外题"五灯会元抄　自一至廿　一山抄　全册"，卷头写"五灯会元抄"，卷尾写"一山抄"，表纸纸背为有文明四年(1472)纪年的文书；书尾写"此一册者特芳杰和尚之手迹也。关山—授翁—无因—日峰—义天—雪江—特芳"。全书32张纸，约有900多条对《五灯会元》词语的说明。②

《五灯会元一山抄》是由特芳禅杰(1419—1506，京都龙安寺中兴之祖)书写的。据说这是一山禅师对《五灯会元》的词语所作的注释。我看了这本抄本的复印件③，认为一山禅师不会对《五灯会元》这本禅籍下注释，而推想这大概是他用笔谈的方式为提问的僧人回答并解释《五灯会元》词语的记录的一本集成。900多条注释不一定全部是一山禅师所作。

据一山弟子虎关师炼撰写的《一山国师行状》称：

> 师性慈和无涯岸。近世执道柄者，严庄威重，以为法助，且柅鞭也。师孤坐一榻，不须通谒，新到远来，出入无间。人便于参请。禅策中无索隐，仅《事苑》而已。往往漫下雌黄者多，江湖患之。及师至，理阙疑。然言语不通，乃课觚牍，只字片句，朝咨暮询。师道韵柔婉，执翰酬之。教乘诸部、儒道百家、稗官小说、乡谈俚语，出入泛滥，辄累数

---

① 此章内容据拙稿《元代旅日高僧一山一宁禅师的偈颂和书法艺术》(收于《禅宗思想与文献丛考》，复旦大学出版社，2017)有所加笔。
② 绪方香州《禅宗史籍の注釈について—五灯会元抄を中心として—》，《禅学研究》第59号，1978。
③ 柳田圣山先生复印，花园大学国际禅学研究所藏本。

幅,是以学者推博古。又善鲁公屋漏之法。携纸帛乞扫写者,铁阃或可折矣①。

这里虎关师炼介绍了两件事:第一,一山禅师为参问僧解释禅宗语录中难解的词语;第二,应于众多日本僧俗请求,一山禅师答应挥毫写字。

一般的情况下,中国禅师来日本后,在上堂说法时,凭着翻译人传达表述禅理②;另外,还通过笔谈的方式来指导禅僧。《五灯会元一山抄》便是其记录。现在介绍一条"山曰"形式的注释如下:

> 大宜小宜　　山曰:"'宜'字与'便'字同用也。'大宜东北角,小宜僧堂后。'"

【案】《五灯会元》卷4《赵州从谂禅师章》:

> 问:"学人有疑时如何?"师曰:"大宜小宜?"曰:"大疑。"师曰:"大宜东北角,小宜僧堂后。"

一山禅师注谓:赵州和尚故意把"疑"通用"宜"来戏弄僧人说:"你要大便就去东北角,要小便就去僧堂后。"

> 疑,《广韵》:语其切,疑母之韵开口三等止摄;
> 宜,《广韵》:鱼羁切,疑母支韵开口三等止摄。

之、支两韵到唐末已合并,"疑"、"宜"两个字可能发作几乎同音了。至于"宜"具有"便"义,复音词"便宜"既有"便利"(convenient)义,"便利"又有排泄屎尿义。因此成立"疑"="宜"="便宜"="便利"="大小便"的等式。此种通过词的音

---

① 《济北集》卷10,上村观光编《五山文学全集》第一卷,思文阁复刻版,1973;《一山国师妙慈弘济大师语录》卷下《行记》,《大正藏》第81册。
② 馆隆志《鎌倉期の禅林における中国語と日本語》,《驹泽大学佛教学部论集》第45号,2014。

和义的类推解释成一个玩笑,我想确是中国人的擅表达,日本人很难做到。所以日本禅僧向一山禅师问了此问题。

那么,向一山禅师问了此问题的僧人"疑"着什么呢?此处还没有提及僧人向一山禅师所提起的问题,问答就结束了。可能是那种不言而喻的问题。禅宗语录中有几条同样的问答:

> 僧问曰:"学人有疑,请师决。"师曰:"待上堂时来!与阇梨决疑。"至晚间上堂,大众集定,师曰:"今日请决疑上坐,在什么处?"其僧出众而立,师下禅床把却曰:"大众!遮僧有疑。"便托开归方丈。(《景德传灯录》卷14《药山惟俨禅师章》)

药山惟俨禅师(751—834)只向僧众说"遮僧有疑",不说内容,也就是"大家!这个禅僧是怀疑(那件事情)的!"这种口气。再有一条:

> 问:"学人有疑,请师不责。从上宗乘事作么生?"师云:"三拜不虚。"(《云门广录》卷上)

提问的僧人自己也问"从上宗乘事作么生?"觉得惭愧,他的疑问是禅僧最关心的事,即禅宗自古传下来的核心"祖师西来意"。马祖道一禅师(709—788)早就指出:

> 汝今各信自心是佛,此心即是佛心。是故达摩大师从南天竺国来,传上乘一心之法,令汝开悟。又数引《楞伽经》文以印众生心地,恐汝颠倒不自信。此一心之法,各各有之,故《楞伽经》云:"佛语心为宗,无门为法门。"(《祖堂集》卷14《江西马祖章》)

马祖禅师所谓"一心之法"就是"自心是佛"、"即心是佛",这就是"从上宗乘事"。马祖如此宣言以后,"即心是佛"就成了马祖新兴禅宗的口号。黄檗希运（？—850前后）也说：

> 问："何者是佛？"师云："汝心是佛。佛即是心。心、佛不异。故云即心是佛。若离于心，别更无佛。"云："若自心是佛，祖师西来，如何传授？"师云："祖师西来，唯传心佛，直指汝等心本来是佛。"（黄檗希运《宛陵录》）

这是马祖以来禅宗的主张。云门文偃禅师（864—949）被问"从上宗乘事"，就回答说"三拜不虚"。人们究竟如何证实"自心是佛"？马祖认为在人的见闻觉知、语言答应等感觉和身体动作的作用上才能证实这个道理。这一点与传统佛教学的教说大有不同。云门所说"三拜"就是一种身体动作。到此我们自然就想起参问临济义玄禅师（？—866）的定上座的一次开悟的体验：

> 定上座初参临济，问："如何是佛法大意？"济下床擒住，师拟议，济与一掌拓开。师伫思，傍僧云："定上座！何不礼拜！"师便礼拜，起来浃背汗流。从此省去。（《宗门统要》卷9《定上座章》）

定上座大概刚开始行脚，依照行脚僧初见老师的惯例问临济禅师"如何是佛法大意"。而对禅僧来说，"佛法大意"本来应该是向自己提问的"即今自己意"即"什么是自己"的问题。所以临济禅师用"下床擒住"、"与一掌拓开"等动作将问题退回，让他向自己问。傍僧知道这是临济义玄的示法手段，促使定上座礼拜，定上座就作礼拜，这时候他才领悟到"佛法大意"就是自己。可谓"三拜不虚"。

提问赵州的僧人的"疑"应是当时禅宗的口号"即心是佛"。汾州无业禅师（760—821）参马祖便说："三乘至教，亦粗研穷；常闻禅门'即心是佛'，实未能了。伏愿指示。"（《祖堂集》卷15《汾州和尚章》）源律师对马祖弟子大珠慧海说：

"禅师常谭'即心是佛',无有是处。"(《顿悟要门》卷下)德山宣鉴(780—865):"他南方魔子便说'即心是佛'。遂发愤,担《疏钞》行脚,直往南方,破这魔子辈。"(《碧岩录》第四则评唱)这三位都是长于教学的座主、律师,在他们看来"即心是佛"是无论如何不能承认的魔说。因此僧人怀疑"即心是佛"是不足为怪的事情。那么,赵州和尚对他回答说"大宜(大疑=大便)东北角,小宜(小疑=小便)僧堂后",这是为什么呢? 司空山本净禅师(667—761)虽对"即心是佛"作说明谓"若欲求佛,即心是佛,佛因心得"(《祖堂集》卷3《司空山本净和尚章》),但这个道理不能用语言证明,只能如此坚信,如此修行。这毕竟是作为一种对人的要求而说的。所以马祖说"汝今各信自心是佛,此心即是佛心",六祖慧能也说"你等诸人,自心是佛,更莫狐疑!"(《祖堂集》卷2《惠能和尚章》)黄檗也就"即心是佛"谓:"理论者个法,岂是汝于言句上解得他? 亦不是于一机一境上见得他。此意唯是默契得。"(《宛陵录》)这个道理既然只能"信"、"更莫狐疑"、"默契得",不必提问,不值得讨论。

僧人本意要说:我对"即心是佛"的说法抱有怀疑,请和尚解惑。赵州和尚认为"即心是佛"的道理,只能本人承担,不必怀疑。然后他用这种同音异字的幽默来戏弄他。[①] 僧院的东北角设有东司(厕所),僧堂后设有后架(洗手间),《幻住庵清规·营备》、《缁门警训·登厕规式》有记载可证。日本镰仓建长寺是建长元年(1249)邀请中国兰溪道隆禅师任开山大师依照中国南宋禅院建筑的规模来创建的,现在还可以看到复原当时建筑的布置。

[①] 《赵州录》中还有一条对话可以参照:"问:'从上至今,即是佛。不即心,还许学人商量也无?'师云:'即心且置,商量个什么?'"

明末清初的《莲峰禅师语录》中的一场示众有类似《五灯会元一山抄》的解释：

> 不悟从于不疑，小悟从于小疑，大悟从于大疑。汝诸人倘曾十分息疑，任汝东司头大宜臭，桶边小宜左之右之，无所不宜。若触境逢缘，尚有狐疑，莫学灵云弄口嘴，也道"直至如今更不疑。"（《莲峰禅师语录》卷5"示众"）

莲峰禅师的此场示众显然是模仿赵州禅师说法。听众尽管不知道赵州的对话，也一定知道"疑"＝"宜"＝"便宜"＝"便利"＝"大小便"的等式，也是不容置疑的。

二

禅僧对禅宗语录下注释，还有一种情况。日本禅僧愚中周及和尚（1323—1409）的弟子一笑禅庆（1383—1460）为他师父编写《佛德大通禅师愚中和尚年谱》①，并撰写年谱的注释《佛德大通禅师愚中和尚年谱抄》两卷②。愚中和尚本是梦窗国师的弟子，历应四年（1341，元至正元年）19岁时，乘坐"天龙寺船"渡航元朝，行脚访师，后在镇江金山龙游禅寺师从即休契了和尚开悟嗣法，后到至正十一年（1351）29岁时，辞师回国，停留中国十一年之久。回国后，他遵守即休和尚遗嘱"你归乡国，不要出世，须是山林树下得坐披衣，专一做静地工夫"，誓不近京都五山，入山耕作，自作自给，过着虔诚的修行生活。到晚年他开创了京都府福知山金山天宁寺、广岛县三原佛通寺，开法说禅，培养弟子。一笑禅庆是愚中和尚晚年所收的弟子，虽然未到过中

---

① 年谱有永享十三年（1441）刊本、正保四年（1647）写本、宽政五年（1793）刊本，《大正藏》第81所收《佛德大通禅师愚中和尚语录》卷5铅印本。

② 《愚中周及年谱抄》，东京大学史料编纂所大正十一年（1922）影写本，京都府福知山市天宁寺原藏（复印件系日本文化研究中心榎本涉先生提供）；增补本《开山年谱钞》，广岛县三原市佛通寺正法院藏写本。

国,但他根据听到愚中和尚的回忆做了笔记,在撰述《年谱》的三年后,还撰写两卷《年谱抄》补了进去。他对《年谱》中所述愚中和尚在元朝事迹做了比较详细的记述,还对元朝南方的方言词、谚语也做了说明。

《年谱》至正二年壬午(1342)师二十岁

逾年犹不许上岸,船中水尽数日。师与同志修圆通忏摩法,以祈雨水,密云忽布,大雨滂注。船中数百人,饮之得活。钟氏奇之,独许商人贸易。师密引一商人,告为求法来。彼慨然夜棹小舟邀,师直过明州,泝江而上。

《年谱抄》

钟氏奇之 钟氏知船中水尽,将谓渴死不久矣。于时见船上数十顷,大雨滂注,而余处不溅,以为神人助之。故决其非贼船,遂许商者通水陆之贸易也。然而犹不许余人之上岸也。(《年谱抄》,第17页)

直过明州 明州者钟氏所管之地也。故潜过之也。凡自本朝同船求法僧六十余人,唯师之同行十一人得过明州也。其故者大鉴之徒弟十七人,与师同谋而乘别舟,将近岸,忽为严兵所捉。钟氏大嗔,一时杀之。其余在船中者闻之,皆还归于本朝也。(《年谱抄》,第18页)

《年谱》历应四年(至正元年,1341)谓:"今兹上皇(光严上皇)创天龙寺,遣商舶求藏经于元国。秋发博多,冬到明州。太守钟万户以为贼船,舳舻数千防海上。商主通书以陈,疑惑不已,愈严禁防。"愚中和尚所乘天龙寺船,据《年谱抄》的记载得知乘有数百人,其中有六十余僧要求法元朝,而除了愚中和尚等十一人以外的,或被害死亡,或因害怕逃回国,都没实现目的。如此详细的史事记载很少能见到。

《年谱》至正十一年(1351)师二十九岁

有僧自江南归,传佛通讣并遗偈。偈曰:"生也不来,死也不去。出头天外看,日轮正卓午。"即休敕谥佛通禅师。师举哀作偈云:"临行犹道不来去,又是福州人肚肠。痴囝不承郎罢业。苍天声里泪痕长。"福闽子曰囝,父曰郎罢。福州人弄肚肠,故曰"又是福州人肚肠"。佛通禅师,福州人也。

《年谱抄》

福州人肚肠 福州人有陷虎机。故世话曰"福州人弄肚肠_{フ シウシン ルウ ド ジヤウ}"。休翁乃福州人也。故用此语也。(《年谱抄》,第48页)

痴囝不承郎罢业 《事林广记》:"福闽人谓父为郎罢,称子曰囝。罢,部买切。"黄山谷《送秦少游从苏东坡学》:"班衣旧(儿)啼真自乐,从师学道也不恶。但得新年胜旧年,即如常住郎罢前。"唐顾况诗:"儿馁嗔郎罢。"古语:"子不承父业。"(同上)

苍天 《尔雅》:"天形穹窿,其色苍苍。"又春曰苍天。唐人有哀痛则仰天叫:"苍天!苍天!"(同上)

闽语"郎罢"、"囝"比较有名,有关记载有陈纂《葆光录》卷3、吴处厚《青箱杂记》卷6等。俗谚"福州人弄肚肠",大概是指福州人善于从事交易,狡猾获利的商人性格。这里反面用来怀念老师并表示哀悼之意,但找不到其他用例。一笑禅庆介绍了此语并把老师在元朝学会的读音用片假名记在旁边。对《年谱》中所见的元朝俗谚、方言词,他将其称作"唐土世话"并加以说明。所谓"世话"是指当时世间一般流行的语句,并不是佛教用语、禅语①。譬如《年谱抄》中所提到的"伶利"、"支遣"、"商量"、"不见道"、"不知

---

① "世话"一词不见于一般的典籍中,而集中出现于《大宝积经》卷92,义为俗世的不好习惯,和此处意思不同。大概似乎是个日语词。

禅者非禅者"、"没兴"、"脱赚"、"坐期"、"莫作普州人好"、"去就"、"觜卢都"、"有利无利,不离行市"等词:

《年谱》文和元年(1352) 正月十九日,值佛通忌。有颂曰:"金鳌背上觅通津,没兴遭他脱赚人。一曲扬华多日泪,又添柳色雨中新。"

《年谱抄》

没兴 《应庵录》虎丘忌日拈香曰:"平生没兴撞着这无意智老和尚,做尽伎俩,凑泊不得。"没兴,世话也。此方ニフレコト、心ニハヲモハネトモト云义也。

脱赚 脱赚,江南世话也。此方ニナサケナクモ、スカサレタルモノカナト云心也。(《年谱抄》,第49页)

"没兴"用日语解释为"フレコト、心ニハヲモハネトモ"(意为"不料遇到[糟糕的事情]而后悔");"脱赚"解释为"ナサケナクモ、スカサレタルモノカナ"(意为"真糟糕! 受骗了!")。"江南世话"即江南方言。这与赵彦卫《云麓漫钞》卷6所说的"赚"是浙人语一致。他讨论传说唐太宗唆使萧翼骗取王羲之真迹《兰亭序》,参考各种材料来论证此出于臆说,举出了七条证据讨论,其第七证据说:"太宗开国之文君,不应赚脱一僧而取玩好,其谬七也。观其词有'赚取'、'睨秀才',皆浙人语,必是会稽人撰此神其事,不可不知也。"(《唐宋史料笔记丛刊》,中华书局,1996年)

《年谱》永和元年(1375) 冬大雪。时有心源老人,洞下饱参也。见师冷然孤坐:"山形拄杖犹不如师天真也。"师云:"公莫作普州人好!"因作颂云:"寒酸实有天真乐,四立壁中三脚驴。况是夜明帘外客,山形拄杖岂相如?"

《年谱抄》

莫作普州人好 《方语》:"普州人送贼。"注:"贼知贼。"(《年谱抄》,第 60 页)

《年谱抄》所引《方语》即《宗门方语》或称《禅林方语》,是一种编辑禅林俗谚、歇后语的用语集①。"普州人送贼"条下注云:"你是贼;又云兼身在内;又总是贼。"(《宗门方语》)"连你在里许。"(《禅林方语》)愚中说"公莫作普州人好!"(你不要学作普州人!)意为"我们是伙伴,不要阿谀奉承!"普州是今四川省安岳市。

《年谱》应永十一年(1404) 春退居肯心,痛斥参徒下语商量,徒取口辩,坐使真宗流为戏论。结制日,说偈示众曰:"老能题壁存何物?古佛赵州只有无。为报祖师门下客,万般不若觜卢都。"

《年谱抄》

觜卢都 觜卢都,缩口皃。谓如鸟觜也。中峰《柘榴颂》曰:"久于林下觜卢都,纯被春风著意虚。时节到来开口笑,满怀总是夜明珠。"(《年谱抄》,第 73 页)

《年谱抄》解释"觜卢都"为像鸟觜一样缩口不说话,守沉默之貌。这个解释不见于其他近代汉语辞书中。

以上我所介绍的两份禅宗资料,这两份都是日本保存下来的资料。中国人一山一宁禅师面对日本僧人的提问,用笔谈的方式来解释禅宗语录中难解的词语;一笑禅庆听到愚中和尚在留学元朝的经验和元朝流行的方言词、俗谚,做笔记编写《年谱》和《年谱抄》解释"唐土世话"。这两份禅宗资料不仅在禅宗语录的解释研究起着重要作用,还在汉语史研究具

---

① 《禅语辞书类聚》所收,禅文化研究所,1991 年。《禅林方语》无著道忠宝永五年(1708)跋谓其书来当时停留在长崎的清国僧人雷音所带。

有较高的资料价值。我们应该对这种域外资料给予应有的重视。

（本文为 2018 年 3 月 12 号复旦大学中文系所作的讲演稿，后有所修订）

《敦煌新本六祖坛经》补校

敦煌市博物馆藏本《六祖坛经》(编号077,任子宜旧藏本)的影印本(任继愈编《中国佛教丛书·禅宗编》)和校录本(杨曾文校写《敦煌新本六祖坛经》,上海古籍出版社,1993年)几乎同时出版了。通过杨曾文先生所做的几次报告,全世界的禅学者在影印本问世以前早就闻知敦博本是一本讹误极少、书品极佳的精抄本。只是杨先生越强调此为善本,外界的学者就越渴望其能尽早出版,渴望亲眼一睹为快。现在这两本书都与我们见面了。众所周知,《六祖坛经》是研究早期禅宗的重要资料,凡是对禅学感兴趣的人无不读此书。因此世界的禅学者对此书倾注力量,共同积累了许多研究成果。但与此书的重要性相应,被留下的问题还是不少。《坛经》在其被接受、流传过程中,各阶段都有所增补、删改。所以解明此书的原貌就是一个极其重要的课题。以前被认为最早的完本是敦煌写本(S. 5475),但因其中有很多错别字,阅读和了解此书内容便有极大困难。此写本从来被称为"粗劣本",而从研究敦煌写本的角度来说,却具有很高的价值,正如《韩擒虎话本》(S. 2144)尽管阅读上有一定的难度,但它能够为俗字研究、唐五代西北方言(河西方言)研究、文艺接受史研究提供极好的资料。[①]《韩擒虎话本》只有一个写本,而敦煌本《六祖坛经》我们现在则有了敦博本可以进行比勘。除了敦博本以外,还有两个写本,虽然都是残卷,但均

---

① 参见松尾良树《敦煌写本に於ける别字——〈韓擒虎話本〉S. 2144を中心に》,《アジア・アフリカ言語文化研究》第18号,1979年。

属于一个系统：即北京图书馆藏本（北图8024v，1991年由田中良昭先生介绍①）和西夏语译本（历史博物馆、北京图书馆、北京大学图书馆、日本天理图书馆藏及罗福成旧藏本共12页，1993年史金波先生重译）。另外大谷探险队带去的大谷光瑞本（旧旅顺博物馆藏本）仍然下落不明，只能看到卷首半页的照片。这样一共有五种敦煌本《六祖坛经》。宋初惠昕改编的惠昕本系统的写本和刊本也早已被整理出版了。如果充分利用这些资料来作校勘研究，一定能够完成一本最可靠的敦煌本《六祖坛经》。

　　杨曾文先生的《敦煌新本六祖坛经》，是以敦博本作底本，用Stein本、惠昕本（兴圣寺本）作对校本写成的敦煌本《六祖坛经》新校订本（校录74页，后面是资料集105页，书末附有长篇论文149页）。大家最关注的当然是校录部分。杨先生是第一位利用敦博本并发现其学术价值的学者。这本书一出，日本立即有了反应，有人赶紧发表了部分翻译。可是作为校订本，我觉得杨先生的校录存在不少问题。所谓校书，既不是拼凑系统有异的诸本来综合编成一个新本，也不是随意改动文字给读者提供易读的改编本，而是对写本书手无意识地随从自己或所处时代的书写习惯而导致的讹误加以纠正，同时又尽量保存原貌并努力恢复其书的原貌，态度需要十分慎重。《坛经》研究证明，敦煌本以后的各种本子都反映出在其接受阶段的增补、删改情况。正因如此，我们对各种本子加以整理时应当保存其在《坛经》的各个发展阶段的不同特点。《坛经》本来是根据六祖慧能授戒说法的记录而编成的（至少它是设定如此的情况而写成的），因此它的语言本来很朴素，有些文字作为书写作品，会

---

①　田中良昭《敦煌本〈六祖坛经〉諸本の研究——特に新出の北京本の紹介》，《松ケ岡文庫研究年報》第5号，1991年。

给读者不够成熟的印象。后出的本子文字表达较为正规,逻辑前后一贯,这是后来编者改订的结果。早期成立的本子上有些文字生硬或读不大通,就根据后出本校改,这样尽管文章变得畅通,此法非但不符合作者的原意,反而会使之失去原来的面貌。敦博本《坛经》确实是讹误极少、书品悦目的精抄本。那么校录最好尽量保存原貌,另在校记中举出其他本子的异文。只要这样做便可以揭示出后出本如何改动文字、距离原本有多远,还对满页是错别字、通用字、令人难读的"粗劣"而有"高价值"的 Stein 本,也能够证实它在写本学和语言学上的价值。当然敦博本本身也有敦煌写本常见的讹误,不能盲从该本文字。但杨先生的校录改动原文的地方显然过多。杨本一般是根据惠昕本校改的。惠昕本是宋初(乾德五年,967)依据一卷"古本文繁,披览之徒,初忻后厌"(惠昕《六祖坛经序》)的本子改"述"过来的再编本,是编者有意识地改编的,不是忠实的转写"古本"(很可能是敦煌本系统的)的。所以我们校订敦煌本《坛经》时,不能过分依靠惠昕本。而惠昕本也有繁简不同的两个系统:真福寺本、金山天宁寺本、大乘寺本和兴圣寺本、金泽文库本(残卷)、宽永刊本。后一系统最接近契嵩本系统(元代的德异本、宗宝本)。据石井修道先生的研究,真福寺本是最完整地保存原貌的初刊本的转写本。[①] 可惜这本书发现得最晚,所以铃木大拙、Yampolsky、柳田圣山、郭朋等先生在他们的校本中均未及参照,以为惠昕本就是兴圣寺本。奇怪的是杨先生应该能够看到真福寺本的校录本,可是校写凡例中说只参考了敦煌本(Stein 本)、铃木大拙的校订本和惠昕本(兴圣寺本),没有参照 Yampolsky、柳田圣山先生对 Stein 本所作的校本,甚至连郭

[①] 石井修道《伊藤隆寿氏発見の真福寺文庫所蔵の〈六祖坛经〉の紹介——惠昕本〈六祖坛经〉の祖本との関連》,见上。

朋《坛经校释》也没有在校记中提到。这三种校本当然受到成书时间较早的限制,然柳田校本是在入矢义高先生指导下组织的研究班上进行集体研讨的成果,郭朋先生校本虽然借题发挥的地方很多,但偶尔也可以看到他直率而独自的见解。杨先生在书后列出的资料和论文中提到的材料确实很多,但校写敦博本《坛经》时利用的却很少。他在20世纪90年代作三校时利用的都是20世纪70年代以前的资料。结果,由于上述的种种原因,敦博本的新校订本却成为位于敦煌本系统和惠昕本系统(兴圣寺本)的中间的新编本了,这不可以叫做"敦煌新本",也不能说是敦煌本《坛经》的理想校本。这一结果令人十分遗憾。

下面是本人阅读《敦煌新本六祖坛经》时所作的校勘札记。另外杨著资料集中所收的《曹溪大师传》全文是初次整理介绍给大陆学者,因此我把用影印本(柳田圣山编《〈六祖坛经〉诸本集成》附录)核对的补校附在篇末。今不揣陋昧,略事此等补正举例,非敢自矜一鳞半爪之得,实愿与同道共同探讨。所说如有不当,尚祈垂教。为便复检,每条都于括号中注出杨氏原著页码和行数。本文在撰写过程中,承花园大学古贺英彦先生慨然惠借其手泽本,并承台湾学者杜松柏先生惠赠潘重规先生所著《敦煌坛经新书》,谨此表示衷心感谢。(1995年8月10日写于京都;1996年3月1日修改)

[1] 韶州剌史韦璩及诸官僚三十余人。(本书第4页第5行,下同) 校记[3]:原作"违处",据惠昕本改。校记[4]:"僚"原作"寮"。 按:"璩"字Stein本及大谷光瑞本并作"據",下文(72·7)亦同。其他如《曹溪大师传》、石井本《神会语录》、《历代法宝记》、《宝林传》佚文(驹泽大学藏《景德传灯抄录》所引,椎名宏雄《〈宝林伝〉逸文の研究》,《驹泽大学佛教学部论集》第11号,1980年)等唐代资料皆同。作为人名用"據"字较为罕

见,然诸资料既如此,当据校作"據"。又"寮"、"僚"通用,Stein本及大谷光瑞本亦作"寮",不烦改古本所用之字。下同。

[2] 流行后代。(4·6)　按:"流"字原卷误作"诡",应校出。

[3] 左降迁流岭南,作新州百姓。(5·3)　按:原卷"岭"字旁有删除符号(卜),Stein本亦无此字。

[4] 慧能幼少,父又早亡。(5·3)　校记[4]:"又"原作"亦",据惠昕本改。　按:作"亦"也通,不烦改。Stein本作"小",盖为"亦"之讹。又"幼"字原卷误作"幻",应出校。

[5] 遂差慧能于碓坊。(6·7)　校记[4]:"差",原作"著"字,据敦煌本改。　按:"著"字不误,义为安置,不烦改。

[6] 门人集已。(7·1)　校记[1]:原作"集记"。　按:Stein本亦作"集记"。Yampolsky、柳田、郭朋、潘重规校并作"集讫",是也。

[7] 祇求福田。(7·2)　按:"祇"字原卷作"只",Stein本及惠昕本并同。应从原卷。下文"祇缘境触"(20·1)亦同。又下文:"吾不自知,代汝迷不得。汝若自见,[岂]代得我迷?"(55·6)"我"原卷作"吾"。

[8] 我等不须澄心用意作偈,将呈和尚。(7·5)　校记[5]:"澄"原作"呈",据惠昕本改。　按:Stein本亦作"呈"。不烦改。"呈心"即下文所云"呈自本心"(11·9)。"澄心"则是禅法,于义未妥。或疑"呈"通"逞","逞心用意"义为炫耀心意。

[9] 偈不用作。(7·6)　校记[7]:"偈"原作"请",参铃木校本改。　按:Stein本亦作"请"。"请不用作"是门人递相制约之语,不烦改。

[10] 欲画楞伽变相。(8·1)　校记[1]:原本无"相"字,参铃木校本加。　按:Stein本亦无。下文(9·1)亦作"楞伽变"无"相"字,此不烦加。

［11］画人卢珍看壁了。(8·2)　按："珍"字原卷作"坽"，Stein 本作"玲"。潘重规校作"玲"，当从。写本"今"、"令"概不分。敦博本"珍"写作"珒"(56·1)。又"壁"字原卷误作"檘"从米。

［12］上座神秀思惟诸人不呈心偈……(8·3)　按："诸人"至"终不得法"六十五字应入引号内。又此后"甚难甚难"四字及"若五祖见偈"至"我心自息"四十六字亦应入引号内。

［13］若不呈心偈，终不得法。(8·5)　按："终"字原卷误作"修"，Stein 本亦同。应出校。

［14］若五祖见偈，言此偈语。(8·6)　按：此十字 Stein 本同，疑有误脱。

［15］五祖忽见此偈，请记。乃谓供奉曰……(9·5)　按："请记"二字，Stein 本同，柳田校改为"诵讫"，并删句号属下读，当从。

［16］不敢求祖位，但愿和尚慈悲。(10·5)　校记［4］：原缺"祖位"二字，据惠昕本加。　按：Stein 本作"不敢求祖"。疑原卷"但"字是"祖"之误写。"位"系惠昕所补，敦煌本原无此字。

［17］秀上座去数日，作偈不得。(10·9)　按：Yampolsky 及宋绍年断句为"秀上座去，数日作偈不得"，当从。

［18］适来诵者是何偈？(11·2)　校记［2］：原"偈"前有"言"字，据惠昕本删。按：原卷作"何言偈"，Stein 本同。"言偈"二字疑是误倒，应为"偈言"。

［19］童子答。(11·3)　按："答"下原卷有"能曰"二字，Stein 本同。当系漏写。

［20］难起已后，弘化善诱，迷人若得心开，与悟无别。(13·3)　校记［6］："已"原作"在"，参惠昕本改。　按：原卷及 Stein 本作"在"不误，不烦改。郭朋校 Stein 本作"难去，在后弘

化,善诱迷人",当从。"起"、"去"河西方言同音通用。又"与悟无别"之"悟"字,惠昕本作"吾",当据改。敦煌写卷"悟"、"吾"概不分。潘重规校亦同。下文亦云"汝等尽诵取。见此偈意,与吾同"(60·10)。

[21] 又不肯取,言:"我故远来求法,不要其衣。"(13·7) 按:原卷及 Stein 本并无"言"字。此据惠昕本补,应注明。然似不必,参看第[44]条。

[22] 不动不起,从此致功。(15·9) 校记[13]:原本"致"作"置"。 按:"致"、"置"同音通用,不烦校改。

[23] 我此法门从上已来,顿渐皆立无念为示。(16·3) 校记[2]:"此"字原作"自",据惠昕本改。 按:原卷及 Stein 本作"自"不误,不烦改。"我自"义为"我自己"。《景德传灯录》卷29 志公和尚《十四科颂·善恶不二》:"我自身心快乐,翛然无善无恶。"

[24] 于一切法上念念不住,即无缚也。此是以无住为本。(17·2) 校记[5]:"此是"二字原本缺,敦煌本同,铃木参惠昕本加,今从之。 按:"此是"真福寺本、金山天宁寺本、大乘寺本作"是",与下文"是以无相为体"、"是以立无念为宗"句法相同。此当仅补一"是"字。

[25] 若百物不思,念尽除却,一念断即死,别处受生。(17·4) 按:"若"原卷作"莫",校者未校出。然"莫"字不误,Stein 本、真福寺本、金山天宁寺本、大乘寺本皆同。兴圣寺本改作"若"。潘重规校云:"'莫'铃木从兴善(圣)寺本改作'若'。按:'莫'禁止之辞,不当改。"是也。又"除却"下逗号应改为句号。下文"若百物不思,当令念绝,即是法缚,即名边见。"(34·1)校记[3]:"若"原作"莫"。按:此亦不当改。"绝"下逗号应改为句号。又下文"若空心禅,即落无记空。"(27·1)校记[4]:原作"莫定心禅"。敦煌本作"莫定心座",铃木校为"若空心坐"。

惠昕本作"若空心静坐"。按：北图本亦与原卷同。此亦不当改。兴圣寺本作"第一莫著空。若空心静坐，即落无记空，终不成佛法"，乃将原两句改成四句。又下文"若口空说，不修此行，非我弟子"（27·5），校记[9]："若"原作"莫"字。按：Stein 本、北图本亦作"莫"。西夏文本（八）史金波重译"空口莫说"，与敦煌三本义同。可见作"莫"者不仅不误，且犹留作者说法之口气也。

[26] 善知识，此法门中坐禅原不著心。（18·1）按："原"原卷作"元"，不宜妄改。

[27] 净无形相，却立净相。言是功夫，作此见者，障自本性，却被净缚。（19·1）按："净相"下句号应改为逗号，"功夫"下逗号应改为句号。"被"字原卷误作"彼"，北图本同，应出校。

[28] 若修不动者，不见一切人过患，是性不动。（19·1）校记[7]：此"修"字据惠昕本加。按：敦煌三本并无"修"字，于义无妨，不烦补。

[29] 外若著相，内心即乱；外若离相，内心不乱。本性自净自定，只缘境触，触即乱，离相不乱即定。（19·5）校记[4]：原本"外若著相……内性不乱"十六字作"外若有相，内性不乱"八字。此参惠昕本校。校记[5]："自"原本误作"曰"字。按：原卷作"外若有相，内性不乱，本性自净曰定"，"有"字敦煌三本同，"曰"字北图本同。意即"即使外界有相，内性也不被外相惑乱，因为自性本来寂静，这样就叫做'定'"，意思本来畅通。惠昕本将两句改成四句，乃属妄改，不应据改。

[30]《菩萨戒经》云：戒本源自性清净。（20·3）校记[8]：原本"本源"作"本原"。"本源"前无"戒"字，为"本源自性清净"，敦煌本同。惠昕本作"我本元自性清净"。铃木校敦煌本作"我本元自性清净"。《菩萨戒经》即中国内地通行的大乘戒律《梵网经》。其卷下有曰："吾今当为此大众，重说无尽藏戒

品,是一切众生戒,本源自性清净。"是谓大乘戒源自法身佛的"心地中",它也就是"佛性种子"、"一切佛本源"。因此,此句校为"戒,本源自性清净"为宜。因为"戒"前已省去"一切众生",故校为"戒本源自性清净"亦可。 按:原卷及北图本并作"本原自性清净",Stein本"原"作"须"(疑"源"之误),"性"误作"姓"。下文又云《菩萨戒经》云:戒本源自性清净"(31·5),校记[6]:原本"戒"作"我"。按:原卷及北图本并作"我本源自性清净",Stein本"源"误作"愿","性"误作"姓"。古人引书往往并不谨严,多有省改与断章取义处。两处引《梵网经》,作者只欲言"自性清净",不是欲言及戒之性质。故此不应据《梵网经》经文补改。S. 2272v《金刚界大毗卢遮那佛摄最上大乘秘密甚深心地法门传受蜜法界大三昧耶修行瑜伽心印仪》引《梵网经》作"一切众生,本原自性清净",与《坛经》同(土桥秀高《敦煌本にみられる種種―の菩薩戒儀スタイン本を中心として―》,《西域文化研究》第六,1963年)。

[31]善知识,总须自體,与授无相戒。(21·1) 校记[1]:原本"體"作"聽"。据敦煌本改。 按:原卷及北图本作"聽"不误。Stein本作"體"者,因河西方言"聽"、"體"同音通用之故也。

[32]一时逐慧能口道,令善知识见自三身佛,于自色身归依清净法身佛,于自色身归依千百亿化身佛,于自色身归依当身圆满报身佛。(21·1) 按:"自三身佛"下逗号应改为句号,因为"于自色身归依清净法身佛"等三句是慧能令善知识逐口三唱之无相戒。校录当每句改行。

[33]善知识,听与善知识说。(21·4) 按:"听"字上属,断句当为"善知识听,与善知识说"。

[34]万像森罗。(22·1) 校记[10]:"森",原本作"参"。按:潘重规校云:"敦博本、北本同作'参罗'。《楞伽师资记》(斯

2054)引《法句经》云：'参罗及万像，一法之所印。'参罗、森罗音义皆同，铃木本改参为森，似可不必。"是也。S. 2021《法句经》作"参罗"，法藏《妄尽还源观》、《马祖语录》并引作"森罗"。

[35] 皮肉是色身，色身是舍宅，不言归依也。(22·9) 校记[13]：原本作"皮肉是色身舍宅"。此据惠昕本校。 按：Stein 本"舍宅"上有"是"字，当据仅补一"是"字为"皮肉是色身，是舍宅"。又校记[14]：原本作"不在归也"，参惠昕本改。按："不在"校改为"不言"，未妥。"不在"义为"不要"、"不必"，例如上文："自悟修行，不在口静。"(15·2)下文："此法须行，不在口念。"(26·8)"不在口净。汝须自修，莫问吾也。"(54·1)又俄藏敦煌写本 Φ096c《报恩经第十一》第 538 行："不在高声唱叫频，更深空使动龙神。"(《俄藏敦煌文献》3)《祖堂集》卷 3 腾腾和尚《乐道歌》："八万四千法门，至理不离方寸，不要广学多闻，不在辩才聪儶。""不要"、"不在"互文见义。《大唐新语》卷 3："且君子耻言浮于行，故曰'予欲无言'，又曰'天何言哉，四时行焉，百物生焉'。要以至诚动天，不在制书频下。"《羯鼓录》汝南王琎："宁王谦谢，随而短斥之。上笑曰：'大哥不必过虑，阿瞒自是相师。……'"钱熙祚校记云："案'必'字旧作'在'。今从《广记》。"此即"不在"义为"不必"之证也(参见《俗语言研究》创刊号，段观宋《〈五灯会元〉俗语言词选释》)。

[36] 除却从前矫诳，杂心永断，名为自性忏。(24·9) 校记[6]：原本缺"诳"字，参惠昕本校。 按：原卷及北图本作"矫杂心"，Stein 本作"矫诳心"，可见"杂"是"诳"字之讹。应校为"除却从前矫诳心永断"。潘重规校同。又下文："莫起杂妄，即自是真如性"。(28·4)按："杂妄"北图本同，Stein 本作"谁妄"，惠昕本作"诳妄"。可知"杂"、"谁"并为"诳"之讹。Yampolsky、柳田、宋绍年、潘重规等校均作"诳妄"，是也。

[37] 忏者，终身不作；悔者，知于前非恶业，恒不离心。诸

佛前口说无益,我此法门中永断不作,名为忏悔。(25·1) 按:此段断句,柳田及潘重规校为:"忏者终身不作,悔者知于前非。恶业恒不离心,诸佛前口说无益。……"当从。

[38] 今既忏悔已。(25·3) 按:"悔"字原卷脱,Stein 本及北图本有。应出校。

[39] 愿自三宝慈悲证明。(25·4) 按:柳田校于"证明"下补小字"以(已)上三唱",当从。此仿授戒仪体例,如 S. 534v《戒忏文》:"忏悔已了。三业清净,如净瑠璃,内外明彻,无诸瑕秽,堪受诸佛一切斋戒。夫欲受持一切斋戒,先须受三归依。若不受三归依,诸戒尽不发。令(今)欲受(授)三归依,各各更须策励,受三归依戒。'弟子厶甲等归[依]佛两足尊,归依法离欲尊,归依僧众中尊',三称。'如来至真等正觉是我大师。我今归依,唯愿三宝慈悲摄,慈愍故,弟子厶甲等归依佛竟,归依法竟,归依僧竟',三称。"其他如 S. 4081、P. 3177《菩萨羯摩戒文》中亦有小字"如是三说"、"如是三唱"等。又 S. 735、S. 2503《大乘无生方便门》授菩萨戒后亦写小字"三说"。

[40] 善知识,慧能劝善知识归依自性三宝。(25.5) 校记[2]:原本作"身三宝",参惠昕本校作"自性三宝"。 按:"身"疑为"自"字之讹,应据上文"愿自三宝慈悲证明"(25·4)校作"自三宝"。

[41] 经中只言自归依佛,不言归他佛,自性不归,无所依处。(26·5) 校记[4]:原本缺此"依"字,据惠昕本补。 按:敦煌三本并无"依"字。作"依"者是兴圣寺本,而真福寺本、金山天宁寺本、大乘寺本均作"归"字,此处似补"归"字为胜。

[42] 今既自归依三宝,总各各至心与善知识说摩诃般若波罗蜜法。(26·6) 按:Yampolsky、柳田、郭朋、宋绍年、潘重规等校"至心"下均加逗号,是也。

[43] 何名摩诃?摩诃者是大,心量广大,犹如虚空。若空

(莫定)心禅,即落无记空。世界虚空,能含日月星辰、山河大地、一切草木、恶人善人、恶法善法、天堂地狱,尽在空中。(26·9) 校记[5]:"世界虚空"四字,据惠昕本补加。 按:敦煌三本并无此四字。看前后句,便知此文主语应是"虚空"。但末尾又云"尽在空中",无主语亦可通。若要补,补"虚空"二字即可。铃木、Yampolsky、柳田、郭朋均补此二字。

[44] 一念愚即般若绝;一念智即般若生。世人心中常愚,自言我修般若。(27·6) 校记[13]:原本缺"世人"、"自言",参惠昕本补。 按:敦煌三本并无此四字,西夏文本(八)史金波重译亦无。可见四字原无而系惠昕所增。《坛经》是戒坛说法之记录,也是一种语录。语录中无"曰"、"云"、"言"等字,直接引会话,本属常见。

[45] 何名波罗蜜?此是西国梵音,唐言到彼岸。(27·8) 校记[16]:原作"彼岸到"。 按:"彼"原卷涉上文误作"波"。应出校。

[46] 著境生灭起,如水有波浪,即是为此岸;离境无生灭,如水承长流,故即名到彼岸,故名波罗蜜。(27·9) 校记[17]:原本"为"作"于",参铃木校本改。 按:敦煌三本并作"于"。河西方言"于"、"为"、"依"互通,此与下文"到"对举,似应校改为"依"。又"承"字原卷作"永"[#1],Stein本作"氶",均为"永"之俗写。北图本正作"永"。西夏文本(八)史金波重译为"如水常漂流",即同"如水永长流"。柳田、潘重规校作"永",甚是。

#1

[47] 善知识,摩诃般若波罗蜜,最尊最上第一,无住无去无来,三世诸佛从中出,将大智慧到彼岸。打破五阴烦恼尘劳,最尊最上第一。赞最上乘法,修行定成佛。(27·12) 按:此据郭朋校断句。然"到彼岸"下句号应改为逗号,"尘劳"下逗号应

改为句号,"第一"下句号应改为逗号。"最尊最上第一"六字下属,意为"言'最尊最上第一'者,是称赞依此最上乘法修行,必定完成佛道"。此段先言"摩诃般若波罗蜜"之含义,后对其含义加以解说。故下文"不染一切法"下逗号亦应改为句号。

[48] 譬如大龙,若下大雨,雨於阎浮提,城邑聚落,悉皆漂流,如漂草叶;若下大雨,雨於大海,不增不减。(30·1) 校记[3]:原本无"城邑聚落,悉皆漂流"八字,敦煌本同。此据惠昕本补。 按:敦煌三本并无,真福寺本、金山天宁寺本、大乘寺本亦无。铃木据兴圣寺本补八字,杨校又据之,欠妥。此一段极言《金刚般若经》功德无量,与神会《菩提达摩南宗定是非论》有密切关系。该论云:"譬如大龙不雨阎浮提。若雨阎浮提,如漂枣叶。若雨於大海,其海不增不减。"亦无八字。又"雨於大海"原卷作"雨放大海",北图本、Stein 本同。潘重规校云:"'放'盖'於'之误。"应出校。

[49] 为一切众生自有迷心,外修觅佛,未悟自性,即是小根人。闻其顿教,不假外修,但于自心,令自本性常起正见,一切邪见烦恼尘劳众生,当时尽悟,犹如大海纳于众流,大水小水合为一体,即是见性。(30·9) 校记[10]:"假",原本作"信",敦煌本同。参铃木本改。 按:敦煌三本并作"信",意为"小根人闻顿教,却不信而外修"。"修"下当为句号。作者在此段反复说小根之人不信顿教,若改"信"作"假",义却相反。"闻其顿教,不信外修"二句,真福寺本改作"若闻顿教,不执外修"而令下属,乃不免妄改之谤。

[50] 若无世人,一切万法本亦不有。(31·1) 校记[1]:原本作"我若无智人",敦煌本同。此据惠昕本改。 按:敦煌三本同。疑误衍"智人"二字,应作"我若无,一切万法本亦不有"。紧接此后说:"故知万法本从人兴,一切经书,因人说有。"此言"万法唯识",如《大乘起信论》所说"心生则种种法生,心灭则种种法

灭"、"一切诸法,唯依妄念而有差别。若离心念,则无一切境界之相。"S5619《无心论》:"有心则一切有,无心一切无。"

[51] 缘在人中,有愚有智。愚为小人,智为大人。(31·2) 按:柳田、郭朋、宋绍年、潘重规等校断句为:"缘在人中有愚有智,愚为小人,智为大人。"是也。

[52] 智人与愚人说法,令彼愚者悟解心开。(31·3) 校记[4]:原本"彼"作"使",从铃木校本。 按:敦煌三本并同,作"使"不误,不烦改。"令使"是同义复词,例如:《宋高僧传》卷21《法照传》:"翌日申时,正念诵次,又见一梵僧年可八十,乃言照曰:'师所见台山灵异,胡不流布,普示众生,令使见闻,发菩提心,获大利乐乎?'"又《大乘起信论》解释分:"如修多罗中或说'有退堕恶趣者',非其实退。但为初学菩萨未入正位,而懈怠者恐怖,令使勇猛故。"宇井伯寿校云:"元禄刊本《大乘起信论义记》'令使'作'令彼'。"盖出一辙。

[53]《净名经》云:即时豁然,还得本心。(32·1) 校记[7]:原本无此四字,据惠昕本补。 按:敦煌三本并无,原卷空二格,北图本空一格,Stein本无空格。四字是《维摩经》文,如上所引(20·2)。然敦煌三本均不言是经文。考文义,四字与上文"识心见性,自成佛道"连贯,故疑本来无经名,原卷抄手觉知四字是经文,怀疑或有脱字,便空二格。惠昕径补经名,未妥。然若补,据上文用《维摩经》之名为宜。

[54] 何名大善知识?解最上乘法,直示正路,是大善知识,是大因缘。所谓化道,令得见性。(32·5) 校记[4]:"谓"原作"为",参惠昕本改。校记[5]:原本作"见佛",从下文看应作"见性"。惠昕本作"所谓化导,令得见性"。 按:敦煌三本并作"所为"、"见佛",不烦改。此"所为"即"所作行为","为"念平声。意为"大善知识的作用是教化引导,令人得以见佛"。"见佛"即下文所云"见诸佛境界"。

[55] 善知识,后代得吾法者,常见吾法身不离汝左右。(34·3) 校记[1]:原本缺"法"字,据惠昕本加。 按:Stein本有"法"字,当云据敦煌本补。

[56] 善知识,将此顿教法门于同见同行,发愿受持,如事佛教,终身受持而不退者,欲入圣位,然须传受。从上已来,默念而付于法(34·3)。 校记[2]:原无"于"字,据惠昕本加。校记[3]:"事"原作"是",敦煌本同,铃木校本改为"事",是。惠昕本作"如事佛……"。 按:"于"字敦煌三本并无,惠昕本中真福寺本、金山天宁寺本、大乘寺本亦无。无者是。"于同见同行",于义欠通。又"事"敦煌三本并作"是",不误。Stein本"受"下有"时"字,当据补。断句当为:"将此顿教法门,同见同行,发愿受持。如是佛教,终身受持而不退者,欲入圣位。然须传受(授)[时],从上已来,默念而付于法。"

[57] 学道之人能自观,即与悟人同一类。(36·2) 校记[7]:原本"类"作"例",据惠昕本改。 按:"一例"、"一类"义相同。敦煌三本、真福寺本、金山天宁寺本、大乘寺本并作"一例"。"例"、"类"并与"罪"不押韵,故不烦改。

[58] 和尚说法,实不思议。弟子尝有少疑,欲问和尚。(37·2) 校记[1]:"尝"原本作"当",敦煌本同,铃木参惠昕本改作"今"字,作"尝"较胜。 按:敦煌三本并作"当"不误。"当"有"从前"义,见蒋礼鸿《敦煌变文字义通释》及董志翘、蔡镜浩《中古虚词语法例释》。又下文:"又有一僧名法达,常诵《妙法莲华经》七年,心迷不知正法之处。来至曹溪山,礼拜,问大师言:'弟子尝诵《妙法莲华经》七年,心迷不知正法之处……'"(50·1) 校记[2]:("常")原本作"当"字。校记[3]:"尝"字原本作"常"。按:原本作"当"不误,同上,不烦改。又"常"、"尝"同音通用,属于常见,不烦校。

[59] [和尚所说]法,可不是西国第一祖达摩祖师宗旨?

(37・5) 按："可不是"原卷及北图本作"可不如是"，Stein本作"可不乁是"。此从惠昕本，应出校。

[60]［使君问］："弟子见说达摩大师化梁武帝，帝问达摩：'朕一生已来造寺、布施、供养，有功德否？'"（37・7） 校记[5]：原本"化"字作"代"，虽"弟子见说达摩大师代，梁武帝问达摩……"也可通，但与下面武帝遣达摩出境的内容不相应。铃木据惠昕本校为"达摩大师化梁武帝"，今从之。 按：敦煌三本并作"代"，当为"化"之讹字。史金波西夏文残页译亦作"化"，并指出："（'化'）西夏文原为'教'意。"

[61]六祖言："实无功德，使君勿疑。达摩大师言武帝著邪道，不识正法。"（38・2） 按："勿疑"下句号应移到"言"下。Yampolsky、柳田、郭朋、宋绍年、潘重规等校并同。"武帝著邪道，不识正法"是六祖之评语，非是达摩之言。此段出于独孤沛《菩提达摩南宗定是非论序》："武帝问法师曰：'朕造寺度僧，造像写经，有何功德不？'达摩答：'无功德。'武帝凡情不了达摩此言，遂被遣出。"

[62]请和尚说得生彼否？（39・1） 按："说"下句断，应加逗号。柳田、郭朋、宋绍年、潘重规等校并同。

[63]大师言："使君，听慧能与说。"（39・3） 按："使君"下逗号应移到"听"下。此与例[33]同。Yampolsky、柳田、郭朋、潘重规等校并同。

[64]世尊在舍卫城说西方引化，经文分明，去此不远。只为下根说远，说近只缘上智。（39・3） 校记[2]：原本"远"作"近"，参惠昕本改。校记[3]：原本"近"作"远"字，参惠昕本改。按：敦煌三本均作"近"、"远"，而惠昕改作"远"、"近"。郭朋校云："'下根'之人，志气低劣，把去'西方'的距离说得'近'些，比较容易启发他们的'信心'和激发他们向往的'勇气'；如果说得太'远'，他们就会望而生畏，丧失'信心'。惠昕等三本均作'说

远为其下根'。铃木校本据以改'近'为'远'。反而有失原意。"甚是。《维摩经·佛国品》:"若菩萨欲得净土,当净其意,随其心净则佛土净。"王维《西方变画赞序》:"净土无所,离空有也。"即净土本非关远近。《楞伽师资记·道信章》:"佛为钝根众生令向西方,不为利根人说也。"说向西方便可到净土,等于说近;说净土不可得,等于说远也。

[65] 人有两种,法无两般。(39·4) 校记[4]:原本"有"作"自"字,敦煌本同,虽通,但与下句"法无两般"的"无"不对应,故参惠昕本改。 按:敦煌三本并作"自"不误,"自"有"虽"义,表让步。

[66] 东方人但净心即无罪;西方人心不净亦有愆,迷人愿生东方。两者所在处,并皆一种心地,但无不净。西方去此不远,心起不净之心,念佛往生难到(39·5)。 校记[6]:原句是"东方但净心无罪"。今参惠昕本"东方人但心净即无罪",加"人"和"即"二字。校记[7]:原作"西方心不净有愆"。今参惠昕本"虽西方人心不净亦有愆",加"人"与"亦"二字。校记[8]:原本"两"误写作"西"。 按:敦煌三本并无"人"、"即"、"人"、"亦"等字。"东方"、"西方"意为"虽在东方"、"虽在西方"。"即"、"亦"二字,虽无也可通。故不烦补。又"两"字敦煌三本并作"西",不误。潘重规校云:"'东方西'下当加'方'字,'者'上当加'悟'字。"甚是。又 Yampolsky、柳田、郭朋、宋绍年、潘重规等校"并皆一种"下断句,"心[地]"下属,"不净"下加逗号,"不远"下加分号,皆是也。此段应校作:"东方但净心无罪,西方心不净有愆。迷人愿生东方西[方],[悟]者所在处并皆一种。心地但无不净,西方去此不远;心起不净之心,念佛往生难到。"

[67] 自心地上觉性如来,施大智慧光明,照耀六门清净,照破六欲诸天下,照三毒若除,地狱一时消灭。(41·10) 按:第

四、五句潘重规校为"照破六欲诸天,下照三毒若除",似可从。

[68] 若学顿法门,愚人不可悉。(43·5) 校记[3]:"悉"原本本作"迷"字,据惠昕本改。 按:Stein本亦作"迷",西夏文本(十)史金波重译作"愚者无迷处"。惠昕为与"疾"、"一"、"日"叶韵改为"悉",却于义欠妥。

[69] 若真修道人,不见世间过。(44·4) 校记[6]:"过"原本作"遇"字。 按:惠昕本作"过",与下句"若见世间非,自非却是在"叶韵。杨校据此改正。Stein本作"愚"。由此推知,"过"因形似而误作"遇",又因音同而误作"愚"。荣新江、邓文宽《有关敦博本禅籍的几个问题》考证Stein本的抄写晚于敦博本(《敦煌学辑刊》1994年第2期)。此亦可为其一证也。

[70] 勿令彼有疑,即是菩提现。(44·9) 校记[8]:"现"原本本作"见"。 按:Stein本、真福寺本、金山天宁寺本、大乘寺本并作"见"。兴圣寺本作"现",铃木、郭朋据校改。"见"、"现"义通,不烦改。

[71] 汝等尽诵取此偈,依此偈修行,去慧能千里,常在能边。依此不修,对面千里远。(46·1) 校记[2]:原文"千里"上有"底"。 按:Stein本及惠昕本并无。"对面底千里远"意即"对面的人也如同在千里之远一样"。"底"的此种用例,在唐五代除见于《敦煌变文集》《祖堂集》外,极为少见。从此可知敦博本之可贵,不当删除。

[72] 众生若有大疑,来彼山间,为汝破疑,同见佛性。(46·2) 按:"间"原卷实作"问"。Stein本作"间",郭朋校作"问",是也。惠昕本此一句作"却来相问"。

[73] 大师住漕溪山,诏、广二州行化四十余年。(46·6) 校记[3]:"住"原本作"往"。 按:Stein本亦作"往",不烦改。

[74] 虽说顿教法,未知根本,终不免诤。(46·9) 按:原卷及Stein本"终"误作"修"。应出校。

[75] 何以顿渐？（47·2） 按：原卷及 Stein 本并作"渐顿"，似不烦改。

[76] 秀师遂唤门人志诚。（47·4） 按："门人"下原卷及 Stein 本有"僧"字。盖校录脱。

[77] 心地无非自性戒，心地无乱自性定，心地无癡自性慧。（49·3） 校记[7]：原本（第一句）"无"下有"疑"字，敦煌本同，据惠昕本删。校记[8]：原本在"无乱"、"无癡"下各有一"是"字，参惠昕本删。 按："无乱"、"无癡"下"是"字不应删，"无非"下应补"是"字。盖书手误衍"疑"字时漏写"是"字，而此本抄手沿误。

[78] 自性顿修，亦无渐次，所以不立。（49·8） 校记[11]：原本作"立有"，敦煌本同。此参惠昕本改。 按：原卷及 Stein 本作"立有"当为"无有"之讹，盖涉上文"何有可立"而致误。潘重规校亦同。

[79] 入覺知见。（51·9） 按："覺"原卷误作"竟"，系因"覺"之俗写"竟"而讹。应出校。

[80] 念念修行佛行。（52·5） 按：原卷"佛行"下有"大师言：'即佛行是佛。'其时听人无不悟者"十六字，校录脱。

[81] 汝自迷不见自心，却来问慧能见否？（55·6） 按：此文不是问句，"否"下问号应改为感叹号。

[82] 何不自修，乃问吾见否？（55·7） 校记[5]：原句是"问吾见否"，参惠昕本补加"乃"字。 按：Stein 本、真福寺本、金山天宁寺本、大乘寺本亦无。无亦可通，不烦补。又上文"神会礼拜，更不敢言"（55·5）之"敢"字亦同，原卷并无。

[83] 长与短对。（57·3） 按："短"原卷误作"矩"。应出校。

[84] 自性居起用对有十九对。（57·4） 按："居"Stein 本同，疑衍，应据下文"如何自性起用"（58·1）删。盖因河西方言

"居"、"起"音近,书手先误写"居",后觉其误,不暇删去,便写正字,抄者不知而沿误。惠昕本无"居"字。

[85] 自性居起用有十九对。(57·7) 校记[12]:"自性居起用有十九对"原本写作"三身有三对",参前面文句改。 按:"三身有三对"Stein本同,然上文唯有"法身与色身对"、"化身与报身对"二对,且在十九对内,此五字盖为妄加。然不应补"自性居起用有十九对"九字。此段先言"外境无情对"、"语言法相对"、"自性起用对",后合计为三十六对时则以"语言法相对"、"外境无情对"为次序。此为钱锺书所谓"丫叉句法"(先呼后应,有起必承,而应承之次序与起呼之次序适反：abc/c'b'a',见《管锥编》第1册,第66页),只是应承之"自性起用对"从略(abc/(c')b'a')。

[86] 此三十六对法,解用通一切经,出入即离两边。(58·1) 校记[1]:原作"能"字,据敦煌本改。 按:"能"、"解"义相同,不烦改。又"法"下逗号应移到"用"下。真福寺本作"若解用,即通一切经"。

[87] 神会小僧,却得善不善等,毁誉不动。(60·7) 校记[4]:原本无"不善"二字,敦煌本同,此据惠昕本校补。 按:"不善"二字不烦补。断句亦应为:"神会小僧却得,善等毁誉不动。"意为:"神会虽然是个小僧,却很好。他能够视毁誉如一,不为毁誉所动。"

[88] 汝等尽诵取此偈,意与吾同。(60·10) 校记[7]:原本"取"字下有"见"字。 按:原卷及Stein本"见"字不误,不应删。断句应为:"汝等尽诵取。见此偈意,与吾同。"潘重规校"吾"下补"意"字,似不必。

[89] 一花开五叶,结果自然成。(63·8) 按:"果"原卷作"菓",Stein本同。应从原卷。

[90] 心地含情种,法雨即花生。(64·10) 按:"花"原卷

误作"化"。应出校。

[91] 共造无明业,见被业风吹。(65·1)
校记[10]:原本二"业"字皆作"葉"。按:杨校作
"業",是也。然原卷上字写作"萘"即"葉",下
字则写作"䒗"即"業",本不误。参看"心中三
业元来在"(35·5,原卷第262行)之"業"字亦同
样写法(原卷作"業",杨本校改为"惡")。

[92] 毗罗长者第十九。(66·5) 按:原卷
"者"旁写"老"字,即书手自校。校录应作"老"。
《历代法宝记》亦作"毗罗长老"。

[93] 迷即不见佛,悟者乃见。(67·4) 按:"乃"原卷实作
"即",Stein本同。盖校录误。

[94] 后代迷人识此颂意,即见自心自性真佛。(68·6)
校记[1]:原本此句作"后代迷门此颂意",今据惠昕本校改。
按:Yampolsky、柳田校作:"后代迷人,闻此颂意",当从。

[95] 淫性本是净性因。(69·14) 校记[4]:原本"是"作
"身"字,敦煌本同。今从惠昕本。 按:"本身"亦可通。或疑
为"本自"之讹。

[96] 今报世间学道者,不于此见大悠悠。(70·14) 校
记[7]:原本"不于此是大悠悠",敦煌本同。铃木参惠昕本的
"不于此见大悠悠",改"是"为"见"字。今从之。按:惠昕系
诸本实作"不作此见大悠悠"。此校改为"不于此见大悠悠",
却于义不通。当从柳田、Yampolsky校作"不依此是大悠悠"。
又"报"字原卷及Stein本作"保"。惠昕本作"报",杨校从之,
应出校。

[97] 吾去已后,但依法修行,共吾在日一种。(72·2)
按:"但"原卷作"坦",盖涉上文"坦然"致误。应出校。

[98] 八月三日灭度,至十一月迎和尚神座于漕溪山,葬在

龙龛之内。白光出现,直上冲天,三日始散。(72·6) 按:此处标点有误。"漕溪山"下不应加逗号,而应"葬"下句断,加句号。又"在龙龛之内"当下属,句号改作逗号。石井本《神会语录》第六代唐朝能禅师传:"其年,于新州国恩寺迎和上神座。十一月,葬于漕溪。是日百鸟悲鸣,虫兽哮吼。其龙龛前,有白光出现,直上冲,三日始前头散。"又附编《曹溪大师传》有中使焚香时"龛中一道虹光,直上高数丈"的记载,与此相同。

[99] 如来入涅槃,法教流东土……(73·5) 按:"如来入涅槃"以下八句非是偈文,校录不应每二句改行。敦博本写卷凡是五言偈文,均取五字一句下空一格、每五句改行的体式,此四十字则不然。

[100] 如根性不堪,材量不得,虽求此法,达立不得者,不得妄付《坛经》。(73·9) 校记[7]:原本"达"作"违"字,据敦煌本改。 按:"达"Stein 本实亦作"违",与原卷同。Yampolsky 校作"违律不德者",铃木、郭朋校作"达立不得者",柳田校作"违立不得者",潘重规校作"建立不得者",皆于义有所不通,姑且存疑。

附 《曹溪大师传》补校

[1] 故号宝林耶。(112·7) 按:"耶"《续藏》本校作"耳",是也。盖涉上文"何以名此山门为宝林耶"致误。

[2] 三藏入台山。(112·8) 按:"台"原卷作"臺",不当改。

[3] 汝化物来?(113·12) 按:"化物"郭朋校作"作物",甚是。盖因"作"字书写体"乍"与"化"字相似而致误也。"作物"之"物",疑问代词,又作"勿"。"作物"意即"作甚么"、"干甚么"、"为甚么"。这可以说是目前能看到的疑问代词"作物"的唯一例子。石井本《神会

语录》作"拟欲求何物",敦煌本《坛经》作"复求何物"。

[4]"汝速去,吾当相送。"随至蕲州九江驿。(115·1) 按:原卷"随"旁有"乙"倒符号,当校作:"'汝速去。吾当相随送。'至蕲州九江驿。"

[5]遂奔遍南方。(115·7) 按:"遍"原卷作"迩",当为"趁(趂)"之误。《续藏》本作"趁",是也。下同。

[6]今广州龙兴寺也。(116·2) 按:"寺"下原卷有"是"字。当系漏写。

[7]不期座下法身菩萨。(117·3) 按:"下"下疑有误脱。今姑臆补"出"字。

[8]今广州龙兴寺经藏院,是大师开法堂。(118·10) 按:"是"字当上属,下加句号。"堂"下句号当改作逗号。

[9]韶州曲县。(118·11) 按:"曲"下当脱"江"字。

[10]若欲将心要者,一切善恶都莫思量。(120·5) 按:"将"疑为"得"之讹。

[11]朕咸荷师恩。(120·13) 按:"咸"《续藏》本校作"感",是也。

[12]大师新州亡广果寺。寺西虹光三道,经于旬日。(121·15) 按:"亡"下当断句,"广果寺"下属,"寺"字不当叠。此言大师亡于新州国恩寺,奇瑞便现于韶州曹溪广果寺边。

[13]见一孝子奔走出寺,寻跡不获。(122·8) 按:"跡"原卷作"迩",当为"迹"之讹,校作"迹"为宜。

[14]往曹溪归依大师学道。(123·3) 按:"归"原卷无,不烦补。

[参考书目]

敦煌本

敦煌市博物馆藏本(敦博077,任继愈编《中国佛教丛书·

禅宗编》，江苏古籍出版社，1993)

北京图书馆藏本(北图 8024v 残卷，黄永武编《敦煌宝藏》第 108 册，新文丰出版公司，1983)

英国图书馆藏本(S. 5475，柳田圣山编《〈六祖坛经〉诸本集成》，中文出版社，1976)

旧旅顺博物馆藏本(大谷光瑞本照片二叶，井ノ口泰淳编《旅顺博物馆旧藏大谷探险队将来敦煌古写经目录》，龙谷大学，1989)

西夏文本

史金波《西夏文〈六祖坛经〉残页译释》(《世界宗教研究》1993 年第 3 期)

惠昕本

真福寺本(石井修道《伊藤隆寿氏発見の真福寺文庫所蔵の〈六祖壇経〉の紹介——惠昕本〈六祖壇経〉の祖本との関連》，《驹泽大学佛教学部论集》第 10 号，1979)

金山天宁寺本、大乘寺本、兴圣寺本(柳田圣山编《〈六祖坛经〉諸本集成》，驹泽大学禅宗史研究会编《慧能研究》，大修馆书店，1978)

校订本

铃木贞太郎、公田连太郎《敦煌出土六祖坛经》，森江书店，1934，石峻等编《中国佛教思想资料选编》第 2 卷第 4 册，中华书局，1983

Philip B. Yampolsky, *The Platform Sutra of the Sixth Patriarch*, Columbia University Press, 1967

柳田圣山《禅语录》，中央公论社，1974

郭朋《坛经校释》，中华书局，1983

宋绍年校录《六祖坛经》，刘坚、蒋绍愚主编《近代汉语语法资料汇编·唐五代卷》，商务印书馆，1990

潘重规《敦煌坛经新书》,佛陀教育基金会,1994

石井修道《恵昕本〈六祖壇経〉の研究——定本の試作と敦煌本との対照》,《駒澤大学佛教学部論集》第 11、12 号,1980、1981

(原刊于《俗语言研究》第 3 期,禅文化研究所,1996 年)

《南阳和上顿教解脱禅门直了性坛语》补校(附录：S. 6977、Dx. 942、Dx. 1920＋1921校录)

禅文化研究所唐代语录研究班自 1997 年 6 月 11 日至 12 月 3 日召开七次研究会,集体阅读了神会所著《南阳和上顿教解脱禅门直了性坛语》一卷。敦煌发现的写卷共有 5 本：

(1) 敦煌市博物馆藏本(首尾完,敦博 77 号,《中国佛教丛书·禅宗编》所收影印本,简称底本)

(2) 法国国立图书馆藏本(首尾完,Pelliot2045,《法藏敦煌文献》第 3 册所收影印本,简称 P 本)

(3) 英国图书馆藏本(首尾缺,存 55 行,Stein2492,缩微胶卷,简称 S1 本)

(4) 英国图书馆藏本(首尾缺,2 纸各存 18 行,Stein6977,简称 S2 本)

(5) 北京图书馆藏本(首尾完,北图 8376 号[寒字 81 号],《少室逸书》影印本,简称 B 本)

校录本有 6 种：

(1) 铃木大拙校本(《少室逸书及解脱》,1936;《禅思想史研究第二·研究文献》,1949;《铃木大拙全集》第三卷,1968)

(2) 胡适校本(《新校定的敦煌写本神会和尚遗著两种》,1958;《神会和尚遗集》,1970 再版)

(3) 篠原寿雄校本(《荷泽神会のことば》,1971,《驹泽

大学文学部研究纪要》第 31 号）

（4）宋绍年校本（《近代汉语语法资料汇编·唐五代卷》，1990）

（5）邢东风校本（《中国佛教经典宝藏精选·神会语录》，1996）

（6）杨曾文校本（《中国佛教典籍选刊·神会和尚禅话录》，1996）

最后的杨曾文先生校录本在中国国内流通最广，影响也最大。杨先生将敦博本作底本，但参校本只有北京图书馆本和法国国立图书馆本，校记较为简略，也有疏漏，查阅神会所引的经典也不大全面。本文是根据唐代语录研究班的集体阅读的结果，就杨校本在校录上的问题提出一些补校意见。所说如有不当，尚祈垂教。为便复检，每条都在括号中注出杨校本的页码和行数。另外，S.6977 号写本漫漶尤甚，阅读上的难度较大。我们请研究班成员 Macadam Yukiko 女士亲自到英国图书馆作实地考察，就原卷抄写，然后由衣川加以整理作录文。又西口芳男和衣川在翻阅《俄藏敦煌文献》中发现了有关神会语录的两种残片。S.6977 和 Dx.942、Dx.1920＋1921 三种文献都和现行本《南阳和上顿教解脱禅门直了性坛语》有较大的差异。虽然这只是残简和残片，在校勘《坛语》上的价值不是很大，但我们认为这都可能是表示形成现行本《坛语》的一个阶段，无疑可对研究神会思想提供重要的资料，一并附录在后。

衣川贤次于 1998 年 3 月 5 日记

（1）若不持斋戒，疥癞野干之身尚不可得，岂获如来功德法身？（6·8）

案："尚不可得"四字，底本实作"尚自不得"。S 本、P 本、

B1本并同,当是杨校疏漏。又"法身"之"身"字,杨校云:"原本无'身'字,据巴黎本补。"案:S1本、B本亦有"身"字。只是底本脱耳。

(2) 诸佛出世,如恒河中沙。(6·14)

案:原卷"中"字右旁有删除符号,表示原校去掉"中"字。S1本、P本、B本并无"中"字。

(3) 诸佛菩萨、[善]知识何不值遇？今流浪生死不得解脱？(6·16)

案:"值遇"下问号当改为逗号,使文气一贯。又"生死"下亦加逗号为宜。

(4) 或有善知识,不了无上菩提法,倘将二乘声闻及人天法教知识,喻如秽食置于宝器。(7·1)

案:"倘"原卷实作"儻"。二字原义不同,今通为简繁字。当是杨校疏误。

(5) 二乘人天法是秽食,虽获小善生天,天福若尽,还同今日凡夫。(7·2)

案:下"天"字,杨校云:"原本'天'作'之'。"P本、S1本亦同,故当作"虽获小善生天之福,若尽,还同今日凡夫"。上文云:"人天福尽,不免还堕。"永嘉玄觉《证道歌》:"住相布施生天福,犹如仰箭射虚空。势力尽,箭还坠。招得来生不如意。"

(6) 住此定中劫数满足,菩萨摩诃萨方乃投机说法,能始发菩提心,同今日知识发菩提心不别。(7·6)

案:"劫数"原卷实为"数劫",而其他三本并为"劫数",故杨校据改,只是脱校记。

(7) 离内外见,亦不于三界现身意。是为宴坐。(7·10)

案:"意"下句号当改为逗号。此句本于《维摩经·弟子品》,云:"夫宴坐者,不于三界现身意,是为宴坐。"

(8) 知识,一一身具有佛性。善知识不将佛菩提法与人,亦

不为人安心。(7·12)

案：杨校云："原本二'人'字皆作'人者'，北京本、巴黎本同，铃木校为'仁者'，胡适校为'人'。今从胡校"。S本亦作"人者"。"人者"即"仁者"，第二身代词之敬称是一个佛经汉译的过程中产生的词语。此处与"知识"义略同。(水谷真成《漢訳仏典における特異なる待遇表現について——訳経語彙零釈之一》，1961；俞理明《佛经文献语言》，1993)所以"者"字并非衍文。下文亦有三例"人者"，杨校并改作"仁者"，处理颇欠统一。

(9)《涅槃经》云：早已授仁者记。一切众生本来涅槃，无漏智性，本自具足，何为不见？今流浪生死，不得解脱，为被烦恼覆故，不能得见。(7·13)

案：所引《涅槃经》，今本无此句。《南阳和尚问答杂征义》第一段引此四句云："《涅槃经》云：'一切众生，本来涅槃，无漏智性，本自具足。'"第二一段亦有引用，但不言经名(杨校本第61、81页)。《宗镜录》卷17引《涅槃经》同，亦无"早已授人者记"六字(T48，505a)。但很可能在神会记忆中作为《涅槃经》经文，所以此段断句应为："《涅槃经》云：'早已授人者记。一切众生，本来涅槃，无漏智性，本自具足。'何为不见，今流浪生死，不得解脱？"

(10)所言除者，但除妄心，不除其法。若是正法，十方诸佛来除不得，况今善知识能除得？(8·1)

案："十方诸佛来除不得"八字，读不大通。"来"S1本作"如来"二字，是。此脱"如"字耳。B本作"未"，亦讹。

(11)譬如鸟飞于空，若住空必有堕落之患。(8·14)

案："若住空"下当有逗号。

(12)《法华经》云：即同如来知见，广大深远。心无边际，同佛深远，更无差别。看诸菩萨行甚深般若波罗蜜多，佛推诸菩萨病处如何。(9·9)

案：《法华经·方便品》："舍利弗,如来知见,广大深远,无量无碍力,无所畏禅定,解脱三昧,深入无际,成就一切未曾有法。"S2 本作"《法华经》中说即用(同):'如来知见,广大深远'。"故此段断句应作:"《法华经》云即同:'如来知见,广大深远。'"又"甚深般若波罗蜜多"下,杨校云:"原本缺'多'字,据巴黎本补。"今看 P 本实无"多"字,而 B 本有,其他底本、S1 本、S2 本皆无。《坛语》说"般若波罗蜜"共有七处,其他六处并作"般若波罗蜜",可见神会不依玄奘译,大概已成固定的术语了。

(13) 本体空寂,从空寂体上起知,善分别世间青黄赤白,是慧。(9·14)

案：下"空寂"下,杨校云:"原本'空寂'作'寂空'。"今审视原卷,二字中间右边有乙倒符号,表示原校已作"空寂"。

(14) 后二句者,是维摩诘默然直入不二法门。(11·4)

案："直入"下,杨校云:"原本'直入'作'入真',据铃木校本改。"铃木一改后,校者便多从之。胡适云:"'直入',底本作'入真'。平本作'入直',铃木校改作'直入'。《维摩诘经·入不二法门品》云:'时维摩诘默然无言。文殊师利叹曰:善哉!善哉!乃至无有文字语言,是真入不二法门!'玄奘译本末句作'是真悟入不二法门,于中都无一切文字言语分别!'中古写本,直、真二字往往互混。此篇标题是'顿教解脱禅门直了性坛语',而此章特别说'顿悟解脱',故我从铃木作'直入'。"经文既作"真入"当据正,似不必改作"直入"。且此段不一定特别说"顿悟解脱"而是说"定慧双修",没有必要强调"直入"。又 B 本"不二法门"下有"处"字,当据补。

(15) 知无住[心]是观。过去诸佛心,亦同知识今日无住心无别。(11·9)

案：B 本作"知心无住是观"。杨校于"无住"下补"心"字,欠妥。当据 B 本补。

（16）若行到宅中，見如上所说之物，即名为見，不名为知。今所觉者，具依他说，知身中有佛性，未能了了見。（12·6）

案：上"見"下，杨校云："原本'見'作'具'。"三本并作"具"，是也。此说明"見"与"知"的区别，而对"見"下定义时，不宜用"見"字加以说明。神会自说："神会三十余年所学工夫，唯在見字。"（《南宗定是非论》）他应当慎重用"見"字的。"即名为見"下，杨校云："原本'見'作'是'。"P本实作"見"，应出校记。又"觉"下，杨校云："原本'觉'作'学'，据胡校改。"底本实作"学"，非作"觉"字。"具依他说，知身中有佛性"即是所"学"，并非自"觉"。

（17）但不作意，心无有起，是真无念。毕竟〔見〕不离知，知不离見。（12·9）

案：杨校据胡适校本补"見"字，应出校记。然此处"不离知"的主语当是"无念"，而补"見"字作主语，非是。

（18）若作心不起，是识定，亦名法见心自性定。（12·10）

案："法见"下，铃木、篠原、邢校断句，是也。

（19）马鸣云：若有众生观无念者，则为佛智。故今所说般若波罗蜜，从生灭门顿入真如门。（12·10）

案："故"字当属上。《大乘起信论·解释分第一显示正义》："是故修多罗说：'若有众生能观无念者，则为向佛智故。'又心起者无有初相可知，而言知初相者，即谓无念。"此"故"字在句尾加强肯定的语气而不表原因、理由，似是译经特殊语法之一也。

（20）经云：当如法说，口说菩提，心无住处；口说菩萨，心唯寂灭；口说解脱，心无系缚。（12·10）

案：《维摩经·弟子品》："夫说法者，当如法说。法无众生，离众生垢故。法无有我，离我垢故。"故引经文只有一句，"说"下逗号应改作句号。又"菩萨"，B本作"涅槃"，是也，当据改。

"心唯寂灭"正是"涅槃"心。底本、P本作"菩萨"者,疑在转写过程中将原文"卅"("涅槃"的省略合字)误认作"艹"("菩萨"的省略合字)的缘故。下文"菩萨经"(12·16)、"菩萨光"(13·15)并当如是观。《涅槃经·师子吼菩萨品》:"佛性者即第一义空。"S2本正作"《涅槃经》云'第一义空',是此义"。"涅槃光"一词亦引自《涅槃经·如来性品》:"复次善男子,如日月光,诸光明中最,一切诸明所不能及。大涅槃光亦复如是。于诸契经三昧光明,最为殊胜,诸经三昧所有光明所不能及。何以故?大涅槃光能入众生诸毛孔故,众生虽无菩提之心而能为作菩提因,是故复名大般涅槃。"(北本,T12,417b)"涅槃光"亦名为"灭寂光"。《宗镜录》卷80引经云:"复告大众:'我以佛眼遍观三界一切诸法,无明本际,性本解脱。于十方求,了不能得。根本无故。所因枝叶,悉皆解脱,无明解脱故。乃至老死,皆得解脱。以是因缘,我今安住常灭寂光,名大涅槃。'"

(21) 如中根人,虽未得,若勤咨问,亦得入。(13·7)

案:"勤"原卷实作"憼",P本、B本、S2本并同。

(22) 只如学道,拨妄取净,是垢净,非本自净。(13·9)

案:"学道"下,B本有"人"字,应出校记。

(23) 《华严经》云:譬如拭巾有垢,先著灰汁,然〔后〕用清水洗之。(13·9)

案:此文不见《华严经》。《大般涅槃经·师子吼菩萨品》云:"垢衣先以灰汁,后以清水,衣则鲜洁,菩萨定慧亦复如是。"经文"后",神会改作"然",因为"然"本来有"后"义,故此不烦又补"后"字。

(24) 经云:诸法无去来。法性遍一切处,故法无去来。(13·13)

案:《华严经·十忍品》:"诸法无去来,于彼心无著。"《宗镜录》卷12引《华严经》颂:"法性遍在一切处,一切众生及国土,三世悉在无有余,亦无形相而可得。"故引经至"一切处",在"处"字下断句为宜。

（25）有无双遣,境智俱亡。莫作意,即自性菩提。(13·14)

案:"莫"字上,B本有"俱"字,铃本校作"但",甚是。当据补。上文亦有云:"但不作意,心无有起,是真无念。"

（26）发心毕竟二不别,如是二心先心难。(14·1)

案:此段八句引自《涅槃经·迦叶菩萨品》(T12,590a)。"发心"是"初发心","毕竟"是"究竟觉",故"发心"与"毕竟"间应加顿号隔开为宜。

（27）明镜可以鉴容,大乘经可以正心,第一莫疑。依佛语,当净三业,方能入得大乘。(14·15)

案:"疑"下句号应删去。因为"依佛语"是"第一莫疑"的宾语。"第一"表示加强祈使语气,"第一莫"、"第一不得"后,往往带动词词组,没有只带单音节词的例子,如《祖堂集》卷5《云岩和尚》:"切嘱第一莫向舌头上取办。记他了事言语,有什摩用处?"又卷4《石头和尚》:"从今已后,第一不得行此事。"

附录

S. 6977 -（1）残卷

"[心]有限量不?""无。""心有住所不?""无。""心记（既）无住处,知心无住处不?"答:"知。"问:"今何处住心到无住处？缘没事更立知,[知]心无住是?""若不立知,心无住即落无既（记）空去。是以立知。无住是本寂体,本寂体上自有本智,知（案:此下衍一"知"字)本寂净体,名为定惠等。本寂体有自性定慧,本智能知为用。《涅槃经》云(案:此下衍"涅槃经云"四字):'定多惠少,增长愚痴;惠多定少,增长邪见;定惠等者,明见佛性。'今推到无住处,无住是本自性寂。知是用,寂是照体,照是寂用。即寂是体，本自性定；即照是[用]，本自性惠。即定[是]惠体，即惠是定用。离定无别惠，离惠无别定。即定是惠，即惠即是定。如灯与光，虽两名，体不别。即灯即是光，即光是灯。离灯无别光，离光无别灯。即灯是光体，即光是灯用。《法华经》中说即用（同）：'如来知见，广大深远。'心无边际，同佛广大；心无限量，同佛深远，更亦不别。诸佛菩萨行甚深般若波罗蜜，释迦牟尼佛推诸菩萨病处如何。《般若经》云：'菩萨摩诃萨应如是生清净心，不应住色生心，不应住声香味触法生心，应无所住而生其心。''应无所住'者，推知识无住心是；'而生其心'者，知心无住是。本体起用，善分别世间青黄赤白。心不随分别起是定。入定如凝心入定，此落无既（记）空。出定后，分别░░░░░░░惠不等，定惠░░░░░░░（下缺）

S.6977-（2）残卷

░░░░░░░无住心，知不知？《维摩经》云：'心不在外，心不在内，不在中间。'''有处所不？''无。《涅槃经》云'第一义空'，是此义。若三处俱无，即是本体空寂。唯有中道，亦不存。言其中道者，因边而立，犹如三指并，要得两边，始有中指。若无两边，中指亦无。░░░░░░░诸佛身亦然。心同虚空，故诸佛法身亦无中边。░░░░░░░是解。"

"今将无上菩提法分付知识。引经证。若领此语，六波[罗]蜜、恒沙功德、诸佛八万四千诸三昧门，一时瓘（灌）注入知识身心。《维摩经》云：'菩提者不可[以]身得。'（案：此下脱"不可以心得，寂灭是菩提，灭诸相故。不可以身得"十九字）心不在外；不可以心得，不摄心□□臆里；寂灭是菩提，为中间无处所；灭诸相故，一切妄念不生。过去□迦乃为菩萨授菩提记，是此义。经云：'离是菩提，离诸妄想故。不观是菩提，无忆念故。'知识，善作如是用。如上根人见说般若波罗[蜜]，便能领授(受)。如中根人,虽领未得,若懃咨问,亦能得入。下根人,但能志(至)信不退,当来亦能入圣位。"

"知识正用此时,若有妄心起,思忆念远近,不须摄来。何以故?去心既是病,摄来可不是病?所以来去皆是病。若有妄起,即觉,觉妄俱灭,即□□□□□莫作意,即是自性菩提。若 微 细 心,即用不着。本体空寂,今则不然。无物可 得,是名阿耨多罗三藐三菩提。常须如是解。《涅槃经》云:'身观人身,心同佛心。'更与知识料简现前微细处,尽□□□□不可知□□□□可现,即满足法身体,同法界量等。菩萨空□□□□(下缺)

Dx942 残片

名之为空,无念体上自□□□□
然常寂,有恒沙用□□□□
禅问(门)顿教诸家□□□
母顿生其子,其母与□□□
亦复如是。顿见本性□□□
言知者知何物?见者□□□
见。问:见与无,何有□□□
是无物。无物是见□□□
无物是体,见是□□□□
是性?答:无物是□□□□
是无念是□□□□□□

Dx1920+Dx1921 残片

□□□□□于空,必有堕落 之 患
□□□□□空病,空病亦空,空
□□□□□其法。问:云何
□□□□□心有住处,名

⸺⸺⸺⸺⸺⸺⸺⸺名有所
⸺⸺⸺⸺⸺⸺青黄赤白诸色
⸺⸺⸺⸺⸺诸相,即是如来
⸺⸺⸺⸺是涅槃者即般若
⸺⸺⸺云:如来所得法,无实
⸺⸺⸺⸺即是阿耨多罗
⸺⸺⸺⸺者,即名般若
⸺⸺⸺⸺性,故深远。若

(本文承蒙王继如先生的精心审稿,我在校正时做了些补充。兹深表谢意。)

(原刊于《俗语言研究》第 5 期,禅文化研究所,1998 年)

北京图书馆藏新 1254·1255 号《残禅宗文献》三种补校

方广锠先生主编的《藏外佛教文献》第一辑（宗教文化出版社，1995年）的出版，在世界佛学、敦煌学界引起了很大的反响。该书对历代大藏经未收的佛典以及与佛教有关的著作加以整理，对已收而不完全的文献，也加以整理，拾遗补阙。这堪称为新编大藏经做了有益的尝试。具体而言，是对敦煌发现的汉文佛教文献做系统整理；对域外流传的古逸经典，古人关于佛教的著作，近人从梵文、巴利语、藏语、日语等各种文献译出的印度佛教、西藏佛教的著作，正史、金石资料、地方志、个人文集以及丛书、类书、专著中散见的佛教资料进行整理校订，计划十分宏伟。

完成如此伟业，殊非易事，其难度是可想而知的。只要读一下第一辑卷首刊载的行文雅饬的《缘起》和出版前倾吐苦衷的《〈藏外佛教文献〉出版前语》(《法音》1995年12期)，就可以知道，理想和现实之间的鸿沟是如何巨大，编者必然会遇到超出预想的困难。这部书的第一辑，我们是去年(1996年)4月收到的，后来听说，从写《出版前语》就到正式刊行之间，曾两度开印，又两度废弃，现在看到的，已是第三次印本了。一个宏大的出版计划，在问世之前编者就是这样屡遭挫折，备尝艰辛的。然而，第一辑的刊行终于如愿以偿，第一期的五辑，现在预计可在1997年内完成。这个系列如果继续下去，就能成为编纂新版大藏经的基础。我们衷心祈盼这一壮举能顺利进展，结出硕果。

方广锠先生曾于1994年秋至次年春，在京都访学半年。我们通过与方先生的接触，呼吸到新鲜的空气，感受到新鲜的刺激，从而在我们日本研究者之间兴起了所谓第三次敦煌研究热潮。方先生原在北京图书馆担当敦煌遗书的整理和目录编纂，这次应龙谷大学西域研究会之聘，作为该会客座研究员来日，在从事敦煌、吐鲁番文书的鉴定和编目的同时，还积极出席在京都的各种研究会，在禅文化研究所唐代语录研究班的《达摩论》研究会、入矢义高先生主持的研究会（二十多年来一直研究敦煌遗书，当时集体研究日本古抄本《观世音应验记》）、牧田谛亮先生主持的七寺古逸经典研究会上，参加了关于文本的解读和校订的讨论。方先生在会上还介绍了包含新《达摩论》的《残禅宗文献》、伊吹敦先生试从粟特文译本还原的《头陀经》完本校录，令我们耳目一新。为了了解北京图书馆所藏敦煌遗书的现状和听取方先生对禅宗文献的见解，禅文化研究所也和国际禅学研究所共同举办了讲演会和座谈会。第一辑卷末整理而成的论文《关于〈禅藏〉与敦煌禅籍的若干问题》，就是方先生当时的演讲题目。与会者踊跃发言，热烈讨论，我们感到是一场痛快并有意义的讲演会。

对这些在日本的经历体验，方先生感慨良深。这从《藏外佛教文献》所收文献的整理，也采取研究班的方式进行的这一点上，便可以看出。"这种方式，便于集思广益、取长补短，的确是出成果、出人才的好方法。"（《〈藏外佛教文献〉出版前语》）迄今为止，我们曾邀请了很多中国学者参加研究会，但把这种行之有效的方式自己也付诸实践者，却很少见。方先生归国后，立即为该书的编纂组织了研究班，每周一次，每次用一整天时间，全力进行。该书"散佚在大藏经外的佛教典籍集成；佛教文献学研究的园地；用研究班方式精心整理；以精益求精之心求尽善尽美之境"的主旨，就是这时开始形成的。

该书刊行后不到一年，就出现了五篇书评。这既显示了《藏外佛教文献》出版规划反响之大，同时也表现出学界对该书校录方法的热心关注。我们所见到的,是黄征先生与杨芳茵女士联名撰写、1996年9月在兰州召开的国际敦煌学研讨会上发表的论文(书评)《读〈藏外佛教文献〉第一辑》。两位主要探讨的问题,是关于校录写本文献时的文字处理方法。该书"录文校勘体例"第十条云:"古今字、异体字、正俗字、武周新字一律改为标准繁体字,不出校记。原文笔误、笔划增减及变体者,径直改为正字,不出校记。错别字改为正字,出校记。如在同一篇文献中某些错别字反复出现,则仅在首次出现时予以注出,其后不再一一出校记。通假字第一次出现时改为正字,出校记;以后径直改为正字,不出校记。专有名词中的字一律照录,不作改动。录文所用繁体字,以《汉语大词典》(四川人民出版社与湖北人民出版社出版,1993年11月第一版)为准。该词典未包括的汉字,则斟酌其它辞书决定之。"对此两位主张:对古今字、借音字(通假字)和译音字,不应据文义改订,而应该或出注记(古今字、译音字),或用括号标出正字(通假字)。保留这些与通常有异的文字表记,是古籍校勘的基本原则,在看不到写本拷贝的情况下,对俗字以外的文字,不宜随意改动。对这种意见,方先生则认为:该书的目的,是为现代读者提供可信、实用(即便于阅读)的校本,仅仅通用于文字学、敦煌学专家的规范,在这里反而会成为障碍。汉字随时代而变化,正字法也不会一仍其旧,现代的古籍整理,应该遵循现代的正字法。敦煌遗书既有文物价值、文字学(包括书法)价值,也有文献价值,在研究上各备其用,互有侧重,该书校录所瞩目的,则是其文献价值(这篇驳论预定刊载于《中国敦煌吐鲁番学会通讯》)。

双方的意见都各有依据,言之成理,但从我们日本研究者的立场来看,该书的日本读者,只限于研究者或佛教界的专家。因此即使读了校录文,也一定会想要再看看原文的拷贝。影印一并刊载,当然最为理想,但那样做的话,就会需要一定的经济条件以及与收藏者的烦琐交涉。这也许是目前最难解决的问题。因而只有在能够便利地根据需要追溯原文这一点上多下功夫(俗字则另当别论)。如果把面向一般读者和面向专家分别处理,反而会徒滋困扰,造成浪费。中国的一般市民中,能有多少人要求敦煌古写经的校录明白易懂呢?即使有,也恐怕比专家还要少吧?鉴于此,我们是否可以以这次论争为契机,确立一个从事敦煌遗书校录工作的人都必须遵循的标准体例。文物价值暂且不论,文字学价值和文献价值,其实经常密不可分,它们都对文献研究能够提供丰富的信息。特别是《藏外佛教文献》要介绍的文献,主要部分都是新发现的资料,其性质、来历、背景均有待解明,读者就极其需要这方面的研究信息。而现行的体例,不能不说原始资料提供较少。佛教文献本来具有信息丰富而且开放自由的性质,现在研究这些文献的学者就应当尽量抽出有益的信息提供给读者。因此建立一个从事敦煌遗书整理工作的人不论哪方面专攻都必须遵循的公认的体例,现在显得尤为迫切。这对于传世的古抄本的整理,也应该具有重要的意义。

北京图书馆新 1254、1255 号《残禅宗文献》三种,是 1989 年冬至 1990 年春北京图书馆善本书库进行搬迁时,由方广锠先生发现的收藏于两个木箱内约四千种敦煌遗书中的一部分。如上所述,我们禅文化研究所唐代语录研究班,为了整理日本古抄本和敦煌遗书中的《达摩论》,这几年来一直在组织集体阅读讨论。1994 年秋读《达摩三论》时,正值方广锠先生为开展与龙谷大学的协同研究来日,也参加了我们的研究班,并在会上介绍了这部《残禅宗文献》三种的校录文。得知有新的《达摩论》出现,研究会立刻活跃起来,随即邀请方先生做了讲演,并在他归国准备繁忙之际,我们确定了报告人,召开了关于这三种文献的共同研讨会。此后又得到了有关其他资料，感到应该重作译注，于是从去年开始了阅读。担当者分别为：西口芳男、神野恭行(《天竺国菩提达摩禅师论》)、冲本克己(《禅策问答》)、中岛志郎(《息诤论》)，参加者则以入矢义高先生为中心，有辛嶋静志、北畠利信、Macadam Yukiko 诸氏以及若干学生和衣川贤次，本文即衣川对集体研究的成果加以整理而写成的。

《天竺国菩提达摩禅师论》校录本，是以北新 1254 为底本，P. 2039v 为对校本进行的合校，如题解所言，第二辑中各本另有校录，这样总计就有三种校本。方先生称北新 1254 是比 P. 2039v 字数增多的增广本，可作为异本分化研究的一个尝试，但对校之后就可以明白，两本内容大致相同，而 P. 2039v 比北新 1254 要好得多。因此无疑应以 P. 2039v 作校勘底本，至于北新 1254 末尾的增广部分，单独抽出作为附录，即可解决。这部第一辑的校录，因过于重视新发现的写本，除了残缺的卷首部分以外，乃以北新 1254 为底本，导致校记异常之多，反而使得读者无所适从。

《禅策问答》和《息诤论》均为海内孤本，弥足珍贵，但正因如此，阅读上带来一定的难度，也无法避免。

方广锠先生的校录工作，在北京已组织研究班加以审订，但"校书如扫落叶"，不能期以万全。古人曾曰："兼听则明。"我们的补校也会有谬误和不周，尚祈识者赐正。对方先生提供新资料给予重大启发，我们谨表衷心的谢意，并期望今后能进一步开展资料和研究方面的交流。

以下补校，先标示页数、行数，然后录出校录原文，再以案语的形式，提出我们的补校意见。

《天竺国菩提达摩禅师论》一卷

34·5　熟看诸境种种相貌。

校记3:"熟",底本作"埶",据文义改。

案:底本(P. 2039v)作"𱃸",即"熟"之变体,应径改作"熟"。

校记4:"诸",底本作"者",据文义改。

案:底本该字左偏旁含糊不清,从笔划的位置看,似原为"诸"。可与同行的"何名安心门者"相比勘。

34·6　迷是自心变作,知境界唯是自心作此,观自然渐合唯识观智。

案:"此"字下的逗号应改为"作"字下的句号,因为用"此观"二字来总括"熟看诸境种种相貌"以下所说的观照方法。

34·7　遮却杂染虚妄之法,诠取真如佛性者。不去不来,不生不灭,……

案:"者"字下的句号应改为逗号。这里如果不做省略,则应作"遮者遮却杂染虚妄之法,诠者诠取真如佛性也。遮却杂染虚妄之法,诠取真如佛性者,不去不来,不生不灭,……"。但口头表述尽管如此,下笔成文时则不得不取原文形式。而且在《天竹国菩提达摩禅师论》中"者"字均用以表示主格,没有"～者(也)"那样置于句末的用法。

34·9　无为无染,无有自性,……

案:"有"字底本作"看",是因形近而误。应出校记。

35·3　言"悟心门"者,由久看,心不起动,即自心体,即与道合。

案:"由久看"之后,应仿前后句式,补"守心故"三字。

35·5　言"定心门"者,由常看守心故,于五欲境界,不乱不惑。

案:如校记7所示,P. 2039v作"于五欲境界,不为乱惑",故此处意谓"不为五欲境界所乱惑",即被动句式,作"不乱不惑",则是为适应四字句韵律的变形。北新1254当然也通,但伯希和本似较佳,而且保存了更古的形态。

36·2 言"征心门"者,由常看守心故,即见心中心、心数法,举缘妄想,却征缘心,虚妄不可得故。

案:"即见心中心、心数法"一句意思不明。北新1254"心心"旁有类似删削符号的点划,如此则应作"心中数法",即与P.2039v的"心心数法"同义。"举缘"显然为"攀缘"之形误,但写本、碑文中有时不作区别(《增补碑别字》《碑别字新编》)。又"法"下的逗号应除去,因为"心中数法"乃"攀缘妄想"之主语。同样"缘心"下的逗号也应去掉。

36·5 渐达自心,本性清净,……
　　案:理由同上,"自心"下的逗号应除去。

36·8 了自己心,无障无碍,……
　　案:理由同上,"心"下的逗号应除去。

38·1 六根之中六個头首大贼
　　案:"個",北新1254、P.2038v均作"箇"(P缺末一笔)。"個"字虽然已见于《仪礼·士虞礼》郑玄注,但《敦煌变文集》所据写本中,"個"全然未见,均写作"箇"或"个"(松尾良树编《敦煌变文集口语语汇索引》)。"個"的普遍使用,则是以后时代的事。亦即文中作"個"还是作"箇",这种差异可为我们提供推定作品成立和书写年代的线索。对此没有出校,也许是依据了"录文校勘体例"第十的规定,但如上所说,这种做法并不恰当。

40·5 邪观者,谓身心之外,妄取境界,或见诸佛、菩萨、青、黄、赤、白、光明等事,并是想心妄见,与道相违。
　　校记15:"或",甲本作"惑"。
　　案:黄征先生《读〈藏外佛教文献〉第一辑》关于本书第54

页的"惑"字已指出,"或"为"惑"之古字,二字通用,毋须改订。但若依本书校录体例第十"古今字一律改为标准繁体字,不出校记",则应径改为"惑",校记15没有必要。

41·6 亦名"照心门"者,……

案:底本"亦名"上有"言"字,校录脱漏。这里当据 P.2039v 统一句型,正如第五行补上"门"字就是这样处理的。

44·1 莲花虽在淤泥中生,不被泥之所污染。

案:"花"底本作"華"。下文的偈(六十卷本《華严经》卷10)同此。禅宗文献写本一般多用笔画少的"花"字,但此处有异。当然两者皆可,没有必要强行统一。

《禅策问答》一卷

46·2 问:禅师,若为坐?

案:"禅师"下的逗号应除去。这里不是呼唤,而是相当于"你"的主语。下同。

46·6 定住凝心,更无畢想。

案:写本似乎作"畢想",然当为"異想"之误,是表示不安、困惑的佛教用语。

46·10 故《法华经》云:"如诸佛所说真实微妙法。"于此无缘法,云何有缘?

案:现存《法华经》中没有这段文字,而见于《中论·观因缘品》(《大正藏》第30册,3b)。因此当依《中论》,引号点到最后,而且应再补一"缘"字,作"云何有缘缘"。经典名之误,当产生于反复转引过程之中。

46·17 问:禅师若为证得清净?

案:"证"写本作"澄",二字通用,但若依本书体例第十"通假字第一次出现时改为正字,出校记;以后径直改为正字,不出校记",则应出校记。

46·18　非意所图,非心可测。
　　案:"测"写本作"恻",因形近而误。应出校记。

47·3　故经云:"言若有所受,法堕于断常。知当所受法,亦常亦无常。"
　　案:引文出自《中论·观成坏品》:"若有所受法,即堕于断常。当知所受法,为常为无常。"(《大正藏》第30册,28c)故应据此断句,又"知当"应改作"当知"。

47·6　身心直住,垢静空闲,所以得知。
　　校记5:"静",疑或作"净"。
　　案:"静"、"净"二字通用。若依体例,这里当然应改作"净",并出校记。但书手以二字同音,不知有别,故本不必拘泥。

47·12　答:冥真绝思,不见身相,清虚直住,皎绝网覆,名为空。故经云:"入大寂定,名大涅槃。"
　　案:"真"字当为"意"之形误。又引文出自《大般涅槃经·师子吼菩萨品》,原文为:"我于此间沙罗双树,入大寂定。大寂定者,名大涅槃。"(《大正藏》第12册,790b)

48·13　故经云:"内空,外空。"
　　案:出典见《仁王般若经·观空品》:"一切法空,内空、外空,内外空。"(《大正藏》第8册,826a)《大般涅槃经·梵行品》:"空者所谓内空、外空,内外空。"(《大正藏》第12册,703c)

49·2　虽复去来知见,不染声尘。
　　案:"知见"二字应属下,是"不染声尘"的主语,故逗号应移至"去来"之后(48·10"虽复去来,知见不绕心。"同此)。

49·7　故经云:"无前无后。"

案:出典见《维摩经·菩萨品》:"法施会者,无前无后,一时供养一切众生,是名法施之会。"(《大正藏》第14册,543c)

49·19　故经云:"现身精进,多绕病痛,行者肥充。"此是也。

校记7:"此字不清,似为'肥'。"

案:原写本"肥"字明白无误,为"肥"字俗写体。另"此是也"为"此之是也"之误。这是引文之后表补充说明的用语,意思是"所谓……是这样的"。句道兴《搜神记·梁元皓、段子京》:"故曰:'为力不同科。'此之是也。"《临济录》:"古人云:'湛湛黑暗深坑,实可畏怖。'此之是也。"古代一般说"此之谓也"。例如《韩诗外传》卷1:"此言音乐相和,物类相感,同声相应之义也。诗云:'钟鼓乐之。'此之谓也。"

50·2　道从心起,不由破纳衣裳。

案:"纳"通"衲"。若依本书体例,则应改作"衲",并出校记。

50·4　故经曰:"宁作心师,不师于心。"

校记2:引文出自《佛为心王菩萨说头陀经》,文略有异。原文作:"一念返源,即为心师,不师于心。"

案:这段引文,净觉《般若心经注》引《大般涅槃经·师子吼菩萨品》:"愿作心师,不师于心"(《大正藏》第12册,534a)一语,但作"《涅槃》云:'宁作心师,不师于心。'",应指出其依据为《般若心经注》。《法王经》中也有"菩萨令诸众生,当断疑心,而作心师,不师于心"(《大正藏》第85册,1386c)等类似说法,在禅宗文献中,这是已经固定了的说法(《百丈广录》《南泉语要》)。《宗镜录》卷75所引"经云:宁作心师,不师于心"(《大正藏》第48册,833a),也是这两句。参见入矢义高《師心ということ》(收于《空花集》,思文阁,1992年)。

50·5　禅师能受骂辱楚毒,何意谐语面参异?

案:"面参异"三字难以索解。或可校改为"而恭畏"。

50·15　故经云:"粗言及软语,皆归第一义。"

案:出典见《大般涅槃经·梵行品》:"诸佛常软语,为众故说粗,粗语及软语,皆归第一义。"(《大正藏》第12册,485a)

51·3　是故《涅槃经》云:"应久住处,不知大喻。"菩萨方知持戒、破戒。

案:引用的《涅槃经》为《师子吼菩萨品》。引文与现在看到的该书并不完全一致,若据今本,引号则应点到最后。《师子吼菩萨品》原文为:"具足四事,共住久处,智慧观察,然后得知持戒、破戒。"(《大正藏》第12册,528c、773b)

51·5　问曰:课处即应得坐,何意要在房舍、禅床,始行法教?

案:这部《禅策问答》共由三十个问答构成,但以"问曰"开头的仅此一处,而且其后的"课处"意思难解。因此这里也应依全文问话通例,作"问:日课处即应得坐"。意谓"应该可以在日常修行的地方坐禅"。

51·6　钝根无智,必须尽力护持。上行之人,通半偈而悟道。

校记2:"护",底本作"摧",据文义改。

案:作"摧持"仍与文义不合,作"护持"则成"要尽力保护钝根无智",更显扞格。不知可否从字形推论作"携(擕)持"。这样意思与"成持"(亦作"成褫")大致相同。这种苦口婆心的表现,也十分罕见。

51·18　云(心)存波若,淡泊清虚。

案:原写本"淡泊"作"惔怕"。"惔"通"憺",这里没有必要改作"淡"。开耀元年写敦煌本《达摩禅师论》:"只本□心教化心所前念诸烦恼之心,悉令归善,归真归正,清凉安隐,惔然寂静,即名涅槃。"(关口真大《達摩大師の研究》)薛传均《文选古字通疏证》:"扬子云《长杨赋》'澹泊为德',《注》:'善曰:澹泊与憺怕同。'《汉书注》:'澹泊,安静也。'《说文》:'憺,安也。'安静者必无为,故憺与怕连文。盖正字当作憺怕,从水者俗字耳。"

51·19　故经云:"五百罗汉习学尽世之经书,不能回心返照。"
　　案:原写本"返"作"反"。二字通用,但应出校记。

《息诤论》

54·4　假使语尽其源,亦未能至矣。
　　案:"其源"应属下,逗号应移至"尽"下。这与前后文之"玄深叵测"、"文辞未辨"、"真如难辨"同义,意谓语言毕竟不能尽道的本源。如逗号点在"其源"之后,则意思正相反。又校录在这之后改行分段,其实这里文意未了,不宜切开。

54·13　言语之由,乃与为凡标述,权寻圣迹,非是口谈,证悟道源,都无演说。
　　案:"非是"以下断句应改作"非是口谈证悟,道源都无演说"。意谓"语言的用途不是表述悟道,道的本源无法用语言说明"。

54·15　凡夫未会,虽复要借言词,只为不悟,言中展转,迷轮相惑。
　　案:"轮"音通"沦",应改为"沦",并出校记。

55·5　余今略承斯证,愿粗恩君。必不此言,方知大悟善事。非独闻为好,亦望普使闻知。
　　案:"愿粗恩君。必不此言"八字,本身无法解读,必有脱误。"善事"二字应属下,意谓"好事不愿一个人独听,也希望大家都知道"。

56·1　只为人多不信,一执坚牢,一向贪著,外求總總,不及向己。

案:原写本"總總"作"忩忩"。"忩忩"意为匆忙,"總總"意为众多。这里宜作"忩忩",不当改。

56·4　但自心迷广说,只是论高。假使广说心迷,终如话宝。

案:后句的"心迷"应属下,意谓"不管话说得怎么漂亮,心境不能安详沉静的话,结果也只不过是关于宝物的空谈而已"。

56·4　窃以经云:"具说多闻,状似贫人,昔夜数计他珍,终无半钱入己。"

案:引文出自《六十华严·四谛品》,原文为:"譬如贫穷人,日夜数他宝,自无半钱分,多闻亦如是。"(《大正藏》第9册,429a)

56·10　凡是论净,特有人我,非我不净。

案:原写本"有"作"由"。此处录文误植。

56·22　百事不祥,无能逼善。

校记3:"祥",底本作"详",据文义改。

案:底本的"百事不详"为承上"在世生平,必须思虑"而言,不烦改。这里没有"祸"与"祥"对比之意。

57·4　非直才能故骋,且如萤虫助日。

案:"非直"不成语,当为"非是"之误。意谓"我并非为炫耀自己的才华而写,而是想以微小的萤火,为太阳略增光辉"(即使不能增辉,我也尽心尽意地谈了自己的想法)。

57·8　见佛若不见心,不见云何礼佛?

案:后句"不见"为衍字,应删去。

57·9　是见非性,不可名欲见。若为得见,……

案:"若为"系疑问词,故前面的句号应改为逗号,句末则应改为问号。

57·12　愚夫对境迷心,智者知心现境。

校记5:"愚",底本无,据文意补。

案:补"愚"字甚是。唯此字下可明显看到残画"心"字,应作注记。

57·15　因眼分别,与色为名。

案:"与"音通"以",若依本书体例,应改订后再出校记。

（蔡毅译。原刊于《俗语言研究》第4期,禅文化研究所,1997年）

评《禅宗著作词语汇释》

禅语录和灯史,以及汉译佛典等佛教文献,作为白话语汇的宝库,近年来已引起中国研究者的关注。这些历来都是被忽视或冷落的庞大的文献堆积。其中的禅文献,是自盛、中唐时期起经过长时期形成的、以对话为主体的一大批资料。由于其中包含许多口语词,内容又充满了"答非所问"式的让人一见感到奇妙的问答,本可望从汉语史研究中求得解决门径,却又存在着处理上的困难。但是在日本,入矢义高、太田辰夫两位先生早已在从事相关研究;以入矢义高为核心的禅语录研究,在语言学、思想内容两方面都已显示出深度。与此相对照,在中国,经过长时期的空白之后,到最近终于开始从各方面重新认识其价值。袁宾先生的《禅宗著作词语汇释》(江苏古籍出版社,1990年11月出版;《前言》执笔于1987年10月)就是适应这一要求,在中国出现的最初成果。本文278页,所收词条350个。虽然其规模比起日本最近出版的入矢义高监修、古贺英彦编著《禅语辞典》(思文阁,1991年7月出版)收录约5 100个词条,还算是极其简略的。但两者却可以看作代表了中国与日本各自禅文献研究的工具书。然而,相对于后者是积五十年经验取得的成果,前者不过是以中华书局版《五灯会元》出版(1984年)为契机,在出书的短短五年前起始工作的。又,相对于后者是一部从一百种禅文献中抽选值得注意的多样语汇的辞书,前者则是选取唐宋口语语汇或带口语色彩的禅宗用语(《前言》中叫作"常见的带有口语色彩的行业语"),结合外典与敦煌变文中的所谓疑难词例,解明其语义,与其说是辞书,实际上更具有语汇学著作的特色。两书所选语汇多有重叠；袁书中极个别处,亦有可补《禅语辞典》释义的例子。袁书每一词条引证甚多,取自范围广泛的外典的用例也丰富,具有补充丁福保《佛学大辞典》、张相《诗词曲语辞汇释》、蒋礼鸿《敦煌变文字义通释》、王瑛《诗词曲语辞例释》、龙潜庵《宋元语言词典》的作用。征引文献143种,其中禅文献35种。但事实上其举例大多数出自《五灯会元》。该书本来是以《五灯会元》的释词工作为出发点,以其成果为核心,补充其他禅文献的用例而成。这从袁先生前此发表的论文即可察知。笔者借此机会,重新阅读了那些论文,结合着通读了全书,受教良多;但应商榷之处却也大小合计达五十余条。这里拟从中归纳为几个问题试加讨论。

首先关于资料。袁先生所用主要文献是《五灯会元》。这当然是一部很方便的书,但它并非是五部灯史机械糅合而成,其编辑过程与资料性质迄今尚未完全清楚。日本的研究者历来只注意新发现的《祖堂集》或敦煌文献,对《五灯会元》等不大顾及。但在中国,这部书比《景德传灯录》更为普及,因此在中华书局《中国佛教典籍选刊》中最早出了校点本。然而在利用这部书时,进行资料的溯源,确认其更原始的形式当为必不可少的程序。袁先生或只是出于疏忽,竟沿袭了中华版(此书校点严重杜撰,项楚已指出300条、董志翘指出7条错误,袁书亦考订20条)句读上的错误(如"为人"、"大故"、"聱"、"未在"、"祖道"等条),甚至有从其中错误地选取语汇之处("参人事"条)。不言而喻,在语汇、语法研究中,弄清所依据的资料是最为重要的。《五灯会元》很难说是严密的研究资料。当然,我们了解连《大正藏》《续藏》都难以见到的中国大陆的资料环境,并对尽管禅文献研究工作起始日浅却在此一领域走在前列的袁先生深表敬服,但毋庸讳言作者在资料处理上,与其有关敦煌变文的诸论文一样,竟如此缺乏语言学者的严密性。有关"那

(二)"和"聻"的议论,如能利用更古的资料或版本是会得出更为正确的结论的。

其次,关于对所取资料性质的理解。试举一具体例子。"眨上眉毛"条下列出类似表达方式九句(眨上眉毛、剔起眉毛、举目扬眉、瞬目扬眉、扬眉、不惜眉毛、惜取眉毛、眉上坠落,眉须堕落),其中前五句与"不惜眉毛"以下四句虽字面相似而意义迥异,本不可并举,且所作解释都是错误的。上五句袁先生释意为"动脑思索",实际上这是个动作,出自马祖道一,是本于《楞伽经》,即在日常言动中见出佛性发露作用的见性观念。后来这一观念受到了批评,起心动念竟为禅家所忌,因此对"眨上眉毛"的看法也有所变化,不能一律解释。但禅师一般是不会要求弟子"动脑"领悟的。在谈禅时,很多场合是从对方的一举一动中发现其根机的。由于作者缺乏这种禅宗史的基本知识,就不能举出原来的马祖用例,也看不到马祖以后如何成为话题,徒然列举众多例句,结果十三例全都是望文生义,以至造成追寻到现代俗语语源的悲惨结果。"不惜眉毛"以下四句,是基于错误说法则眉毛脱落的俗间信仰形成的表述,《碧岩录》第八则"翠岩眉毛"(又见《景德传灯录》卷18)是其代表性的著例。袁先生从上面的理解中联想到眉毛是有关思考的动作,就误解为"不惜花费心思",而正确的解释则应是"即使会受到法罚(因为《金刚经》上说'说法者无法可说,是名说法'),也敢于用语言说法"的意思。

还有与此类似的例子,即以"知有"与"知"为同义一条。"知有"一语初出于《庞居士语录》,本是隐含"有"的宾语的说法。南泉普愿说"祖佛不知有,狸奴白牯却知有"(《南泉语要》),以后"知有"成了话题,被当作"知有佛向上事"(即知道有超越作为究极点的佛的境位之境地)这一反映当时思想课题的一句话的省略形来使用。袁先生列举出"知有"的十二个用例,也知道"知有佛向上事"、"知有此事"例句,却只根据"知有"与"知"同时出现("有"以下亦被省略)之处,武断认定"知有"="知",然后根据训诂的常规,认为"知"="有"即"知有"为同义复词,再求取例证。在使用所提出的例句上又使得原有错误更发展了一步。在举例中甚至出现了忽略"他心智"为佛教用语这一不应有的失误,等等。

确实,这种望文生义的危险,是语义研究中经常会出现的。语言学者不仅往往忽视资料在思想史上的脉络,更无视原义理解自身,只取表面的语汇,搜集三两用例,即机械地归纳出某一意义。本人在读语录时,对此感触很深,在研究会上也曾有过多次的教训,所以这里并不只是责备袁先生的。

对"发业"、"头山安头"、"心行"、"捏目生花"、"人我"等词语,虽作为禅宗用语口语提出,但没有揭示各自所据(或初出)的佛典并在揭示使用的文章脉络后考虑禅文献中的用法,就只能得到扩张了禅语言为"特殊"语言的先入之见的结果。"良久"一语由"长时间"的原义转化为"沉默"的引申义,"缁素"则由"黑白"的原义引申为"辨别",袁先生用"转移现象"来说明,并注意到问"生缘"有"虚问与实问的区别",这比起说禅家的语言"空灵"、"虚幻"等,更有助于具体理解。朱自清先生曾说:"我们知道禅家是离言说的……但是禅家却最能够活用语言。"(《禅家的语言》,《朱自清古典文学论文集》)的确,禅家嫌语言有所限制,避直说,多用譬喻,乍一看所用语言很特别,但从外表看,这种特殊与道家、官人或妓女阶层的用语也不过只有程度之差而已。读禅的对话,如果对其背景与所提出的问题不了解,就常常会陷于困惑。在这种情况下,袁先生就说成是"禅机玄妙"啦,"语录中习见的反义问答"啦,"这是禅宗语录中常见的一种排斥式矛盾机语"等,却避而不言,对其意义不甚了了。府宪展、徐小蛮的论文《禅宗的创造性思惟形式——对禅宗公案的理性探索》(《中华文史论丛》第四十六辑,1990年)也采取了相似的作法。这是对公案"特殊论理"的逻辑分类办法,其中提出的"平行式"、"背理式"、"逆向式"等公式,完全舍弃了谈禅师每个人心中的问题与当时思想史的课题,只看到表面的形式,可以说只是类型化的无益的尝试。确实,本人起初也曾想到把禅的对话划分成几个模式,并试着确立起公式,但其简单化连自己也觉得无聊了。这距离"创造性"太遥远了。这还是没有注意到要理解禅师们所面对的固有课题的思想史上的背景,认真阅读汉译佛典是先决条件。袁书四处滥用"顿悟"、"呵佛骂祖"、"禅旨"、"禅机"等套语,由此可以推测作者对禅的理解的程度。(附带说一下,本书设计亦惊人。"禅"字用带禅派风格的大字书写,"本来无一物"、"直指人心"、"见性成佛"、"棒喝"、"顿悟"等文字和坐禅僧图画的装饰,均与内容无甚关系,显示出与本书出版相关人的理解程度。)不知是否这个缘故,本书解作"悟"的意义("大悟"、"领悟"、"领会"、"通悟")的条目非常之多,"构"、"荐"、"瞥地"、"七穿八穴"、"七纵八横"、"入头"、"桶底脱"、"脱然"、"彻"、"快活"等都这样解释。这些词语中有的与所谓"悟"不大相关,又各自都带有细微的色彩上的区别,给予一律的解释在语义上也是错误的。在中国,有着一部分古禅学的传统,加上新近翻译的铃木大拙著作的影响,片面强调悟的倾向似乎根深蒂固。袁先生的理解或是在这种气候下的产物。

除了上面有关语义的问题之外,所举文字的句读与解释、条目的选取、应补充的例证等,可讨论处还很多。本书序言为1989年故去的郭在贻先生所写,其中指出了口语语汇研究中求证、溯源、祛惑、通文四个阶段。这当然是应该首肯的方法论,但对于这四个阶段的工作粗疏到难以设想的本书却是绝口称赞,评价是溢美了。甚至连郭先生也是如此,本人不免有些惊讶。

讲经文自不待言,敦煌变文与王梵志诗中也有许多关系到佛教与禅的内容。因此与禅文献共通的语汇也很多,迄今发表的语汇考证论文也经常加以引证。这其中,项楚先生的广博与精确都是超群的。而袁宾先生这本书则显然大为逊色了。

[译者附记]上面是日本学者衣川贤次发表在日本《中国图书》1992年3月号上的一篇书评。衣川贤次是日本京都花园大学助教授,专攻中国古典文学,近年正从事禅语录的研究。日本著名汉学家入矢义高长期主持一个研究中国古代俗语言的读书班,取得了丰富的研究成果,他是主要参加者之一。译文经作者审订,个别字句有所补充。

之所以介绍这篇文字,是因为其中反映的问题是有一定代表性的。该书评中所指出的,主要是研究、著述中对资料把握不足和处理材料的草率。诚然,文章评论的课题在我国有一定的特殊性:由于当前佛教研究是在长期沉寂之后重新起步,基础薄弱,资料短缺严重,在工作中存在许多客观上的困难。但对研究者本身来说,应掌握与课题有关的基本材料,了解有关学科的基础知识,较熟悉研究的基本现状,这样才有进行工作的起码条件。而近来出版的有关佛教的书,有相当一部分作者似忽略了这一点。这也涉及出版问题。有些出版社片面追求热门选题,而较少考虑该著述在其所属的学术领域所代表的水平。

至于具体到书评中评论的这本书,自有其价值,著者到底是下过几年工夫的。在目前的有关这一学科的出版物中,水平应该说是在平均线以上的。在我国书评界,由于各种原因,这一类书很少有人批评。有时候看到出了那么些书,不少题目还很新鲜,还感到挺满足的。外国人的批评不一定对,但可以促使我们警醒。像这篇书评,就让我们想到具体著作之外的一些问题。

（何迁译。原刊于《古籍整理出版情况简报》第 268 期,1993 年）

终焉之道标

——书评　田中良昭、程正编著《敦煌禅宗文献分类目录》（大东出版社，2014 年 12 月）

此书为一本目录，是对敦煌遗书中所搜集到的有关禅宗的文献所进行的分类，由灯史类 8 种、语录类 32 种、注抄及伪经论类 13 种、偈颂类 14 种而构成，共 67 种文献，在每种文献的名目下面，开列了收藏在世界各国的所有写卷的编号；在各个"文本的翻刻、校定"、"著书、论文"下面又开列了校录、相关研究的论文题目及专著书名；并以"略记"的方式，介绍了该文献写本的发现和研究的过程，总结了一百年来敦煌禅宗文献研究的历史。它是一种记述目录（descriptive catalogue），叙述详细，无以类比，堪称世界罕见的卓越之作。

众所周知，上世纪初，在中国清朝西北边境的敦煌千佛洞第 17 窟（通称"藏经洞"）中，多达约五万个写卷的敦煌遗书，被王道士偶然发现。不幸的是，在清朝末年那个混乱的年代，其主要的精华部分首先被英国、法国的探险队劫走，之后从窟中流出的部分则被俄罗斯、日本的探险队拿走，剩余的所谓"劫余"部分由清朝政府运出，保存于京师北平，结果导致敦煌遗书被分散在世界各国的博物馆、美术馆以及私人收藏。在敦煌千佛洞中秘藏千年的写本敦煌遗书（包括少数的版本），被视为中国中世期的文献（documents），作为新发现的珍贵学术资料，立刻受到了学术界的关注，研究敦煌遗书的"敦煌学"就成为 20 世纪的世界显学。

即使在日本，当时京都的中国学学者立即派遣考察团到清朝北平（1910年）考察，并传达了考察结果的信息。但他们当时所关心的主要是在于传统典籍的古写本，之后是作为唐代史料受到关注，随后终于注意到了占全部敦煌遗书90％的佛典写本的价值。由于佛教学者的加入（矢吹庆辉于1916、1922年在伦敦调查了斯坦因本），也涉及了禅宗文献。敦煌遗书中保存的禅宗文献，由此发现和介绍的影响，胡适、铃木大拙也在伦敦、巴黎、北平进行调查，以及介绍和初步的研究，加之由金九经、宇井伯寿等的资料整理并公开出版。这些是第二次世界大战之前的成果，为敦煌禅宗文献研究的第一期，即发现、介绍以及初步研究的时代。第二期是战后，柳田圣山《初期禅宗史书之研究》（1967年）的出版，这是以敦煌发现的禅宗文献作为基本资料的"初期禅宗史"的真正研究的开始，受到学术界的关注。在70年代中，文献的精密校订、译注相继出版并资料化。田中良昭先生在以往所介绍的主要文献之外，广泛搜集相关的资料，以扩展"初期禅宗史"的研究范围，进行资料的目录化，并致力于不断地总结和介绍研究史。第三期是上世纪80年代以后，以往散落在世界各国的敦煌遗书，其大规模的图版进行了公开出版，使之轻易可见，以这样的能够把握禅宗文献的整体为背景，搜索齐全，又由这一领域为数不多的专家伊吹敦先生等进一步的推进更为详细的实证研究。以上是《敦煌禅宗文献分类目录》的编纂背景。

编者田中良昭先生，作为敦煌禅宗文献研究者，其特点是广泛搜集资料、整理分析，将其界定为"初期禅宗史"，细心总结研究的历史。最终的成果就是与程正先生共同编著的这本书。他划定了敦煌禅宗文献的范围，对文献逐个地收罗相关的研究论文和著书，在记述至2013年为止现阶段的到达点的过程中，所耗费的劳力是可想而知的。因田中先生亲自参与策划，所以记述的发现、介绍以及研究的过程,极为详细。今后要了解敦煌禅宗文献的资料和研究的历史,本书无疑是一本不可或缺的参考书。它总结了敦煌禅宗文献自发现以来历经一百年的研究,成为百年间令人热衷其中的显学之一的终结点,乃至迎来终焉之道标。

据悉,敦煌遗书的下限已被确认为记有1002年纪年的俄罗斯所藏文书,因此,从南北朝5世纪初开始,一直到宋代初期11世纪初,敦煌遗书所涉及的文书资料相当庞大。不过,大多数还是属于唐末五代时期的书写。其中的敦煌禅宗文献实际上是从中原传入,然后在敦煌这里进行抄写保留下来的资料。但到了吐蕃(西藏)统治时期(786—848),因与中原往来交通的中断,也阻碍了同时代资料的传入。这也是之所以在敦煌禅宗文献中基本上看不到马祖禅以后资料的一个重要原因。因此,依据敦煌禅宗文献能够进行研究的,就限于吐蕃统治以前,也就是"初期禅宗史"的范围,而马祖禅以后是属于用欧美学术用语称之为"古典禅时代",这一范围的研究就不得不依据传世的资料了。如果说"中国禅实质上是从马祖开始的"(入矢义高《马祖的语录》序),那么"初期禅宗史"就可以说是中国禅的前史。禅宗被认为是由梁代达摩传来,但实际上,一系列与达摩相关的资料可以确认主要是从南北朝末期至唐代前期,由后人假托达摩而被创作出来的,以此为起点,到马祖道一(709—788)的洪州宗以前,是"初期禅宗史"的范围。如上所述,67种敦煌禅宗文献作为"初期禅宗史"的资料,经百年间的发现与介绍、图版的公开以及进入真正的研究,与此相关的人们记下了各自的回忆录,而由本书进行了总结,根据于此,敦煌禅学可以说是迎来了终焉。

虽说"总结而迎来的终焉",当然并不是说各个文献的课题都已经解决了,这通过阅读本书的记述即可明了。比如,敦煌本《六祖坛经》的作者与其形成的问题,我们能看到各种推测、揣测的说法,而且缺乏说服力,这一问题至今尚未解决。本书的特点是,在于列举相关论文、著书,尽管简单扼要地介绍各种说法,但并没有记述对其研究的评价,比如论点是如何讨论的,对问题点是沿着什么样的过程进行克服的,问题是否解决了等。本书并不在于要弄清这样的研究史的记述趋向,始终在于泛泛地、表面性的介绍。比如杨曾文校写的《敦煌新本六祖坛经》(上海古籍出版社,1993年;新版,宗教文化出版社,2001年),这是著者自己珍藏多年的未公开的敦煌市博物馆本的校订。然而,对如此珍贵难得且有特色的文本,著者竟然用宋代的惠昕本系的文本进行了妄改,对如此轻率的做法,在本书的介绍中却只字未提,后来有一位不学无术的日本学者把它翻成了日语,本书对此也没有任何说明。由此,至2013年的现阶段为止,我们阅读敦煌本坛经时,到底该依据哪个校订本好呢?读者只能是困惑的。最终如果只能是从头开始收齐诸写本,然后靠自己进行校订的话,那本书的总结实在是毫无用处。即使在作者与成立论的问题上,柳田圣山在《初期禅宗史书的研究》中提出的牛头系作者说虽带来了具有冲击性的说法,但现在谁也不信。伊吹敦先生的《敦煌本〈坛经〉的形成》通过假设,介绍了从原本《坛经》经过了四个阶段的增补改变的说法与其复杂的图,本书也转载了,然而,这种说法没有任何的文献根据,只不过是机械性操作结果所得出的说法而已。《坛经》问题的论证,可以说是在假设之上又进行假设的这一由柳田先生以来的恶习手法成为一种学术传统的特征。笔者认为记述如上这样的过程才是研究史,可是,在本书中完全没有论及。如果加以评价的话,必然会有反对的意见,再者,由于本书编者自身的论文也包括其中,往往会犹豫不决,不难想象那是不得已的方式。但那样真的合适吗?本书目录的制定是一个不断面对矛盾的艰难工作,这也是可以理解的。

因此,今后继续对敦煌禅宗文献的探究是理所当然的。经过了这一百年来的研究,我们已经了解了敦煌遗书的大致内容。至于敦煌千佛洞第17窟为什么被封闭的原因,从"避难说"到"神圣的废弃说",再到"供养瘗埋说"①,现在我们终于明白了敦煌遗书的性质,让我们从对敦煌遗书的过度期待和妄信中解放出来,转向冷静判断的现在,中国禅宗史研究的重心已经不在于"初期禅宗史",而是"古典禅"②或宋代禅以后。那么,今后的敦煌禅宗文献研究有什么样的展望呢?

抄写敦煌禅宗文献的时期,在中原正是马祖禅兴起的时期。"能够推定为大约760年的《楞伽师资记》(S. ch2054)、《传法宝纪》、《修心要论》、《二入四行论》等连写的写本(P.ch3664等),是目前所能看到的敦煌禅宗文献的上限年代。《楞伽师资记》约成立于开元七年(719),《传法宝纪》是开元初年(713)成立,所以在敦煌抄写的那些写本文献,从成立至抄写之间,经过了相当长的时间"(上山大峻《禅文献的诸层》,《敦煌佛教研究》1990年,法藏馆)。敦煌即使是偏离中原,当时的这些文献传播的实际情况,大体上也是适用于其他地域的。另外,根据上山大峻先生的调查推定,敦煌禅宗写本文献的初期(750—780)除了《二入四行论》之外,还有《传法宝纪》《修心要论》《观心论》等尽是所谓北宗禅的文献;到了中期(吐蕃统治时期及其延续影响下的790—860),有《绝观论》和神会的《定是非论》《坛语》等连写的写本,南宗禅文献似乎占多数的同时,北宗禅文献也依然继续书写;至后期(从归义军时代至敦煌写本的下限,860—

---

① 张先堂《中国古代佛教三宝供养与"经像瘗埋"——兼谈敦煌莫高窟藏经洞的封闭原因》,《敦煌写本研究年报》第10号第2分册,京都大学人文科学研究所中国中世写本研究班,2016年。
② 贾晋华《古典禅研究——中唐至五代禅宗发展新探》(修订版),上海人民出版社,2013年。

1002),又增加了与密教、净土教等相融合的禅文献,呈现出其后中国佛教特征的倾向。

然而,本书目录的记述始终贯穿于各个文献的发现与研究的过程,作为连写文献的性质以及在敦煌佛教中的定位、俯瞰等,基本上没有涉及,当然也有目录这一性质所带来的制约,但还是显露了那个脱离不了"用一根钓丝钓鱼年代"的余习。

的确各个敦煌禅宗文献的研究有一定的累积,尽管包括未解决的关于各个文献性质的问题,但根据本书目录,对初期禅宗史研究大体上都做了总结。从这里我们也能了解到今后的课题。也就是说,作为20世纪世界显学的敦煌学,在整整一个世纪中,结束了它的辉煌角色。那么21世纪,敦煌这一地方作为地方史学的重要研究课题还有待进一步研究。敦煌遗书的存在毋庸置疑是独一无二的,具有相当丰富的地方史料的遗存。根据敦煌遗书来研究敦煌地域的地方史,作为敦煌学的一个领域,当然从最初就开始尝试了。对于唐朝的地方统治的实际情况,吐蕃的侵攻与统治,归义军恢复等的政治史、军事史,及敦煌的佛教社会的实际生活,在那里生活的人们从风俗习惯、娱乐、文化,到言语生活、经济生活等的解明,敦煌遗书提供了丰富的资料。敦煌禅宗文献也应该回归到抄写这些文献的这一敦煌地区人们的实际宗教生活中去,根据探讨他们接受宗教的形态,从中我们能够发现文献的新角度、新方法的可能性。关于这一点,具有先见之明的历史学者,也指出了转换敦煌学方向的必要性,提出认为应该从以往根据敦煌遗书来旁证、补充由编纂史料所撰写的历史(即所谓"补史"、"证史")这一方法转换到基于敦煌遗书的原始史料,再对历史进行重构的史学研究①。

---

① 荣新江《从"补史"到"重构"》,《中国高校社会科学》2005年第2期。

本目录是田中良昭先生自1969年以来,多年从事敦煌禅宗文献的编目作业的总结,其慎重周到的整理不禁令人敬佩。拜读间,注意到的三点,作为补正记下,以表对田中先生贡献的感谢。

(1) Ⅱ语录类24.《六祖坛经》关于西夏文译,解说是"川上(天山)先生所介绍的残简6叶的本文基本上与敦煌本相一致,这是西夏的惠宗季秉帝即位四年(1071)所翻译的资料,作为西夏文是属于最初期的资料,并且据说又将此再重译为汉语"(第149页)。但是,从汉语原文被译为西夏文,然后再"重译"为汉语,是不可能的事情,这应该是对罗福颐介绍西夏文《六祖坛经》时,为了方便起见,将西夏文的内容用古汉语译出的(《北平图书馆馆刊西夏文专号》)的一种误解。

(2) Ⅱ语录类27.《南阳和尚问答杂征义》作为和田文文献中列举了MT.b.001,并对和田语文本做了说明(第173页)。但这是汉文,并非和田文的翻译。E.沙畹将斯坦因发掘的汉文文献断片附上图版进行了介绍(1913年),P.戴密微认为这是《神会语录》(1961年)。该断片的图版复印,在我们禅文化研究所唐代语录研究班由荣新江先生提供,校订《问答杂征义》时,作为校本,作成了译注(《神会的语录·问答杂征义》,未刊)。另外,本文献的"著书、论文"下应该加上吴其昱《荷泽神会传研究》(《"中央研究院"史语所集刊》59-4,1998年)。

(3) Ⅳ偈颂类下著录14种文献。关于敦煌遗书中的禅僧偈颂类的探讨尚未有真正的研究。但关于写卷的缀合,有徐俊《关于〈禅门秘要决〉——敦煌释氏歌偈写本三种合校》(《庆祝吴其昱先生八秩华诞 敦煌学特刊》,文津出版社,2000年)、《敦煌写本〈山僧歌〉缀合与斯5692胡蝶装的还原》(《中国典籍与文化论丛》第2辑,中华书局,1995年;之后在《鸣沙习学集 敦煌吐鲁番文学文献丛考》下册[中华书局,2016年]中改题为《敦煌写本〈山僧歌〉缀合与S.5692缝缋装册的还原》收录其中)两篇论文,这应该增补在9.《禅门秘要决》、13.《亡名和尚绝学箴》的名目下面。

敦煌遗书中,此外还保存了属于马祖以后的禅宗文献的偈颂,田中良昭先生也有注意到①,但不知道为什么没有在本书中提出来。

① P.3591中有洞山良价(807—869)《神剑歌》(《祖堂集》卷9落浦元安(834—898)章,在《宗镜录》卷18中作为落浦的作品)、《青锉和尚诫后学铭》、丹霞天然(738—823,生卒年依据《祖堂集》卷4)《玩珠吟》。P.2165中有《青峰山和尚诫肉偈》、《先洞山和尚辞亲偈》、《先青峰山和尚辞亲偈》。S.5558中有伏牛自在(741—841)《嗟世三伤吟》。关于这些文献的阅读与校录,应当参考项楚《敦煌歌诗导论》(第二章《释道诗歌》第一节《佛教诗歌》四《禅宗歌偈》,《敦煌学导论丛刊》,新文丰出版公司,1993)。

② 龙牙居遁(835—923)偈6首。《禅门诸祖师偈颂》卷上之上所收《龙牙和尚偈颂》九十五首的第3首《学道蒙师指却闲》、第11首《得圣超凡不作声》、第19首《扫地煎茶及把针》、第48首《在梦那知梦是虚》、第51首《成佛人稀念佛多》(S.2165,后2首在P.2104、2105、S.4037中也有抄写)、第39首《万般施设不如常》(BD.8380)。

以上①②在徐俊的《敦煌诗集残卷辑考》(中华书局,2000年)中都有校录和写卷的注记。

敦煌遗书中,基本上未存马祖以后的资料,如上所述,吐蕃占领时期正当马祖禅兴起的时期,也是成为其同时代的资料未能从中原传入的原因。但到了归义军时期,与中原的交通重新

---

① 《敦煌佛典与禅》Ⅳ禅僧偈颂,《讲座敦煌》8,大东出版社,1980年。

恢复，以此为契机，尽管为马祖以后禅宗文献创造了传播的条件，但敦煌遗书中的遗存资料，也仅仅限于P. 4638《大沩警策》、S. 1635《泉州千佛新著诸祖师颂》以及以上所列举的少数的偈颂。这是出于什么样的原因呢？由沩山灵祐（771—853）的弟子彦和尚编集而成的《大沩警策》（大沩山的教团规约）存于敦煌遗书中，这并非是作为禅思想的资料，而是作为针对初学者的入门书，或者说是作为丛林规矩的性质被接纳，这应该是归义军时代流传抄写下来的资料。《泉州千佛新著诸祖师颂》以及落浦、丹霞、洞山、伏牛、龙牙等的偈颂当中，作者是马祖以后的禅僧，但作品涉及般若、心珠、出家、无常、山居隐遁等广泛佛教学的主题，并不像赞颂禅宗性质的思想。唐宋时代的敦煌这一块土壤上的佛教，据说宗派性薄弱，具有诸宗兼容、融合性的特征①。马祖禅洪州宗以后的禅语录没有被接纳，如此偈颂被接纳流通，这应该是与唐宋时代敦煌佛教的性质有关。根据李正宇先生的研究，唐宋时期的敦煌佛教已经有明显的世俗化倾向，反倒与日本的佛教有显著的共通性。该如何看待这样的现象呢？日本的佛教研究者也值得深入探讨。

另外，本书的编者田中良昭先生的敦煌学文献的藏书，经程正先生的努力，毫无散佚地作为"田中良昭文库"赠送给了中国的温州佛学院（浙江省温州市文成县安福寺），放置在将研究活动转移于此的方广锠先生的"方广锠文库"的对面，成为中国首屈一指的敦煌研究书的藏书。开设"田中良昭文库"及捐赠仪式是于今年（2018）6月26日在安福寺内举行，笔者当时受邀为佛学院的学生做了一次题为"田中良昭先生对敦煌禅宗文献研究的贡献"的演讲。作为纪念，将那次的演讲稿

---

① 李正宇《唐宋时期的敦煌佛教》，《敦煌佛教艺术文化论文集》，兰州大学出版社，2002年。

附录如下。

（戒法　译）

[附录]

田中良昭先生对敦煌禅宗文献研究的贡献
——为温州佛学院开设"田中良昭先生文库"纪念典礼而作

在座的各位法师、各位教授、各位同学，晚上好！

今天有幸受到方广锠先生和安福寺住持达照法师的邀请，我很高兴能参加温州佛学院开设"田中良昭先生文库"典礼，非常荣幸。在此我向大家表示祝贺，并简单地介绍一下田中良昭先生对敦煌禅宗文献研究的贡献。

田中良昭先生是一位日本专门研究敦煌禅宗文献并很有成就的学者。他1959年在驹泽大学攻读博士学位时发表了第一篇有关敦煌禅宗文献的研究论文以后，1972年他得到了驹泽大学的资助，作为访问学者在英国伦敦大英博物馆和法国巴黎国民图书馆亲自考察敦煌遗书；1983年以《敦煌禅宗文献の研究》获得了博士学位；2009年出版了第二本论文集《敦煌禅宗文献の研究　第二》。他一辈子都在研究敦煌禅学，在这五十年间发表了一共约有一百篇论文，出版了两大本论文集。去世的一年前，他和他最信任的弟子程正先生合编出版了《敦煌禅宗文献分类目录》，总结了一百年来的敦煌禅学，同时也总结了他自己半个世纪的敦煌禅学研究。因此我们可以说他真正称得上是一位纯粹的敦煌禅学的学者。

田中先生半个世纪从事的敦煌禅学,是20世纪世界显学"敦煌学"的一部分。众所周知,20世纪开头的那一年清朝西北边境敦煌的千佛洞第17窟中偶然被王道士发现的敦煌遗书,号称多达5万个写卷,不幸在清朝末年的混乱时期,分散于中国、英国、法国、俄国、日本等国家或私人图书馆、美术馆的收藏。一千年间密藏在敦煌千佛洞的敦煌遗书,被视为中国中世期的实物(documents)、新发现的宝贵学术资料,立刻受到学术界的关注,研究敦煌遗书的学问"敦煌学"就成为20世纪的世界显学。

田中先生参加敦煌学的20世纪中叶正是这个学问的高峰时期。敦煌遗书因为分散于各个国家的图书馆,学者们还不知道究竟有多少宝贵的资料。因此大家用很多的时间前往各个国家的图书馆去考察、从事编成目录的工作。田中先生自己也在敦煌禅宗文献的范围内亲自到英国、法国、中国阅览敦煌写卷,写报告,编目录。现在经过学者们的努力,敦煌遗书的目录基本上完备了,图版已经公开出版了。我们可以了解到敦煌遗书的大致的内容。至于敦煌千佛洞第17窟为什么被封闭的问题,从开始的时候提出的"避难说"后来到"神圣的废弃说"再到"供养瘗埋说",到现在我们才明白了敦煌遗书的性质。

田中先生作为敦煌禅学学者的特长在于,善于搜集有关敦煌禅宗文献,通过整理分析,把它定位在早期禅宗史上,然后精心总结敦煌禅学的研究史。先生的最后的成果是和程正先生合编出版的《敦煌禅宗文献分类目录》。这本书是从敦煌遗书中搜集到有关禅宗的文献而分类的目录。它以灯史类8种、语录类32种、注抄·伪经论类13种、偈颂类14种构成,一共有67种文献,在每种文献的定名下面开列了收藏在世界各国的所有写卷的号码;在"文本的校录"和"论文·著书"下面开列了有关的研究论文的题目和书名;"略记"下面说明该文献的发现、研究的过程,总结了一百年的敦煌禅宗文献研究的历史。这是一种记述目录(descriptive catalogue),而记述非常具体详细,价值很高,世界没有第二本的非常卓越的著作。今后要了解敦煌禅宗文献的资料和研究的历史,本书无疑是一本不可缺少的重要参考书。

最后,我认为田中先生最伟大的事业不仅是把他毕生的心血贡献给了敦煌禅学的研究,而且把他使用过的宝贵的书籍和资料全部赠送给了中国的温州佛学院。这一丰功伟绩将会源远流长,希望田中先生的宝贵文献资料能给中国的年轻一代研究者们带来福音,发挥余热,起到良好的作用。

在日本包括我在内,有很多学者都拥有巨多专业书籍、文献资料等,到最后都不知将如何处理。所以我认为田中先生给我们作了一个榜样。我希望向他学习,在学术研究上,为中日友好贡献出我的微薄之力。谢谢聆听!

(2018年6月26日于温州佛学院)

图书在版编目(CIP)数据

禅宗语言丛考/(日)衣川贤次著. —上海：复旦大学出版社,2020.6
(日本汉学家"近世"中国研究丛书/朱刚,李贵主编)
ISBN 978-7-309-14979-1

Ⅰ.①禅…　Ⅱ.①衣…　Ⅲ.①禅宗-语言艺术-文集　Ⅳ.①B946.5-53

中国版本图书馆 CIP 数据核字(2020)第 056976 号

禅宗语言丛考
(日)衣川贤次　著
责任编辑/王汝娟

复旦大学出版社有限公司出版发行
上海市国权路 579 号　邮编：200433
网址：fupnet@fudanpress.com　http://www.fudanpress.com
门市零售：86-21-65102580　　团体订购：86-21-65104505
外埠邮购：86-21-65642846　　出版部电话：86-21-65642845
上海崇明裕安印刷厂

开本 890×1240　1/32　印张 10.375　字数 241 千
2020 年 6 月第 1 版第 1 次印刷

ISBN 978-7-309-14979-1/B·720
定价：62.00 元

如有印装质量问题，请向复旦大学出版社有限公司出版部调换。
版权所有　侵权必究